第十五辑·二〇二一

TIANZHUJIAO YANJIU LUNJI

北京天主教与文化研究所　编
赵建敏　主编

天主教研究论辑

JOURNAL OF
CATHOLIC
STUDIES

民族出版社

《天主教研究论辑》丛书编委会

序　言

人本身就是一个奥秘，这当然不仅是指其复杂的身体结构，更是指自存在之初，人就在不断努力发现自身生命存在的意义、价值、目的和终向。带着困惑、不解，有时甚至连自己都难以理解的行为，人类一直在探究着人这种复杂的生物体。

人无疑是一个生物体的存在，但他显然又超越了任何存在的生物体，仅就他能以理智和意志的行为来研究自身存在以及其他生物体存在而言，他就超越了其他生物体。人的这种超越性无可怀疑，因为当他怀疑时，他就在运用这种超越性，而且只有在这种超越性中他才有可能进行怀疑。我们应当承认，这种超越性赋予了人学研究的根本基础。人乃万物之灵的“灵”字或许就是指人的这种超越性，因为“人是万有的中心与极峰”。

在此基础上，人类对自身存在的不断探索和研究，就是一种持续不断的超越，一种走向终极超越的持之以恒的努力。在科技迅速发展的今天，人学的研究也显得更为迫切，因为社会、科技、生态的发展都大大拓展了人学研究的视野，也让人更加感受到对自身这种超越性的渴求与必需。事实上，人性的自由与解放、人性在社会中的充分表达以及人之理性的合理运用都趋向这种超越性。否认或忽视这种超越性只能让人更加沉沦。

多年的天主教研究让我们不得不承认，天主教会要做的就是成为一个工具，一个帮助人不断发现自身超越性并且走向终极超越的工具。本论辑的文章涉及天主教研究的不同层面和领域，来自青年学者的投稿或“天主教研究青年学者论坛”。

本论辑由民族出版社出版，在此谨致特别谢忱。

赵建敏

北京天主教与文化研究所

目录

目 录

一、天维显思：神学与哲学家

寻求新的全球伦理的宗教和科学洞察

□Mark S. Markuly 著　□李宏伟 译

一、前　言

每隔几年就有某种科学的突破佐证爱因斯坦的名言，即人类道德无法与技术保持同步。这句话简洁地说明了对更全面的和令人叹服的道德的基本需求，这种道德使得我们缩小的世界发展出一个道德框架和道德决策过程，以回应技术改变人际关系和价值体系的方式。从使用原子能、基因技术、器官移植等医疗技术的发展到大规模的财富分配不公，到推动信息和通信技术发展——这些技术使我们被数据淹没却没有辨识哪些重要、哪些不重要的工具，到历史上最大的人类迁徙（通常由气候变化驱动），到污染我们的食物、水和食物链的毒素（主要通过人类经济的活动而释放于环境中）。不可否认，人类需要更好的方式来思考道德。20 世纪 90 年代初期非常关注这些问题的汉斯·孔指出，现代伦理通常是世界上最困难的道德问题。事实上，他认为道德在很大程度上反映了过去的罪行，而不是预防和避免未来问题的指南。① 他以更具分析性的眼光描述了爱因斯坦的洞察力：许多文化（特别是在西方）使理性和进步绝对化，并用先进技术创造了文化，但他们缺乏防止技术发明落入错误和不良影响或将这些技术用于错误目的的“精神力量”。我们生活的历史时代无法再承受这种脱节。

因为我们的道德世界是从我们自己的部落环境中发展起来的，所以世

---

① Hans Küng，1990，*Global Responsibility*：*In Search for a New World Ethic*，Eugene Oregon：Wipf & Stock，15.

界需要一种既尊重地方、区域和文明规范的道德规范，又能够以更加突破的速度发展更广泛的全球文化。由于道德决策的运作方式，我们只会通过我们自己的“社会位置”、特定的“参考框架”和道德决策的习惯，走向一个新的全球或普遍的是非观念——通过我们（以及我们社区里的人）了解世界。换句话说，我们只能通过“我自己的”道德部落的棱镜来实现这种更大的道德哲学（或神学）。

讨论道德与技术之间关系的挑战之一是，前者的根源在于塑造古代宗教世界观的复杂文化力量的回顾，后者源于科学的世界观，即通过对现实的本质和目的的定义方法和假设来发现真理的相对狭窄的道路。几个世纪以来，这两个世界主要在不同的轨道上演进。

虽然近世以来确实存在非宗教伦理框架，但地球上的大量人口仍然至少部分依赖于宗教世界观。在出现了更多的世俗框架的情况下，尽管许多不信仰宗教的人不知道（或否认）他们自己的信仰和态度的起源，但其中大多数源于最初出自宗教框架的概念结构。当然，最常见的例子是国际人权。人权争论的结构强烈依赖于启蒙运动之前和之后的概念，即人类拥有固有尊严，是因为他们是按照天主的形象创造的。① 但是，由于全球道德模式不足，这种世俗语言在我们的时代仍然被证明是不足的，因为技术进步超过了我们应对这种破坏性变化的能力。

在西方社会，自 17 世纪以来，宗教与科学之间的斗争一直在进行。但是，我们可能正在转弯。来自两方面许多不同领域的思想家开始重新审

---

① There are a number of works tracking the path of development in international human rights documents and legislation back to a religious worldview and religious concepts of the human being. See：Grace Y. Kao，2011，*Grounding Human Rights in a Pluralistic World*，Georgetown University Press，Washington DC；David Hollenbach，2003，*The Global Face of Public Faith*：*Politics*，*Human Rights*，*and Christian Ethics*，Georgetown University Press，Washington DC. The Roman Catholic philosopher，Jacques Maritain，was a significant influence on drafting the United Nations Universal Declaration of Human Rights in 1948. For the complexity of his life and role in helping to formulate this critical document，see：*Jacques Maritain*：*Philosopher*，*Teacher*，*and Defender of Human Rights*，2007，San Francisco：Ignatius Press.

视宗教与科学之间的关系。这种跨学科的工作包括探索科学如何帮助解释宗教的来源及其在人类意识中的运作方式，以及宗教如何将科学研究和结论置于强调新知识最深层含义的语境框架中。乔纳森·萨克斯的文章《伟大的伙伴关系：科学，宗教和寻找意义》中，一个宗教领袖对这些新对话的重要性做出了令人信服的论证。在解释他写这本书的动机时，萨克斯说：

> 我想……论证我们同时需要宗教和科学；它们彼此兼容，而且非常兼容。它们是我们在三维深度中看到宇宙的两个基本视角。两者之间的创造性紧张关系使我们保持理智，以物理现实为基础而不失去我们的精神敏感性。它让我们继续为人，并使得我们人性化……科学将事物分开，看看它们是如何运作的。宗教把事情放在一起，以探明它们的意义……第一个主要是左脑活动，第二个是右脑活动。①

像萨克斯这样的书意味着宗教信仰和科学之间几个世纪的敌意和怀疑的初步解冻。这种不太可能的配对可能有助于我们理解导致道德决策局限性的内在过程，它可能有助于我们加快发现道德框架和决策过程，这可能会及时拯救我们所有人。

二、宗教传统道德决策中的故事力量

利用核磁共振成像机或核磁共振成像技术②来研究大脑的新技术，

---

① Jonathan Sacks，2011，*The Great Partnership*：*Science*，*Religion*，*and the Search for Meaning*. New York：Schocken Books，2.

② MRI machines use magnetic fields and radio frequency and gradient coils to produce images of the body without needing to cut through the skin. The functional magnetic resonance imaging machine，allows doctors to take this a step further and look at the blood flow through the brain as it is engaged in various kinds of cognitive activities.

许多神经科学家已经回归到关于人类的古老争论，这些争论曾经只有宗教和哲学才能得到回应。这项新的神经科学研究与神学、哲学、人类学、生物学和进化科学的见解相结合，正在产生有趣的结果并产生深刻的对话。本文将探讨一个跨学科对话的可能性：宗教故事在道德决策中的作用。

A. 宗教伦理作为叙事：寻找全球伦理的途径？

费辛（Darrell J. Fasching）等提出，宗教传统中的叙述对道德想象的形成过程提供了最重要的影响。正是宗教传统中的故事，而不是道德规范，教导女性和男性如何做出符合其信仰传统世界观①教义的道德决定。这似乎违反直觉。自启蒙运动以来，（宗教传统内外）倾向于假设宗教对道德决策的贡献在于为某些类型的行为提供明确的处方。道德决策被描述为在逻辑思维过程的帮助下，这些处方相对简单地应用于生活的挑战。

在宗教界，比例主义（Proportionism）和情境伦理所带来的尖锐问题和见解表明了这一思路的肤浅。

根据费辛理论等，而且，与这些对道德决策的更细致的理解相一致，我们通过富有想象力的故事参与，深刻地塑造了我们的善恶感。这些宗教学者坚持认为，故事在我们意识的最深层次上吸引我们，宗教和神话故事情节以独特的方式构成了对与错的终极感觉。宗教故事而不是行为处方，会对事件、问题和情境产生敏感性、直觉、倾向和情绪反应，而事件、问题和情境是道德选择的主要驱动因素。这些故事特别形成了我们作为代理人扮演的角色，让世界变得更好或更糟糕，并提出“我们认为我们所处的故事以及我们在故事中扮演的角色”。宗教叙事参与“人类经验和想象力的深层结构”，并向人们传达最重要的价值观，包括“过着有意义和安全的生活，避免痛苦，超越死亡”②。

要理解费辛等的理论，就有必要理解他们在彼此相关的两种不同故事

---

① *Comparative Religious Ethics*：*A Narrative Approach to Global Ethics*，2011，Darrell J. Fasching，Dell Dechant，and David M. Lantigua，Oxford：Wiley-Blackwell.

② Fasching，et. al.，10.

的区别："神圣"（Sacred）故事和"圣洁"（Holy）故事。虽然在英语中，我们经常将它们用作同义词，但在费辛等人笔下，对于那些唤醒我们共同身份的"人类"的宗教故事，他们使用"Sacred"一词。神圣（Sacred）的故事将我们视为一个社区和一个民族。在帮助建立围绕其人民创造"神圣"界限的制度和文化方面，宗教向来很擅长。即使不是所有的，世界上多数文化也深受这些界限的影响，即使那些文化中的思想领袖没有意识到或否认这中间的关系。① 与这些神圣故事相关联的还有隐含的或明确的神圣道德，这样的神圣道德主要是（即使不是全部）为了保护我以及我的道德和我们的道德。费辛等人会说，尽管有其局限性，但这些故事为建立共同生活提供了必要的道德框架。

但是，神圣的故事有黑暗的一面。在整个历史的大部分时间里，神圣的故事可以表明我们社区之外的人与我们截然不同。那些不分享我们神圣故事的人可以被视为亵渎，被视作"准人"，甚至根本不是人。然而，宗教故事不仅可以提供创造"神圣"人民和国家所需的身份界限，且有一些宗教叙事形式可以在更深层次上引导人类意识和无意识的"结构"。有些故事邀请人们拥抱"圣洁（Holy）"。这些圣洁的故事唤醒我们更深层次的正义和同情，超越我、我的和我们的，以基于激进的热情好客的道德准则欢迎"其他人"，更具体地说是"陌生人"。这种圣洁的道德可以让我质疑我自己的"神圣道德"的元素。但是，真正的圣洁故事并不是要推翻或破坏我们社区的凝聚力。相反，它的目的是改变我的神圣道德，帮助打破神圣（Sacred）道德和圣洁（Holy）道德之间的空间，并将两者融入我的个性和道德部落的个性中。②

---

① A good example of this deals with some of the church-state issues that have consumed the attention of many European nations, particularly France. In recent years, the Catholic Church has attempted to articulate the religious heritage of Europe that has built the foundation for much of the humanitarian concepts and values expressed in secular societies. Pope Benedict XVI expended a great deal of energy trying to press this point with the European Union, though with little success. See especially, Pope Benedict XVI, 2007, *Europe Today and Tomorrow*, San Francisco, Ignatius Press.

② Fasching, et. al., 3.

费辛等的书着眼于每个宗教传统中的经典宇宙故事，这些故事对于塑造宗教的伦理世界观至关重要，是一种关于重要人格的“形成性叙事”，这种传统深刻地影响了宗教（如耶稣或佛陀的生活故事），然后作者确定了一个更现代的个体，他通过融合神圣故事的道德世界①，为宗教传统注入了新的活力。当主要的有组织宗教在轴心时代②出现时，它们同时通过暗示有一种圣洁的力量使我们甚至对我们的神圣习俗提出质疑，从而使世界神圣化并“脱离”。因此，我自身所处的基督教传统继承了保护寡妇、孤儿和陌生人这种脱胎于轴心时代的犹太教传统，即使这样的照顾似乎违背当代文化的最佳利益。因此，基督教中的许多宗教组织专门负责对这三类边缘化人群的照顾：寡妇或鳏夫（老人）、孤儿和陌生人（特别是在移民和被社会习俗边缘化的人群中，作为 LGBTQ 青年）。这一传统直接来自希伯来《圣经》中的先知，即《旧约》，他们看到这些阶层的人们没有得到古代以色列盛行的“神圣习俗”的照顾，这种习俗源于传统的神圣故事。在佛教中，当佛陀接受在古印度文化中被排斥的下层种姓时，我们会看到类似的动态。他邀请他们进入他的神圣社区——他的僧伽——即使在印度宗教的神圣故事支持排斥时也是如此。

神圣（Sacred）与圣洁（Holy）之间的区别可能会被误解为两个独立的、关于宗教的相反的阵营，但作者实际上将 Sacred 和 Holy 视为对每个宗教（和文化）的影响力的两极。与此同时，神圣习俗与 Sacred 和 Holy 故事的经验和呼唤相互融合的方式也很复杂。例如，由于人类意识中深刻的认知和情感结构，人们可以阅读相同的故事，参加相同的仪式，对同一个会众或家庭教会做出承诺，并且对宗教传统对待陌生人的期望得出两个

① Fasching, et. al., 8.

② For a more recent resource exploring the Axial Age centuries (from the 8th to the 3rd century B. C. E (before the common era) see: Robert N. Bellah, 2011, *Religion in Human Evolution: From the Paleolithic to the Axial Age*, Cambridge, Harvard University Press. The Axial Age gave birth to the religious framework of most of the world's major religions, laying the foundation for both the uniqueness of major religious traditions, but also the promotion simultaneously of common humanitarian elements, such as treating others humanely, caring for the earth, etc., that seemed to transcend different countries and different religions.

相反的“发现”。有人将这个陌生人解读为遭遇怀疑的人，有人则将陌生人视作天主①的特使来欢迎。在美国，特朗普总统的政府已经引爆了这些对立的局面，特别是对于来自中东国家的移民。一些基督徒正在摒弃基督教传统的神圣故事，强调首先照顾基督徒的重要性。与此同时，其他以圣洁故事为导向的基督徒，认为有义务以最大的热情接待陌生人，以对另一方的同情来克服对另一方的恐惧。

费辛的理论很重要，因为随着我们的世界缩小，世界宗教（和世俗哲学）的“神圣秩序”相互冲突。从这些传统中呼唤神圣的故事打破了怀疑，欢迎陌生人进入我的世界和我的个人生活。跨越不同传统的这种跨文化、跨学科的对话已经发生了100多年，正如费辛等所说，这种对话激发了一种新的道德灵感、动机和想象力，这种灵感将引领我们弄清新的全球伦理的轮廓。

通过不同传统的神圣故事之间的宗教界限的交融，已经可以窥见这种新伦理。费辛等认识到甘地的主要道德取向是由印度教塑造的，但他也深受托尔斯泰对山上宝训思考的影响。同样，马丁·路德·金，他的道德形成发生在美国的黑人教会，但他从甘地那里学会了薄伽梵歌的见解。虽然甘地和金都没有放弃帮助他们从孩提时代形成价值观的宗教，但另一种宗教激励他们在自己的信仰传统中渗透到圣洁的伦理中。由于甘地，金变成了一个不同类型的基督徒，而甘地也因为托尔斯泰同样如此。费辛和他的同事们确信传统中的圣洁故事正在唤醒许多道德想象，这正在塑造一个新时代和人性深度的可能性，一种全球伦理，也许是这种独特道德的跨信仰语言。

费辛等希望作为每个宗教传统的伦理资源的仓库交叉融合，并激发一种新的全球伦理，这种伦理仍然植根于我们的特定传统，但也超越了这些传统，在某些情况下，甚至完全超越宗教界，这可能使所有人都能找到有

---

① Fasching, et. al., 19.

意义，鼓舞人心和激励的道德规范。①

“Sacred 和 Holy 的辩证关系代表了所有人和文化、宗教和非宗教、道德和道德的跨文化辩证法。在每种文化中，这种辩证法的主要介质是故事（神话）、仪式、灵性和理性……故事和仪式传达了对陌生人的敌意、拒绝、怀疑和质疑，或者对神圣的体验，表达对陌生人的热情接待和对怀疑和质疑的开放性。这种开放开启了对智慧的精神追求。”②

因此，圣洁故事的好处之一是让我们对怀疑开放、让我们质疑自己的宗教归属，这导致了神圣的新体验，而这又反过来培养了对道德智慧的渴望，适应我们时代的挑战。

三、故事是道德想象力的根源吗？

费辛称故事形成了我们道德想象的基础。这样的说法切中要害了吗？越来越多的研究给予肯定的回答。上帝的信仰来自哪里、为什么这个观念在历史上如此持久，无神论者杰西·拜耳林对这些问题非常着迷。他认识到，人类的道德思考能力与理解我们的生活和对正确和错误的选择的需要密切相关。他指出，西北大学弗勒生命研究中心在人格研究中创造了一个有用的社会科学研究分支，这被称为“生命的叙事研究”。这种社会科学技术分析了“自传体记忆”，我们所说的关于我们生活的故事并不代表历史事实，而是将它们融入我们的经验记忆中，特别是在我们讲述自己的故

---

① Fasching, et. al., 7-8. The religious crossing over into another religious tradition and then crossing back into one's own historical tradition with radically new insights, is also part of a sub-discipline in theology called, *comparative theology*. In this scholarly practice, a theologian passes over into another religious tradition, and then comes back into his or her own tradition, the scholar returns to a spiritual/religious home changed and able to see new things in his or her original religious heritage, and more deeply motivated to work toward an "interdependence" with other people of faith and good-will. For an introduction to the field of comparative theology, see Francis X. Clooney, 2010, *Comparative Theology: Deep Learning Across Religious Borders*, Hoboken, New Jersey, Wiley-Blackwell.

② Fasching, et. al., 20.

事中。

"叙事心理学家"发现，我们谈论自己的生活，仿佛它们是虚构故事一样，整个故事的进展好像将达到一个高潮，并最终将经常是混乱的经历点连接成一条有意义的故事线。拜耳林认为，在这种世俗痛苦的经历中，意义与道德之间的这种关系会产生奇怪的"同伴"，这种"同伴"在生活中一直困扰着我们。如果发生了不好的事情，我们会去寻找原因，甚至是无神论者也会出于直觉说某件事情是因为某种原因发生，或事情的发展是因为某种设计。在一篇名为"当天主把人们从桥上扔掉"的章节中，拜耳林承认，无论我们的整体信仰体系如何，我们都会感觉某事或某人在监视着我们。① 作者以米兰·昆德拉小说《笑话》（1967）中，无神论者主人公关于存在的思考结束了讨论。

> 尽管我充满怀疑，但一些非理性迷信的痕迹确实在我身上存在，这种奇怪的信念，例如，生活中发生在我身上的一切有某种意义，它意味着某种东西，生命通过它告诉我们它的故事，它逐渐揭示了一个秘密，其形式是一个必须破译信息的反叛形式，我们生活的故事构成了我们生活的神话，而神话是真理和神秘的关键。这是幻觉吗？可能，甚至有可能，但我无法摆脱不断破译自己生活的需要。②

叙事与道德之间的联系可能与人类认识基础上的一些非常基本的东西有关。神经科学家安东尼奥·达马西奥（Antonio Damasio）的研究已经让他走上了探索的道路，为费辛等人的理论和拜耳林关于故事塑造道德想象的作用的研究提供了支持。达马西奥有一个关于人类意识和无意识的几个正在进行的叙述的理论，这些叙述表明了故事在定位我们的道德感受时的重要性，或者从他的角度来看，基本上更是我们对人类认识的能力。他对

---

① Bering, Jesse, 2011, *The Belief Instinct: The Psychology of Souls, Destiny, and the Meaning of Life*, New York: W. W. Norton and Co., 131-164.

② Milan Kundera, 1993, *The Joke*, New York: Harper Perennial, 164. Originally published in 1967.

人类思想和感情内在运作的研究使达马西奥确信人类意识“知道”的能力包括一系列关于我们是谁，世界是什么以及意味着什么的“叙事”，以及我们和世界上的物体和活动如何相互关联。在我们的内在性中，达马西奥认为我们有多层次的自我对话——一种存在于无意识层面，就是他所谓的“原始自我”。这种最基本的自我是“暂时连贯的神经模式集合”。这不断监视我们的内心世界，在大脑的多个层面以及外部世界在任何特定时刻如何影响我们。我们并不知道这种神经模式的连接正在发生，但是这个原始自我始终在运动，记录我们的感官所吸收的数据，并使我们作为一个在世界上运动的主体。

在下一个意识层面，我们有一个核心自我，一个非语言的“二阶”叙事，但它注意或遵守以某种方式影响原始自我的物体。最终，原始自我的元素跨越了核心意识的障碍，使我们能够建立核心自我。我们意识到核心自我，但我们不会将其视为紧密书写文本的故事情节。相反，它由图像和粗糙或模糊的概念组成，在某种“叙事”中以某种方式彼此相关。达马西奥认为，电影的故事讲述结构对于这种内部正在进行的叙事而言比写作更准确，或者我们通常用“故事”这个词来形容的口头文本。神经科学研究者使用“叙述”这个词，因为概念本身就提出了词语和口头故事，这更像是一幅图像拼贴画。也许，达马西奥建议，在著名的二战时期电影《天堂的孩子》中可以更准确地表现这种核心自我叙事，其中演员让-路易斯·巴罗模仿了一个故事。（参见 https：//www. youtube. com/watch? v=HVXE_ vkimDg）哑剧讲述一个故事，在动作和图像中讲述一种对观看者有意义的故事，尽管它具有可定义字符和情节线的典型故事结构。

就像一系列暗示意义的图像一样，核心自我的“叙事”在我们的无意识世界和我们意识世界的门槛上创造了一种意义体系——关于我是谁，世界是什么，我是否适合这个世界。① 由于在他的研究中反复出现对人类自我意识的神经科学，达马西奥认为讲故事可能是对大脑的一种迷恋，这会动用右脑和左脑的许多神经结构。因此，大脑在神经学和生物学上被设计为“自然地（编织）关于沉浸在（特定）环境中的生物体会发生什么

① Antonio Damasio，1999，*The Feeling of What Happens*：*Body and Emotion in the Making of Consciousness*，New York：Harcourt.

的无言故事”。单词和句子仅仅是“实体、动作”的“非语言理念”的象征，影响我们所有人的事件和关系。① 正如达马西奥总结的那样：

> 大脑事件序列的图像表示……制作故事的东西。讲故事的自然预言可能是我们最终制作戏剧和书籍的原因，以及为什么人类的一个很好的部分目前迷上了电影院和电视屏幕。电影是我们头脑（深层次）中流行的讲故事的最接近的外在表现形式。②

达马西奥相信我们的核心意识叙述在我们的脑海中正在迅速发生，并且几乎没有明确的故事情节可供检测。但是，这种高速图像浸泡叙事的某些方面更深入地渗透到意识中，这些故事提供了我们认为是“知道的大脑”的感觉的原始问题，以及我们通常称之为“自我”的东西。③ 建立在讲故事的基础上，达马西奥坚称我们建立起了“自传自我”。这个我们作为真正的“我”呈现给他人的自我是建立在核心自我叙事元素的“脉冲”和自传记忆的片段之上的，它“对过往经历记录进行组织”。达马西奥关于自我不同层次理论的示意图如下：

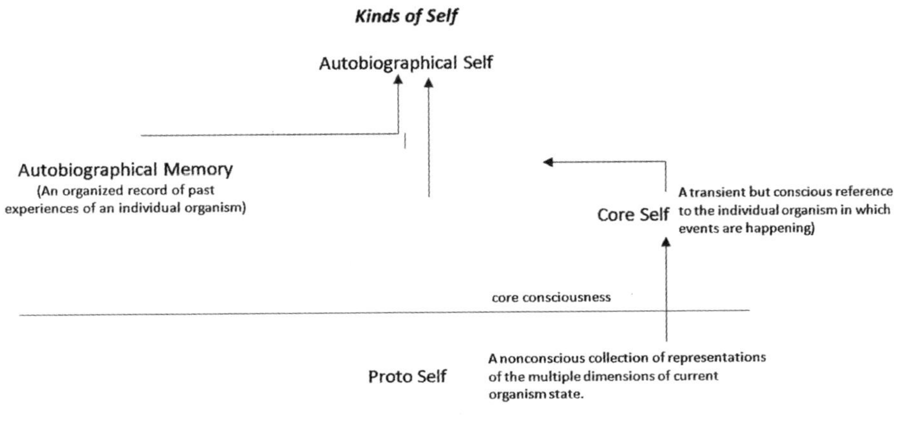

图 1　自我的种类

① Damasio, 185.

② Damasio, 188.

③ Damasio, 187.

来自核心自我的双线和图中的自传记忆意味着自传自我需要“连续的核心意识脉冲，以及不断激活的自传记忆”①。一些研究人员如杰罗姆卡根相信人类在一岁半之前会发展出一种“自我”。达马西奥说这是正在建设和维护自传自我的第一个成果。这样的自我是发展道德感受和成为世界道德主体的先决条件，会选择做是非判断。

四、故事对我们道德的影响：这是头脑还是心灵的问题？

达马西奥的研究表明，叙事或故事是我们“认识”人类的能力的基础。故事触及了个人身份的根源，即“我”，这是一个道德或不道德的决定。但是，对人类意识中的道德决策操作还有其他更直接的研究，这可能会增加对费辛等人的理解和支持。费辛等的论点是神圣的故事对我们的道德想象产生了深远的影响。

纵观人类努力理解我们的道德能力如何运作的几个世纪，选择是非在西方文化中经常作为脑或心的问题被提出，特别是在哲学和神学领域。英国哲学家大卫·休谟一度声称理性是“激情的奴隶”。他认为道德判断是一种内在的情感过程。② 换句话说，更准确地说我们认为自己的方式正确或错误。同样著名的是，德国哲学家伊曼努尔·康德认为道德判断是一种内在的理性事业，更具体地受到分类命令的推动。③ 对他来说，人类思考道德决策方式。这场辩论也发生在宗教界。一些重视教义或正统观念的宗教一般将正确与错误视为我们从正确思考中选择的东西。（“正统”的字面意思是“正确的信仰”）其他宗教传统在崇拜中对情感表达很重视，如基督教的五旬节派，或整个基督教历史中的虔敬主义运动，常常谈到关于道德是心灵的决定。从这个角度来看，它是同情和共情，或者与那些痛苦的人团结在一起，这会使我们产生新的道德意识，而不是正确的思想。

---

① Damasio，199.

② David Hume，2003，*A Treatise of Human Nature*，New York：Dover Publications.

③ Immanuel Kant，1964，*Groundwork of the Metaphysic of Morals*. Translated by H. J. Paton. New York：Harper & Row.

具有讽刺意味的是，在20世纪下半叶，科学界一直在进行这类同样古老的辩论，即道德选择主要是头脑还是心灵。科学家们发现他们对费辛等有了更深入的了解。人类意识中的“深层结构”开辟的一些新理解似乎支持道德与感觉之间的主导联系以及与故事之间的间接联系。

参与这一古老的心智哲学和神学问题的著名的社会科学家之一是发展心理学家劳伦斯·科尔伯格，他建立了一个关于道德发展的复杂理论。科尔伯格的研究使他更多地认同康德而不是休谟。几乎是在科尔伯格撰写他的开篇文章《阶段和序列：认知—发展》的同时，他就坚信道德洞察力是通过思想产生的，并且，提高思维能力最终导致更高层次的美德。他的发展心理学理论主导了20世纪后期西方关于对与错的大多数讨论。① 科尔伯格认为，在宗教界，像甘地、马丁·路德·金、纳尔逊·曼德拉这样的人经常被认为是达到道德美德顶峰的人，而许多人（可能是大多数人）从未超越法律和秩序或社会契约的水平。

表1　　　　前道德水平

阶段	决策的方向	决策的描述
一	避免惩罚而服从	按照个人利益做道德决策。如果不被抓住的可能性大，就不服从。
二	好处互换	最高价值是个人需求，但是承认他人也有需求。

表2　　　　传统水平

三	好男孩好女孩	道德决定是基于取悦他人。某些关系至关重要，选择的部分原因是维持这种关系。
四	法律和秩序	法律和秩序社会提供道德行为的线索。规则被认为是文字的，不可改变的和不灵活的。

表3　　　　原则水平

五	社会合同	社会契约意识规则是基于在某些条件下可变的社会协议。
六	普世道德原则	道德决策由一些抽象的原则指导，这些原则比具体的规则具有更大的权威。良心完全发展并指导所有决定。

虽然科尔伯格的理论在20世纪70年代和80年代主导了关于道德决

① See article in：D. A. Goslin（ed.），1969，*Handbook of Socialization Theory and Research*，Chicago：Rand McNally.

策的讨论，但在20世纪90年代早期，认知科学研究开始表明科尔伯格和康德的观点得到的支持比休姆的理论少。达马西奥的《笛卡尔的错误》①和弗兰斯·德·瓦尔的《善意》② 认为，人类认识的内在基础（以及最终作为认知形式的道德决策）似乎比认知在操作中更有效。达马西奥和德·瓦尔对人类意识的更有情感的理解与另一种认知科学研究相关联，该研究确定了驱动我们大多数行为的自动、快速、无意识的过程。③ 对于这些研究人员中的许多人来说，很明显人类几乎可以立即做出大部分选择，就像他们使用自动驾驶仪一样。④

乔纳森·海特是一位更有影响力的心理学家，他将情感和自动、无意识思维的研究应用于道德决策研究。他对科尔伯格的研究方法提出了质疑，该方法试图通过分析人们对他们认为自己在假设的道德困境中的行为方式所说的话来抓住思想做出道德决定。（这项研究设计提出了科尔伯格关于道德成熟的发展过程和道德思维逐渐复杂化的理论）海德自己的研究得出了焦点从道德推理转向道德情感和直觉以及它们之间的社会效用和联系。他的研究在整个20世纪90年代不断升级，并成为了解所谓“道德大脑”的重要知识力量。海特认为道德决策主要是情感以一种关于正确的“预感”的形式发生了错误。理性遵循“预感”，并且不容易被说服，即使事实表明看似正确的事实上是错误的。换句话说，我们的道德判断最初是“快速，无意识，自动，情感，直观的处理”的产物。然后，推理

---

① Damasio, Antonio, 1994, *Descartes Error: Emotion, Reason, and the Human Brain*, New York: Avon. See also: Damasio, Antonio, *The Feeling of What Happens: Body and Emotion in the Making of Consciousness.*

② De Waal, Franz, 1996, *Good Natured: The Origins of Right and Wrong in Humans and Other Animals*, Cambridge: Harvard University Press, 1996.

③ Bargh, J. A., 1994, "The Four Horsemen of Automaticity: Awareness, Efficiency, Intention, and Control in Social Cognition," in J. R. S. Wyer and T. K. Srull (eds.), *Handbook of Social Cognition*, 2nd edition (Hillsdale: Erlbaum), 1-40; Zajonc, R. B., 1980, "Feeling and Thinking: Preferences Need No Inferences," *American Psychologist*, 35: 151-75.

④ Daniel Kahneman, 2013, *Thinking Fast and Slow*, New York: Farrar, Straus, Giroux.

以“有偏见的，非寻求真理的方式”参与其中，寻找支持已有的道德直觉。因为这种情况发生得如此之快，其中很多都是在我们的无意识中，道德直觉可以诱使我们认为这是一种道德决定。① 海德的理论解释了为什么有些人不会在诸如酷刑这样的问题上改变自己的道德立场，或者无论有多少强烈反对他们立场的论据或事实呈现在他们眼前时，他们也不改变自己的立场。他们通过预感而不是事实导致他们的道德结论——而基于事实的论据通常不会影响预感。

海特提供了以下示意图来描述道德选择的这个过程：

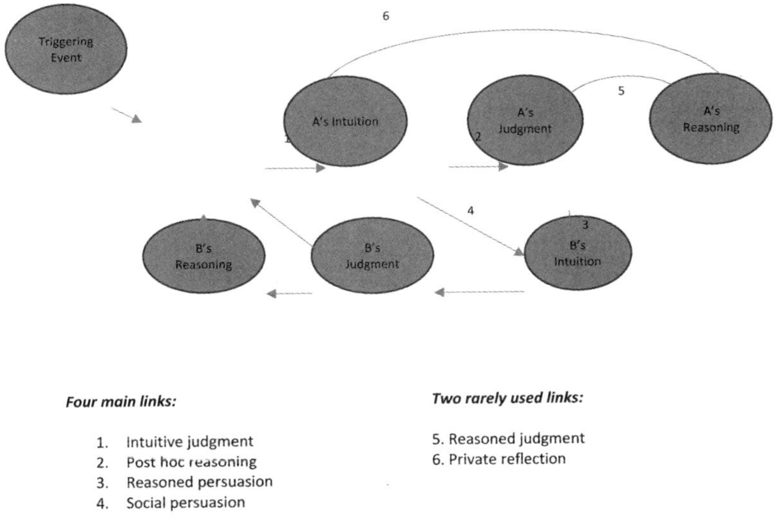

图 2　海特的道德判断社会直觉模型道德作为自动反射行为

海特的社会直觉主义道德判断模型：

道德作为自动反射法

正如海特的模型所示，有一种强有力的方法可以让我们再次猜测我们的道德预感。值得信赖的人：配偶、朋友、尊贵的家庭成员，他们可以挑战我们的道德立场。当这种情况发生时，我们的社交网络可以帮助我们重新思考或加强思考，这就是海特理论被称为“道德判断的社会直觉主义

① S. Matthew Liao，2016，“Morality and Neuroscience：Past and Future.” S. Matthew Liao（ed.）. *Moral Brains：The Neuroscience of Morality*，13.

模型”的原因。上面的图像来自海特最受欢迎的书《正义心灵》①。根据他的模型，在最重要的一系列泡沫中，某个事件会引发道德直觉，从而导致判断是非（#1），然后启动辩护过程或判断理由列表（#2）。海特认识到推理可以帮助我们重新思考我们的判断，私人反思也可以，但作者认为我们大多数人很少使用这些能力。当我们进行“道德谈话”时，他认为，主要是为了保护我们的声誉，围绕我们的结论与他人建立伙伴关系，或者赢得其他人的支持。他总结说“理性是直觉的仆人”，而不是它的主人。②在第二行椭圆中，我们可以看到一个受信任的人可以对我们的道德决策做些什么。“B”听取了我们的结论，对事件有自己的直觉，做出判断，然后整理争论。在我们的信任社区中，正是在正确的道德讨论或“道德谈话”中，道德思维的突破才是可能的。

海特得出结论认为，道德论证令人沮丧的原因之一是“道德原因是直觉之狗的摇摆的尾巴”，你不能通过反驳论证来改变思想，因为立场是基于直觉，而不是逻辑。如果你想改变思想，你必须使用链接#3 和#4。或者，你需要教授#5 和#6 的批判性思维和自我反思技巧。③ 海特的见解是第二次世界大战以来神学教育如此强烈地转向教授批判性思维和神学反思作为实践神学必不可少的学习工具的原因之一。海特指出“我们的正义思想很容易转变为战斗模式”，但是：

> 如果你真的想改变一个人对道德……的看法，你需要从这个人的角度和你自己的角度看问题。如果你确实真实地看到了另一个人的方式，你甚至可能会发现自己以心灵开放作为回应。移情是对正义的一种解毒剂，虽然很难跨越道德鸿沟而同情。④

---

① Haidt, *The Righteous Mind*, 47.
② Haidt, *The Righteous Mind*, 46.
③ Haidt, 48.
④ Haidt, *The Righteous Mind*, 49.

五、神圣的故事和陌生人：道德突破的门户？

“看到别人的方式”的变革效应就是为什么费辛等确信神圣的故事可能会引导我们走向全球道德。故事为我们做的一件事是，它们将我们吸引到故事和人物的中心。我们在想象中参与故事的神秘之处在于，我们可以体验到海特所讨论的心灵开放情感——同理心。一个故事可以帮助我们从另一个位置感受到一种体验，特别是如果它来自一个陌生人，这可以让我们开启新的视角。在这一点上，我们开始看到这项研究对于解释费辛等的重要性。神圣的故事对我们的道德想象力是如此有力，正是因为它们让我们从根本上怀疑我们从原生社区继承的道德指南针。这些故事侵蚀了对他人的偏见的基础，使我们能够寻求并找到关于正确与错误行为的全球性感受。

西格蒙德·弗洛伊德认为，“微小差异的自恋”构成了将他人的经历视为“奇怪”的基础，并建立了对另一方形成敌意的必备情感距离。① 丹尼尔·贝特森认为，“我们与他们”是一个“正常认知功能腐坏的过程，即分类”。正如戈尔曼所说，这两个词（我们和他们）之间的鸿沟随着同情心在人类心中“沉默”而增长。② 同情的枯萎也导致了利他主义的萎缩，这共同限制了我们的道德决策。

人类将事物分类以命令我们的世界，并且不断寻求将新的对象或实体融入旧的类别或创建新的类别。③ 正如戈尔曼所说，偏见是“一种拼命试图向我们证明自己的假设”。这种偏见扭曲了我们的感知能力，我们不再为了准确性去质疑刻板印象。

---

① Anton Blok, 1988, “The Narcissism of Minor Differences,” *European Journal of Social Theory*, Vol. 1, no. 1, 33-56, has provided an up-dating to this theory in his article.

② C. Daniel Batson, 1991, *The Altruism Question*: *Toward a Scientific Answer*. Hillsdale, N. J.: Erlbaum.

③ Daniel Goleman, 2007, *Social Intelligence*: *The New Science of Human Relationships*, New York: Bantam, 299.

> 一种模糊的焦虑感，一种恐惧感，或仅仅因为不知道他们的文化信号而感到不安，就足以开始认知范畴的倾斜。通过每一个不安，每一个不讨人喜欢的媒体描述，每一种被错误对待的感觉，心灵就建立了反对另一方的“证据”。日积月累，理解变成了反感，反感变成了对抗。①

大脑中与原始的压倒性的情绪，特别是恐惧和愤怒密切相关的部分是amygdala（扁桃腺），戈尔曼称之为思维过程中的“低路”。扁桃腺的这条低路可以劫持大脑前额区域的“高速路”，在那里我们进行更高阶的思考。② 在这种情况下，恐惧、逃跑和战斗成为处理道德决策的主要内在力量。神圣的故事可以让我们受到扁桃腺的摆布。

社会心理学研究似乎支持费辛的理论，即将陌生人变成“他者”以外的东西可以唤醒新的道德感受。这样就可以通过不同的镜头观察“他者”，具有更多的开放性和好奇心，这可以产生真实的关系，在这种关系中，态度会发生真正的变化。20 世纪 50 年代偏见社会心理学研究的鼻祖高尔顿·奥尔波特的学生托马斯·佩蒂格鲁已打破了“我们—他们”的分野。佩蒂格鲁分析了 20 世纪 40 年代至 2000 年的 515 项研究，其中涉及来自 38 个国家的 250493 名受试者，研究了“我们—他们”的各种情况。③ 他发现友谊打破鸿沟，而不是随便的会面。一旦人们成为朋友，那种对“他们”的感知就开始消解。随着时间的推移，友谊可以推广到其他“主题”，使他们不再是“他们”。在这一点上，偏见开始解开。随着不同世界观的新人成为我们关系网络的一部分，我们的世界变得更大，我们的道德世界也在扩展。因此，能够在海特模型中挑战我们道德直觉的朋友们成功地将我们的道德世界扩展到“他们—我们”实质上不同的程度。

---

① Goleman, 300.

② Goleman, 300.

③ Thomas Pettigrew and Linda Tropp, 2006, “A Meta-analytic Test of Intergroup Contact Theory,” *Journal of Personality and Social Psychology*; see also Thomas Pettigrew, 1997, “Generalized Intergroup Contact Effects on Prejudice,” *Personality and Social Psychology Bulletin* 23, 173-85.

或许克服我们与他们的二分法的最伟大的故事之一可以在耶稣会传教士利玛窦的故事中找到。在16世纪的时期里，利玛窦对“我们—他们”在他的世界中的运作方式提出了关注。在1497年葡萄牙驱逐犹太人，特别是那些被强迫皈依基督教的犹太人时，他对宗教裁判所对犹太人的所作所为感到不安。① 他在印度的时候也感到不安，在那里他经历了欧洲宗教领袖拒绝给印度神父提供高级培训的遭遇。② 当他去中国时，利玛窦首先成为中国人的朋友，然后才是一个寻求皈依灵魂的传教士。因此，他在后来的几个世纪中成为寻求宗教间对话方法论的宗教领袖的榜样。在利玛窦的历史时期，有那个年代关于陌生人参与“神圣”的故事，其中一位较著名的人是13世纪晚期学者拉蒙·拉尔，他写了一本名为《外邦人和三王》的书。利玛窦可能已经知道了这个故事。在拉尔的书中，一个外邦人在不同的问题上质疑犹太人、基督徒，最后是穆斯林，比如天主作为创造者的本质，以及天堂和地狱的存在和主要形象。尽管拉尔后来以其对伊斯兰教的公开的极端主义态度而闻名，但这本书的结尾是所有三位宗教领袖都互相道歉，因为他们所说的任何言论可能都是对另一方的侮辱。③

六、结　论

故事是一种强大的力量，可以在壁炉边聊天、教室或礼拜场所的安全舒适区中产生焦虑产生装置。它可以让我们重新训练我们的大脑，在现实生活中杏仁体（amygdala）被激活，让我们思考，让我们做出与自己“部落”期待不同的选择和行动。如果达马西奥的研究是准确的，那么讲故事的形式就会在我们无意识和有意识的思想的多个层面上不断发生，并提供人类认识的基础。同时，如果海特是正确的，我们的大多数道德决策都是凭直觉运作的，并且本质上是高度有效的。重新思考道德立场的狭窄途径是通过朋友的介入，或者是经过仔细推理的判断或批判性自我反思的更

① Jonathan D. Spence, 1984, *The Memory Palace of Matteo Ricci*, New York: Penguin, 106.

② Spence, 114.

③ Spence, 101.

为困难的技巧。将这项研究与费辛对神圣故事和圣洁故事之间的区别对话进行对话，这为我们在历史上对全球伦理的需要提供了一条有趣的途径。正确的宗教故事可以以完全独特的方式参与我们的道德想象。通过想象，我们可以尝试不同的角色和故事情节中的改变，排练我们对故事的不同场景的反应。这种富有想象力的游戏可以重塑我们对情境的情绪反应，并从根本上改变导致我们在高阶思维无法追上的让我们得出道德结论的直觉。

塑造我们品格的强大想象力工具并不是神经科学和认知心理学对道德大脑研究的新发现。很久以前，几代人都看到了这种联系。耶稣会的创始人圣依纳爵·罗耀拉在这一信念上建立了一种完整的灵修，而罗耀拉的灵修传统通过直觉和反复试验找到了与达马西奥和海特等研究人员相同的结论。

最终，为全球现实创造新的道德规范要求我们重新思考（并重新感受）我们的道德传统，以建立一个更大的世界。我们宗教传统的神圣故事使我们成为一个“人民”，我们认同的主要群体，我们的神圣故事有能力使我们摆脱这些部落身份，拥抱一个普遍的人类，一个共同的全球社会。基于社会心理学和认知科学研究，我们可以提出，故事可能是有效的，因为它们将我们引入一个想象的世界，在这个世界中可以探索道德选择的可能性和后果以及我们的价值可以改变的东西。

在神圣故事空间的神秘面纱及其对我们想象力的影响下，我们可能会找到一种新的伦理道德。正如费辛断言，“指出价值观”的故事对我们最为关键。如果汉斯·孔试图通过上述研究的镜头阐述他对全球伦理的信念，他可能会说未来的全球伦理要求整合一个“神圣的价值体系”，这个体系被神圣的故事所推动，并且更广泛地融入其中，成为一个更全面的观点，一个“神圣的价值体系”。我们需要学习如何忠于我们的人民、部落、社区，同时也接纳他人的个人和社区，他们经常看到世界与我们的不同。孔说：

> 工业现代性的具体价值：勤奋、理性、秩序、彻底、守时、清醒、成就、效率，这些不仅要被废除，而且要在新的体系中重新诠释并与新的结合起来。后现代性的价值观：具有想象力、敏感性、情感、温暖、温柔、人性。因此，这不是一种否定和谴责的问题，而是

一种平衡、反计划、反方向和反向运动的问题。①

虽然他们可能没有受到本文所引用的研究的推动，但许多人正试图创造出现代故事来完成宗教传统的神圣叙事。几年前，卢旺达每周播放一部名为《新黎明》的电视剧。该节目是荷兰慈善家和美国心理学家的思想结晶。故事情节类似于罗密欧与朱丽叶，一位年轻女子爱上了一个来自交战邻镇的男孩，她的兄弟激起了对男友人民的仇恨。这个故事试图揭示1990年至1994年期间，卢旺达内战里偏见和仇恨导致胡图人屠杀了80多万图西人。这是一个建立神圣故事的现代尝试。

无论它包含什么特征，新的全球伦理都要求我们站在思想和情感之间，与更高层次的模糊共生。中国禅师僧璨在8世纪写了一首美丽的诗：

> 至道无难，唯嫌拣择，但莫憎爱，洞然明白。
> 毫厘有差，天地悬隔。欲得现前，莫存顺逆。
> 违顺相争，是为心病。②

作者单位：Seattle University
作者联系方式：markulym@ seattleu. edu
译者联系方式：jakeleigh@ 126. com

① Hans Küng，21.

② Sen-ts'an，*Hsin hsin ming*，1954，in Edward Conze，E. *Buddhist Texts Through the Ages*，New York：Philosophical Library.

论社会性在奥古斯丁人学中的表达

□寇振成

“你鼓动他乐于赞颂你，因为你造我们是为了你，我们的心如不安息在你怀里，便不会安宁。”（《忏悔录》1.1.1）这是古代思想家奥古斯丁一句流传千古的佳句，其中所坦露出来的信仰激情和哲学深度令现代人也当为之赞叹。奥古斯丁在此似乎给我们这样一种提示，即人最终所寻求的生存目的，乃是与至高天主的合一。人神“合一”的追求，无疑透露着古典思想的余韵，充满一种现代所谓“新柏拉图主义”的味道。众所周知，早于奥古斯丁一个世纪的带有浓郁神秘主义思想色彩的古典哲学家普罗提诺（Plotinus AD204/205—270）描绘了一幅人与“太一”合一的崇高哲学画面，表面看来，奥古斯丁似乎是继承了普罗提诺所发扬的这一传统，只不过是借助基督宗教的话语模式来加以重述而已。如此一来，我们自然可以将奥古斯丁作为新柏拉图主义思想在基督宗教世界中的继承者了。关键问题在于，新柏拉图主义者与奥古斯丁之间，在对“合一”理解的前提上有什么根本的区别吗？奥古斯丁所理解的“合一”是否真可以被看为是普罗提诺视野中人与“太一”合一的基督宗教版本？或者说，奥古斯丁的“人神合一论”有着不同于以往主张的新内涵？本文认为，上述问题的答案都是肯定的。奥古斯丁的“合一论”虽然与新柏拉图主义者的提法看似一致，但是从深处说，二者仍然存在着根本的差异。这一差异在于奥古斯丁对于人的社会性的重视。本文就此尝试对奥古斯丁的这一观念及其影响做一浅显分析，以求教方家。

一、奥古斯丁著作文本中人的“社会性”主题

古典哲学家都意识到每一个人都依靠于社会而生。人是城邦的动物，

城邦构成了人与非人之间的根本分水岭。正如亚里士多德所言："人天生是一种政治动物，在本性上，而非偶然地脱离城邦的人，他要么是一位超人，要么是一个鄙夫。"① 城邦作为人的规定性，表达了人本质上作为社会性受造者的内涵。总体上看，古典哲学家对于人的社会性抱持的态度是乐观的，在价值上是肯定的。古典政治哲学显然肯定地将社会性视为是人类群体所特有的性质。诸神是不需要社会的，虽然诸神事实上构成了一个独特的群体，然而，诸神却是超然于社会之外的。这就意味着，社会性对于人而言，是其本质，同时又将带来一种囚禁，人唯有在社会中才能够生存。古典的社会观念对于奥古斯丁而言是一个难以回避的思考背景。

"社会"（Societas）一词在拉丁文中与"联合"（Socio）这一动词有着共同的词根，由此，我们可以推断，所谓的"社会"实际上就是一种联合起来的共同体。② 奥古斯丁一直关注人的社会性这一问题。在其早期作品中，奥古斯丁多次谈论"联合"这一问题（De Lib. Arbit. Lib 15. 32；7. 16；9. 25，De Vera Relig. 10. 18. 17. 33；28. 51），实际上已经反映出他关注到人与人之间基于本性的结合倾向。他在考虑人的内在秩序的时候，以人类中许多个体联合（Societis）为一个民族作为类比对之加以说明。奥古斯丁认为，人的结合的基础在于一部统一的法律。③ 保持和平、维护社会（Societas）的法律也约束着人们的私有欲望。④ 而在《驳学园派》中，奥古斯丁也使用了"社会"或"联合"（5. 12 "Socium"，7. 16. "Societatem"，20. 44. "Socii"）等词汇，他在此更多的是在同伴关系或者伙伴的意义上来考虑"社会"这一概念。对他而言，"社会"乃是指人际的内在亲密联系。总之，奥古斯丁早期作品中已经蕴含了他对人的社会性的关注。

---

① 《政治学》1253a 5，译文参见苗立田译：《亚里士多德全集》（第九卷），北京，中国人民大学出版社，1994。

② 查尔顿·T. 刘易斯编：《拉英词典》（初级版）影印本，789 页，北京，北京大学出版社，2015。"Societas"及"Socio"词条。

③ 《论自由意志》7. 16（本文所用奥古斯丁拉丁文著作文本均来自 http：//www. augustinus. it/latino/）。

④ 《论自由意志》15. 32。

在《论婚姻的益处》（AD 401）一书中，奥古斯丁对人的“社会性”进行了更为深入认真的思考。奥古斯丁首先强调了婚姻是建立在人的社会性基础上。因此，人的社会性构成了奥古斯丁探讨婚姻的基本前提。他指出：“因为每个人都是人类的一部分，人的本性具有一定社会性，还拥有友谊的力量，一种伟大而合乎本性的善，因此，神决定从一人造出众人……”① 那么，人的社会性对于婚姻意味着什么呢？奥古斯丁认为，人的社会性意味着人被绑缚（Tenerentur）在自身的社会之中。这无疑是来自天主的决定，因此，社会是受造之人的现实存在方式。“人类社会的第一种自然纽带就是夫妻。”② 社会性透过婚姻表达为一种人与人之间的合一性。奥古斯丁不认为这种合一性仅仅局限于一般意义上的两性之间，但是这一合一性确实是通过女人从男人肋旁而出而被造，从而以留在男子肋旁的记号作为证据。奥古斯丁肯定婚姻来自天主美善的创造，因此也是美善的。这无疑反过来也表达了奥古斯丁对于人的社会性的肯定。

一般认为，在奥古斯丁的婚姻观念当中，婚姻与守贞两个观念一直存在着巨大的张力。一方面，奥古斯丁苦苦挣扎于难以抑制的性欲，这使得奥古斯丁深感罪咎。另一方面，奥古斯丁面对大公教会和《圣经》对于婚姻的肯定性教导。如何解决这种张力就成为奥古斯丁道德神学中的重大难题。现代学者对于奥古斯丁思想中的这一张力做出了各具特色的诠释，努力化解这一张力。据学者研究，西方学界对这一问题的看法基本上分为两个主要传统。一个传统以区分婚姻与性为切入点，通过将奥古斯丁的婚姻观与对性的主张相对剥离开，认为奥古斯丁肯定前者为善而否定后者为恶。正如《论婚姻的益处》所显示的，奥古斯丁实际上首先并不是在一种无前提的语境中将婚姻与性欲加以对立谈论的。无论是婚姻或性欲，奥古斯丁都是放在人的社会性这一前提下谈论的。孙帅在剖析这一解释传统

① 《论婚姻的益处》1.1。*Quoniam unusquisque homo humani generis pars est et sociale quiddam est humana natura magnumque habet et naturale bonum, vim quoque amicitiae, ob hoc ex uno Deus voluit omnes homines condere, ut in sua societate non sola similitudine generis, sed etiam cognationis vinculo tenerentur.*

② 《论婚姻的益处》1.1。

时，同样指出，“除了性与生育，他的另一个重要视角就是人的社会性”①。另外一个解释传统因此更为看重奥古斯丁对于人的社会性的理解。孙帅也对这一传统做了缜密梳理。总体上说，这一看法以彼得·布朗为代表，并得到一众当代学者的肯定。该观点认为奥古斯丁的婚姻观与性的观念应当被统摄在他的社会观的前提下来理解。彼得·布朗认为，奥古斯丁的婚姻观与守贞观念都极具社会性（孙帅译为“非常社会”），确实点出了奥古斯丁婚姻观念的本质。② 实际上，我们可以说，对奥古斯丁婚姻观的社会性理解，以及所牵涉的对奥古斯丁婚姻与守贞的内在张力的解读，绝不仅仅触及奥古斯丁思想中这一狭小的领域，更是把握住了奥古斯丁整个神学的核心困境。

一般来说，奥古斯丁认为人类社会本身是不完善的，因为这是一个失去了其存在根据，也就是造物主的社会。因着罪的影响，社会本身倾向于失序，而古典的哲学方式根本上说也无助于这一不完善社会的改进。③ 这样看，奥古斯丁对于人类社会具有强烈的批判意识。然而，与此相矛盾，他对于人在本性当中因着受造而被赋予的社会性极为肯定。在《上帝之城》第十九卷，奥古斯丁详细地总结了自己对社会的看法，这无疑是在奥古斯丁思想已然成熟时期的一种表述。奥古斯丁首先概括了大学者瓦罗（Varro）对于何为至善至恶的传统理解学派。在其中已经涉及对“社会性”与“至善至恶”的关系讨论。

> 有人问，一个智慧的人是否应该追求社会生活，记在自己以某种方式追求至善（即人的幸福）之时，是否也应该关心自己的朋友，让他们以同样的方式达到幸福，还是每个人完全以自己的幸福为目的，他认为这个问题与至善无关，而是在讲是否应该让一个别人加入到这种好，是否应该不仅为了自己，而且也为了别人，让他们和自己

---

① 孙帅：《自然与团契——奥古斯丁婚姻家庭学说研究》，130 页，上海，上海三联书店，2014。

② 同上，131 页。

③ “society”，in Fitzgerald，Allan，*Augustine Through Ages*：*An Encyclopedia*，US：Grand Rapids，1999，p. 805.

一起享受至善。①

瓦罗的这一对社会性的理解，是奥古斯丁切入社会性问题的一个入手点。从瓦罗来看，智慧之人在追求至善上是不需要他人的加入的。他人在智慧之人的至善追求中的显现，只是由于智慧之人愿意与他人分享所追求到的至善。因此，从瓦罗来看，人的社会性至少对于智慧之人不是根本性的需要，因为“这个问题与至善无关”。我们可以说，瓦罗提出的这样一个取向，更加富有一种肯定智慧之人的个体价值的意味。由此，我们看到一种区分学派的标准。“于是又有了三种生活。其中一个并不懒散，而是在安宁中思索或探寻真理，另一种则积极参与人事，第三种是前两种的折中。”② 瓦罗显然认为，包括社会生活在内的诸多因素对于保持“终极的好”来说，都不是最根本的考虑因素。但是，话说回来，那种真正的幸福，即完全安享身体和灵魂一切的好，本身又是具有社会性的，这种社会性正回应上述引文问题，在于喜悦可以与朋友一同享有此幸福。

奥古斯丁接下来在基督宗教视角中，将至善至恶的问题归结为永生永死的问题，并进而指出了真正的幸福在于在“内在的战争”③ 中得胜。此后，他开始回应关于智慧之人过社会生活的问题。奥古斯丁指出，智慧之人过社会生活乃是基督徒所完全赞同的。他反问道：“如果没有圣徒们的社会生活，这个上帝之城如何可能？”④ 作为圣徒团体的一个最完美表达的上帝之城，其本身就蕴含着社会性。不过，奥古斯丁在此对上帝之城中的圣徒的社会生活与尘世的生活做了一个对比，并指出后者的沉重与悲惨。⑤ 笔者认为，这一区分首先显示了后者并不能成为人类社会生活的理想形态，另一方面也指出奥古斯丁一直肯定社会生活为人内在的需要。人在社会生活所经历到的沉重与悲惨，恰恰引发了对于一种更好的社会生活的期待，从而尘世的社会生活总是面临着被取代的可能性。奥古斯丁在这

---

① 《上帝之城》19.1.3。

② 同上 19.1。

③ 同上 19.4.3。

④ 同上 19.5。

⑤ 同上 19.5。

个地方对于尘世的沉重与悲惨，尘世社会生活的有限价值颇费了些笔墨。他指出这种悲惨呈现于家庭生活直至城邦生活。

人既具有要被充分肯定的社会性，因此透过进入社会生活而得以实现，却又同时沉陷在尘世的社会生活中而落入悲惨。这正是奥古斯丁所面对的问题。由此，我们发现，奥古斯丁实际上要指出的是，人的社会性的满足本质上乃是在于人与天主之间的和平。“和平”构成了《上帝之城》19 卷 11 章以后的一个重要主题。据统计，奥古斯丁在其作品中提到“和平”（Pax）多达 2000 多次。学者 Donald X. Burt 在总结奥古斯丁思想中“和平”的基本意涵时，指出，奥古斯丁一般将“和平”理解为不再有分裂和纷扰，这一“和平”只能在绝对的合一的世界中才能获得。与此相对，在杂多的世界当中，“和平”则取决于宁静的秩序（Tranquilitas Ordinis），而人类群体中的则取决于基于友谊的“心灵合一”（Concordia）。最后，秩序的完美来自善好的爱之秩序以及欲望的满足。① 从 Donald 的总结中，我们已经可以看到，奥古斯丁的“和平”观念有着丰富的意涵。从尘世的角度来说，一方面，奥古斯丁指出尘世生活中充满了各种的动荡，因此在尘世并不具有本质上可得的“和平”。另一方面，奥古斯丁又指出，虽然尘世的“和平”不可得，但是对于“和平”的渴望深深地隐藏在每一个人的内心深处，是人的自然欲望。因此，甚至“发动战争的意图都是为了和平”②。从上帝之城的角度来说，“终极的好就是和平”，而本质上，“这是至善的天主之城里的完美，是永生中的和平，或和平中的永生……”③ 那么，在奥古斯丁眼中，这一和平就不仅仅具有尘世的意涵，甚至我们可以从根本上说，奥古斯丁的“和平”乃是超越于尘世之外的，与天主建立友谊的人才拥有这本质上的和平。因此，和平绝不仅仅涉及作为人的一方，而是同时涉及人与天主，涉及作为共同体的上帝之城。这就意味着，“和平”的意义绝非仅仅是内心的宁静状态，而是一种主体之间紧张关系消失的状态。反过来，奥古斯丁要指出的是，从尘世的

---

① Donald X. Burt. “Peace”, in Fitzgerald, Allan, *Augustine Through Ages: An Encyclopedia*, US: Grand Rapids, 1999, p. 629.

② 《上帝之城》12. 1。

③ 同上。

意义上，我们也应当从这种主体间关系，而非主体的内心状态的角度来理解和平。这就让我们看到，即使是在尘世生活中，“和平”投下的光也并不缺场。“即使是盗贼，为了更有力和更安全地侵扰别人的和平，也要与同伙维持和平。当然也会有盗贼自己力量惊人，很不信任同伙……但是他仍然要维持某种和平的影像……”① 显然，这种“尘世的和平”无非是和平的某种影像罢了。

奥古斯丁的“和平”观念从何而来？这一点国内学界还尚未见有所讨论。依笔者的看法，奥古斯丁的“和平观”至少有四个重要的思想来源。首先，古典哲学家对平静或和平的追求为奥古斯丁提供了思想的来源，无论是柏拉图意义上对美的认识，② 还是亚里士多德意义上的理论的生活特征，③ 都显示了人类生活的最高境界乃是以一种满足和安静为特征。我们更不用说这一主题在古代晚期大学者普罗提诺那里充满神秘色彩的表达。其次，罗马治下的和平时代无疑为奥古斯丁反思“和平”提供了正反两个方面的历史和政治经验。④ 再次，《新约》以及早期教会提供的基督宗教思想资源。在《新约》中，“和平”一词一直有着独特的意义。按斯特朗对《新约》中这一词语的解释，和平在《圣经》中既指一种因为远离了战乱或神的震怒而有的国家性的安宁，也指代个人关系上的和平，以及生活的繁荣与安稳。不过，在一个更深的层面，该词指向的是因着基督的救赎而有得救保障时，灵魂中不再惧怕神，并满足于尘世的产业心态。最后，和平也指向正直敬虔之人死后的蒙福状态。⑤ 这一解释实

---

① 《上帝之城》12. 1。

② 《会饮篇》211. c。

③ 《尼各马可伦理学》1177b20-25。

④ 对历史上努马治下的罗马“和平时代”的反思，显示出奥古斯丁对于“和平”的历史经验的关注。他的评论（《上帝之城》3. 10）指出两点：第一，努马时期的罗马和平是一个并未开疆拓土时期的罗马；第二，即使如此，努马时期的和平依然不是来自于诸神的赐予，而是来自于真正上帝的赐予。这既显示出奥古斯丁对于努马和平时期的历史经验的重视，同时也对这一历史经验的解释做出了限定。

⑤ 解释取自 Bibleworks（第八版）研经软件提供的斯特朗（Strong）的新约字解“和平”词条。

际上有两个不同层次的意涵，其一是和平乃是因着基督的救赎而来的人与天主之间恢复和谐的关系，即人脱离天主的愤怒。其二是处在与天主之间如此关系中的人类个体或团体在尘世享受平安满足的状态。而前一种和平恰恰是后一种和平更深的基础。我们有理由相信，奥古斯丁对于这一《圣经》思想来源有着深刻的熟悉。

总而言之，奥古斯丁对于人的社会性的最终满足的理解是建立在对于人与真正的天主之间透过基督建立的和平中的。这也构成了奥古斯丁对于人的社会性的最为深刻和最基本的观点。

二、《忏悔录》对人的社会性渴求的独特诠释

在对奥古斯丁对人的社会性理解做了一个整体评估之后，我们可以再次关注他的名著《忏悔录》。本文试图指出的是，《忏悔录》以一种独特的方式，对于奥古斯丁的人之社会性观念做了充分的诠释。

一般认为，奥古斯丁的《忏悔录》成书于397—401年。对于《忏悔录》的写作动机和背景，彼得·布朗有着精彩的论述。他认为，奥古斯丁之所以要写作《忏悔录》这样一部具有一定程度自传性质的作品，很大程度上和奥古斯丁所面对的4世纪基督徒群体，特别是基督徒知识分子群体的理想有关。奥古斯丁所生活的圈子里，有着如诺拉的保利努以及修士佩拉纠这样的一群知识精英，而这群知识分子基督徒在这个时代集体体现出一种对于完美的友谊的追求。面对一个残败的世界，对于保利努而言，这种完美的友谊首先乃是一种“刹那间的”经验，是“上帝之城”中的经验。彼得·布朗注意到，在现实的生活中，基督徒知识分子对于神圣“友谊”的追求，被表达为一种精神的契合。因此，这种追求对于朋友的亲身到场恰恰是排斥和抗拒的。① 对友谊的渴望和谈论，其实是对于人的社会性实现的渴望和谈论。这是早期基督宗教的重要群体经验和信仰经验。依托于古典思想的资源，4世纪时的基督徒知识分子是在一个狭小的圈子里面去体验和确认这种社会性。比如，对于保利努而言，这种瞬间

---

① Peter Brown, *Augustine of Hippo*, University of California Press, 2000, pp. 151-155.

的友谊，主要是表达在修士，或曰“天主仆人”（Servus Dei）的小圈子里。在一个更大的范围内，在整个的世俗世界和历史当中，我们却看不到这种友谊的影子。这种对于身体性—世俗性与精神性—神圣性的二分理解，也体现在当时的各种基督徒传记的风格当中。① 总之，4 世纪的基督徒圈子中，流行着的是一种转化了的古典友谊观念和实践。这是奥古斯丁《忏悔录》写作的一个重要的思想背景。

然而，在奥古斯丁这里，他却转变了我们对于“友谊”这一主题的关注角度。② 他用了大量笔墨谈论了自己受洗之前的生活经历，并称之为自己的“生命史”。对于自己受洗之后的生活，奥古斯丁却并没有用多少篇幅。换言之，奥古斯丁较之当代基督徒知识分子对于个体生活的看法，在某个意义上已然多了一个层面。奥古斯丁关注到了作为以自然生命存在的那个自我，在世俗的时间和历史当中存在着一个自身的历史。这也是他的“生命史”的一部分。而作为这一部分的“生命史”，实际上依然是被天主的恩典所接触的。因此，奥古斯丁也正是在这样一个视角下，来谈论“生命史”的另外一部分，即作为沉沦的生命。这倒不在于这一部分被传统的基督宗教知识分子完全忽视，而是在于，这一部分在传统视角当中显然没有放在一个与“新生命”相联系的重要位置上。或许我们可以如此说，奥古斯丁重视“友谊”的断裂与重建。这种友谊本质上是人与天主之间的友谊。而在另外一个角度，我们也可以说，奥古斯丁所重视的，乃是“社会性”的断裂与重建。从这样一个角度，本文将展开《忏悔录》的更为广泛的视野。在这视野中，奥古斯丁所有的挣扎与困顿，以及最终的解脱，都是围绕着人如何真正进入到自己的社会性当中去这一个难题展开的。

---

① 彼得就指出，在当时的基督徒圣人的传记中，他们更为看重的是传主受洗和濒临殉道的一段时光的生活，并视之为“新生活”，而对于可能更为广阔的世俗生活，这些传记却可能会一笔带过。

② 关于奥古斯丁的“友谊”观念与奥古斯丁更为广泛的神学课题的关系的讨论，请参见 Frank Vander Valk，Friendship，Politics and Augustine's Consolidation of the Self，*Religious Studies*，45，2009，pp. 126-146。

（一）《忏悔录》的开篇

《忏悔录》研究中一个重要问题是，本书的内在统一性原则是什么。这是因为，《忏悔录》的文本，初看上去前九卷与最后三卷之间在主题和行文方式上似乎南辕北辙（前九卷是回忆录性质，后三卷则是神学性探索），更有第十卷在整部作品中的意义看起来含混不清。夏洞奇在总结了奥古斯丁研究学者在这一问题上众说纷纭的主张后，透过对《忏悔录》开篇的重新诠释指出了一种新的统一全书的内在线索。① 在夏洞奇看来，《忏悔录》开篇可以被理解为两个彼此相关，又微言大义的“预告片”。这两部“预告片”分别展示了神学立场上“转变”（Conversio）的过程（“预告片 I”）与神学立场上“转变”发生的模式与原因解释（“预告片 II”）。而贯穿这两部预告片的核心主题在于“神—人关系的‘三部曲’，自我的无力与天主的恩典……”② 本文认为这一解读实际上是非常有洞见的，这种洞见不仅仅在于为我们提供了一种如何整体性理解奥古斯丁《忏悔录》的视角，更在于给我们看到奥古斯丁思想核心中的一个“秘密”，那就是对社会性的渴望。这实际上正是许多奥古斯丁研究学者所肯定的，奥古斯丁对于天主的渴望。本文认为，从这个角度切入，我们会更加清晰地看到夏文洞见的更深刻含义。

我们由此角度看《忏悔录》的开篇，奥古斯丁一开始就指出了人面对着社会性的渴望。奥古斯丁关注的核心显然就是心灵对于与天主连接的呼唤和渴望。但是这是一种什么样的渴望？显然，这是人对于与天主之间建立一种社会性联系的渴望。奥古斯丁所要指出的是，这种渴望是来自于人在自身的受造性中所被赋予的一种期望。而这种期望，则又恰恰是来自于天主对于与人建立社会性的神意。因此，人类的社会性与天主之间就建立了一种根本的联系。我们可以将人的社会性分为受造的社会性和回应的社会性两种角度。从一种角度说，奥古斯丁认为人受造就是一种被给予社会性的受造，因此，人天然地渴望与他人建立起社会关系。即使是对于社

① 夏洞奇：《奥古斯〈忏悔录〉1.1.1 释义》，载《云南大学学报（社会科学版）》，2010（6）。

② 同上。

会性的某种方式的拒绝，也依然在表达着这样一种基本的本性。

正是在这样一个神学基调下，奥古斯丁展开了自己的“忏悔”（Confesssio）之旅。

（二）肉身的贪欲（Concupiscentia Carnis）、眼目的贪欲（Concupiscentia Oculorum）、人生的骄奢（Ambitione Saeculi）

在奥古斯丁的《忏悔录》中，有一条不断闪现的线索，这就是奥古斯丁对于《新约·若望一书》中“肉身的贪欲，眼目的贪欲，以及人生的骄奢”（若一2：16）的不断提及。这三个片语，实际上构成了奥古斯丁所主要应对的生存难题。① 对于他而言，三个贪欲实际上使得人无法与天主相连，也使得人的社会性难得满足。以下，我们可以看到奥古斯丁对这三个贪欲的论述贯穿了《忏悔录》全书。

奥古斯丁深感人生于一种肉身的贪欲之中，以至于懵懂小儿也不例外。当奥古斯丁谈论自己幼年之时，如果以自己仅有然而全部的力量去表达自己的意志，胁迫乳母和大人服从自己的意志时，他看到的是肉身的贪欲的力量。而与此同时，奥古斯丁将这种肉身贪欲的力量的思考延展到自己对于自身性欲的思考上来。从一个个体性经历的身上，奥古斯丁肯定自己对于性的渴望和沉陷，都是一种肉身贪欲的表达。在某种意义上，奥古斯丁所看到的古典世界首先是一个被肉身的贪欲所征服而沦陷的世界。②

我们对于奥古斯丁所说肉身的贪欲的理解不能仅仅止步于肉体的淫欲之上，这肉身的贪欲总体上是一种整体性的、甚至带有宗教含义的恶的力

---

① 《忏悔录》10.30，应枫本译作：“你要我反抗肉欲、目欲和世俗的贪欲”；《忏悔录》10.41，周兴良本译作：“为此，我从三种贪欲中检查我罪恶的病根……”总之，三大欲望是奥古斯丁挣扎的核心。

② 奥古斯丁认为即使是古典文学，也带来对人欲望的刺激，以致当一位年轻人在诗人铁伦提乌斯（Terentius）的诗句中读到朱庇特与女子通奸的故事之后，起而效法，并为自己的放荡生活寻找借口（《忏悔录》1.16）。对于奥古斯丁而言，古典文学无法掩饰，更无法控制人生于肉身的贪欲之中这一事实及其后果。有意思的是，奥古斯丁对于古典文化的批判，与路德对经院哲学的批判有某种类似性。对于路德而言，经院哲学实际上也引诱人的理性离开了基督（正如古典文学引诱人的意志离开了圣洁）。

量。奥古斯丁在皈依大公教会之后，著述《忏悔录》并特别讥讽了摩尼教中的基于二元论的救赎观念（《忏》3.10）。这种观念带来宗教实践的引导就是，人可以透过咀嚼植物的果实而释放果实中所囚禁的神圣分子。“人们摘无花果树时，果子和树在流着乳一般的泪水；一位‘圣人’吃了这只无花果……是把许多天使，甚至神的分子吞入腹中，圣人在祷告中呻吟太息时，吐出天使甚至神的分子，这些无上真神的分子本被囚禁在果子之中，这时被圣人的齿腹解放出来。……”① 这一段话一方面给我们看到奥古斯丁对于摩尼教救赎论的抗议，另一方面给我们看到奥古斯丁对于肉欲观念的抗议。对于奥古斯丁而言，摩尼教救赎论的基础实际上正是对于灵性的实体化认知，而这种实体化认知的策略的背后隐藏的，正是对于身体——肉体欲望的肯定。从《忏悔录》来看，“吃”一直是一个重要的意象。在一般意义上，“吃”意味着一种摄取，它将“吃者”定位为一种缺乏者。奥古斯丁在谈论人的“吃”这一问题时，指出了从两个根本性角度看的基本方向。一是人对于灵性的接受，这是一个正确的方向，而另外一个则是人对于物质性存在物的摄取，这是一个错误的方向，反映的正是人的肉体性私欲。摩尼教所透露的问题，正是人试图以一种有形和身体的形式获得救赎的意象。

与肉体的贪欲相形的乃是人眼目的贪欲，对于奥古斯丁而言，眼目的贪欲首先是一个看的问题。在奥古斯丁思想发展过程中，他对于看，或可视之形象极其敏感。他的第一本作品就是以“看”为主题的，谈论美的问题的小册子。然而，在奥古斯丁这里，这个问题实际上正是被他所批判的。对于可见之秩序的看和被吸引，实际上将人阻挡在了对于不可见的秩序以及真理之外。人所不见恰恰是其应当予以委身的天主。看的欲望也削弱了人的意志力量，或者说，人的意志倾向于看。“阿利比乌斯观看表演”这个情节实际上就给我们展示了一种意志屈从于对于有形物体的刺激的例子。奥古斯丁对于看的最深刻的揭露在于将看与知识的骄傲联系在一起。在第十卷中，他如此写道：

> 看，本是眼睛的专职，但对于其他器官，如我们要认识什么，也

① 《忏悔录》3.10。

> 同样用“看”字。……因此，从器官得来的一半感觉都名为“看”……我们于此能更明显地确定快感与好奇通过感觉有些什么作用。①

看的背后，是一种“好奇”，而在好奇这个意义上，对“知识”的追求本身，就是一种好奇心的表达。也就是说，我们对于“知识”的追求，本质上，不过是“看”的另一种形式。

最后，奥古斯丁也检视了三大欲望的最后一种，即世俗的野心（Ambitione Saeculi）。可以说，世俗的野心是奥古斯丁视野中三大欲望的顶峰和集中的体现。在《忏悔录》中，奥古斯丁将对世俗的野心的批判主要放在了对传统友爱观念的批判中进行的。对于古典思想家而言，友谊对于城邦的合一极其重要，而奥古斯丁却揭露了单纯尘世的友谊的脆弱与有限性，因此直面了尘世友谊的消极含义。②。实际上，友谊不仅仅具有如上所述的尘世性特征，并属于人的城邦的基础。在奥古斯丁对于友谊的更为深入的探讨中，他指出了友谊的宗教含义，即人与诸神为友的问题。奥古斯丁指出这实际上是古典思想中已经蕴含的内容，③ 但是奥古斯丁拒绝接受这一古典的友谊宗教含义，由于在《上帝之城》的前五卷已经充分驳

---

① 《忏悔录》10. 35. 54。*Ad oculos enim proprie videre pertinet. Utimur autem hoc verbo etiam in ceteris sensibus, cum eos ad cognoscendum intendimus… Ideoque generalis experientia sensuum concupiscentia, sicut dictum est, oculorum vocatur, quia videndi officium, in quo primatum oculi tenent, etiam ceteri sensus sibi de similitudine usurpant, cum aliquid cognitionis explorant.*

② 《上帝之城》19. 8。奥古斯丁对古典的肯定性的友谊观念做了巨大的挑战，提醒我们城邦中的友谊在自身的尘世性下所表达的脆弱性。更多对奥古斯丁友谊观的探讨，可以参见 Tamer Nawar, Augustine on the Dangers of Friendship, in *The Classical Quarterly* 65. 2, pp. 836–851。

③ 《上帝之城》19. 9。*In societate vero sanctorum angelorum, quam philosophi illi, qui nobis deos amicos esse voluerunt, quarto constituerunt loco, velut ad mundum venientes ab orbe terrarum, ut sic quodam modo complecterentur et caelum, nullo modo quidem metuimus, ne tales amici vel morte nos sua vel depravatione contristent.*

斥了古典宗教的仪式与宗教活动的敬虔性，奥古斯丁认为友谊的古典宗教含义实际上是一种对于友谊的更为正确的宗教性理解的扭曲。正是受到了魔鬼的欺骗，所以，古典宗教误将一种单单属于人与独一天主的关系，理解为了一种人与诸神——实质乃是堕落的天使——的关系。这意味着友谊本质上需要得到一种正确的宗教性的满足。奥古斯丁所批判的友爱，是由世俗性所限定的那种单纯人与人之间的友爱。在奥古斯丁的视野中，世俗的友爱实际上受到两方面的限定，其一是死亡，其二是人的罪。在偷梨事件中，友爱实际上蒙蔽了自我的自主良知，裹挟了自我的行动①；在友人之死中，友爱带来了自我的撕裂感，使得个体进入一种死亡的阴影中②；在阿利比乌斯观看表演中，友爱充当了将一个人推向与自己所欲相反的罪恶方向的主要推手③；最后，在“志同道合者”追求建立哲学家团体的志向上，友爱将受到婚姻的限定④。实际上，除了这些明显给我们看到奥古斯丁谈论友爱的地方，奥古斯丁还以不同方式，谈论了友爱的深层诱惑。在奥古斯丁试图将自己的处女作品献给一位修辞学名人的时候，他实际上给我们看到友爱的背后隐藏的英雄崇拜的倾向。⑤ 如此种种，使得奥古斯丁最终将对友爱的批判上升为对于整体世俗生活的批判。

（三）《忏悔录》10—13 卷中的社会观念

《忏悔录》10—13 卷与前九卷文本之间存在的主体、叙述风格等方面的巨大差异早已为学界所关注和争论，甚至引发关于《忏悔录》是同一部作品还是由两部（甚至三部）作品组合而成这样的探讨。不过此处我们不再详述这些争论。我们首先关注的是在《忏悔录》后四卷中所呈现的一种超越的社会性关系的观念。这种社会性关系首先是作为一种思考的内在结构和线索呈现给我们的。正如章雪富的研究所说：“忏悔录第十一、十二和十三卷刻意以解释《创世记》1：1—3 节为文本脉络。她们既

---

① 《忏悔录》2. 4—2. 9。
② 同上，4. 4。
③ 同上，6. 8。
④ 同上，6. 14。
⑤ 同上，4. 14。

以对三位一体的赞美为神学安排，也以三一体为《忏悔录》的叙事节奏。奥古斯丁把《创世记》的创造论演绎为救赎论，把创造的天主演绎为救赎的天主，使永恒的真理成为时间中的慈爱，让时间向着永恒赞美，让时间成为天主的披戴，自有永有的天主即是行动的天主。”① 这表明，这四卷文本的基本次序大致对应着“圣父—圣子—圣神”这样一个神学表达序列。实际上，奥古斯丁所呈现的，乃是一幅真正友爱的图景。

在第十一卷当中，奥古斯丁默想天主创造中的时间问题，这问题的背后，实际上是如何在维护时间的真实性的同时，呈现真实的时间。他在这里首先指出了时间本身乃是天主借着道的创造。② 这里主要的结论是作为天主一切作为的根本根据的“道”乃是超越于时间之外的。换言之，也只有从“道”这里所理解的天主的作为才是真实的。永恒的“圣子”与永恒的“圣父”的关系在此凸显出来。奥古斯丁接着指出，脱离了永恒之道的流俗的时间具有不可度量性，这意味着整个历史背后的时间结构本身面对着虚无的可能性。需要注意的是，奥古斯丁在该书第 11 卷的末尾实际上并未解决流俗时间的度量问题，而认为我们真正度量的，实际上是时间在我们心灵中的印象。这印象最终集中于当前的注意。奥古斯丁指出，我们实际上是透过注意这一意志的行动，使得对将来的期望转为对过去的回忆。由此，奥古斯丁指出，注意乃是一个中介者，是连接过去与将来，记忆与期望的中保。而与此同时，一个类比显现出来，那就是作为中介的注意与作为中介的基督。正如注意这一行动使得流俗时间呈现一种真实性；基督作为中介也使得我们得以连接于天主而使得我们的生存拥有了确定性（忏 11：29）。换言之，奥古斯丁对时间的思考背后，有着对圣子圣父内在的密切关系的肯定。正是这一超然的“友爱”，为人能得重返天主的怀抱。

奥古斯丁在后三卷的明显线索无疑是对《圣经》经文的默想。但是其中却显然暗含着神学的线索。第十一卷向着第十二卷，实际上已经显示了奥古斯丁思考的焦点从圣父向圣子位格的转移。这种转移在文本当中，

---

① 章雪富：《救赎：一种记忆的降临·前言》，4 页，北京，世界图书出版公司北京公司，2013。

② 《忏悔录》11. 5。

主要是透过神学主题从记忆转向对“天外之天”的讨论。天外之天，按照奥古斯丁的理解，乃是一种与原初受造的“天地”相区别的另一灵性范畴。奥古斯丁实际上显示了“圣子在天外之天作为永恒源头和降临在混沌之地中”①，圣子的临在实际上正是奥古斯丁所体认到的，人得以安息在天主面前的恰当中介（中保）。人类对于安息在天主面前的全部盼望，也恰恰在于圣子的中保性身份。

最后，奥古斯丁在第十三卷中则展开对圣神的思考。透过对于基于圣神在普遍世界的创造中创造万有，并赋予秩序的工作的肯定，奥古斯丁让我们最终看到一幅人终将进入到一种有秩序的爱的怀抱之中，并以一种并不脱离共同体的形式回到三一天主面前的画面。“圣神（圣神）的恩宠安排了这爱的秩序，他不仅爱别人，而且按照人们所需要的爱爱别人，这也就是‘各从其类’的所包含的‘爱人如己’了。”② 圣神之工何以成为一种成全人共同体形象的工作？实际上，这恰恰是基于圣神本身与圣父圣子内在的完美友爱关系。正是由于圣神如此地与圣子、圣父相契合，万类霜天，尤其是作为特别的受造物的人，才会最终以共同体的形式安息在天主面前。

三、结语：天主与人的社会性

再次回到奥古斯丁在《忏悔录》开篇的那句名言：“你鼓动他乐于赞颂你，因为你造我们是为了你，我们的心如果不安息在你怀里，便不会安宁。”本文试图说明的就是，这里所透露的最重要的信息，在于确认满足社会性是人内在的固有的渴望，但问题绝不仅仅到此结束。奥古斯丁透过《忏悔录》给我们看到，对于自身社会性的挣扎与满足、在社会性满足的渴望中自我的堕落与回复的洞见，也许是奥古斯丁贡献给我们的最大的亮点。奥古斯丁一生的挣扎，都是对“社会性”的一再重新审视，不论是透过婚姻的角度、个体的角度，还是透过教会团体的角度。而这一切审视，也恰恰透过《忏悔录》集中表达了出来。

---

① 《救赎：一种记忆的降临》，143 页。

② 同上，212 页。

透过对奥古斯丁《忏悔录》的解读，如果说，奥古斯丁在《忏悔录》中的挣扎基本上是一种人如何呈现自己的社会性的挣扎，那么，奥古斯丁的解决之道，就在于重新认识人的社会性与天主的关系，或者说，奥古斯丁在某种意义上描绘出了一幅也许我们可以称之为神圣社会神学的巨画。这一信念的巨画特别提醒我们天主在人类社会性构建中的四重意义。

其一，奥古斯丁指出，人的社会性本质上呈现的是人神之间的位格互动关系。换言之，奥古斯丁始终认为，人的社会性绝非是一个单纯世俗性的课题。社会性要求的是位格之间的互动，只是，这种位格绝非是单纯人类个体位格。实际上，奥古斯丁所要表达的就是，天主是人类社会关系的必然参与者。这意味着人的社会性关系根本上从未有过天主不在场的可能。奥古斯丁在《忏悔录》中将天主在人类社会性关系构建中的隐秘呈现一直追溯到了自我出生之前，这已经足以显示了上述看法的合理性。

其二，之所以天主在人类的社会性关系中从未出场，按照奥古斯丁的看法，乃是因为人类的社会性关系构建，以及人类对社会性满足的渴望背后的这一社会性本性，就是天主所创造的。简单说，天主不仅仅是人的社会性构建的参与者，他就是这一关系的实质构建者。人的构建根本上乃是受到天主之构建的催逼的结果。正是在一种隐秘而超越的构建者的引导下，人才会从自我构建这种社会性。

其三，奥古斯丁指出，人的堕落，总体上是在人的社会性方面的堕落。《忏悔录》在很大程度上给我们呈现的就是对于人在自身社会性构建中堕落的悲歌。无论是两种爱的观念，还是两城论的看法，我们都可以说，奥古斯丁的确深刻批判了人的自我社会性构建的努力。他认为，在某种意义上，人的自我构建是一种不断回避真正的社会性的构建者的努力。从而，人类的社会构建从一开始就浸入了某种虚晃的要素。奥古斯丁不断提到自我的散轶，朋友去世，乃至哲学家团体梦想的破灭，都给我们看到在一种拒绝真正社会的构建者的冲动中，人类社会自身在自我的构建中也在不断地自我解构掉。

其四，奥古斯丁显示出，基督宗教的拯救，最终是社会性的拯救。因此，人神合一不可以按照传统的看法被理解为一种本质性的合一，而只能被理解为一种社会性的连接。这也正是奥古斯丁对于古代晚期的一种最为致命的批判。奥古斯丁透过真实友爱团体①的默想，否定了那种将人最终鼓励为灵性个体的努力。在奥古斯丁的眼中，人类最终的得救乃是真正的社会创建者，作为造物之神的天主将人类聚集到自身周围（而不是实体之内），并共同构成一个真正意义上的“城”。

由此上四点，我们说，奥古斯丁实际上构建起来的乃是一个神圣社会的场景。这一构建，标志着基督宗教以一种强而有力的方式，将古典社会实际上所排除的超越者（诸神/天主）以一种全新的形式再次引入人类社会思考的最核心位置。奥古斯丁表明了人类的社会性建构背后有着某种更为强烈的意义，这意义完全超越于世俗意义之上，又为着成全这个世界而来。

参考文献：

1. *S. Aurelii Augustini Operea Omnia*（*P. L.*），http：//www. augustinus. it/latino/.

2. ［古罗马］奥古斯丁．忏悔录．周士良，译．北京：商务印书馆，1963.

3. ［古罗马］奥古斯丁．上帝之城：驳异教徒（上中下）．吴飞，译．上海：上海三联书店，2007—2009.

4. ［古罗马］奥古斯丁．道德论集．石敏敏，译．北京：生活·读书·新知三联书店，2009.

5. ［古罗马］奥古斯丁．论自由意志．成官泯，译．上海：上海人民出版社，2010.

6. ［美］彼得·布朗．希坡的奥古斯丁．钱金飞，沈小龙，译．北京：中国社会科学出版社，2013.

7. 章雪富．救赎：一种记忆的降临．北京：世界图书出版公司北京公司，2013.

8. 孙帅．自然与团契——奥古斯丁婚姻家庭学说研究．上海：上海三联书店，2014.

9. ［古希腊］柏拉图．柏拉图对话集．王太庆，译．北京：商务印书馆，2004.

10. ［古希腊］亚里士多德．尼各马可伦理学．廖申白，译．北京：商务印书馆，2003.

11. 夏洞奇．奥古斯《忏悔录》1.1.1释义．云南大学学报（社会科学版），2010（6）.

12. Frank Vander Valk. Friendship，Politics and Augustine's Consolidation of the Self. *Religious Studies*，45，2009，pp. 126-146.

13. Fitzgerald，Allan，*Augustine Through Ages*：*An Encyclopedia*，US：Grand Rapids，1999.

① 这一团体的艺术形象一直不断地透过各种圣像画给我们传达着，其中也许最为著称于世的，就是东正教的繁多的三位一体圣像了。

14. Tamer Nawar，Augustine on the Dangers of Friendship，in *The Classical Quarterly* 65. 2，pp. 836–851.

14，J. J. O'Donnell，*Confessions III*，Oxford：Oxford University Press，1992.

作者单位：贵阳中医学院

联系方式：kzch_ 01@ 163. com

奥古斯丁对希腊哲学的超越

□屈代平

后现代性把人抛掷于无助的境地，孤独地抵御着袭面而来的生存困境。超越生存困境的努力成为个体心底最大的呼声，这种超越的途径对于每个个体来说是多种多样的，作为具有超越性存在的人如何达致超越，奥古斯丁无疑为人们指明了其中的一条路径。奥古斯丁在《驳学园派》中要肃清的是遗留在自己心中的怀疑，虽然怀疑在现代科学及发展中被视为促进科学进步的必要方法与手段，但在奥古斯丁那里却隐隐被当作虚无主义的来源，这一点在他对青年人的关注与告诫中显现得最为明显。怀疑主义对于青年人的道德是一种腐蚀，特别是坚定正确的信仰没有在心中确立之前；对于研究哲学的人来说是阻碍研究动力的绊脚石，尤其在失去获取真理的希望之时；对于一般人来说是使得人们缺乏行动力、令人与人之间互不信任的罪魁祸首，尤其是在人们心中没有绝对的价值标准时。对于奥古斯丁来说，毫无指向的怀疑是人生道路的毒瘤，必须得到清除，否则人将毫无希望。

奥古斯丁恢复了古老文化中对真理的信仰，并把真理及人擢升到至高的超越性位置，在神人视野中恢复了人的尊严，延续了文明的火种，显示出在真理光照下具有正确价值和发展方向的人文主义。在逻辑与现实的层次上，重新理清了原本混淆不清、冲突重重的思想与价值，破解了人们之间相互的不信任及猜疑关系，为人类历史的新篇章准备了良好的序幕。

一、自我与他者关系的恢复

古代晚期的哲学事实上带给人的并非心灵平静与安宁，虽然当时各种学派皆以心灵安宁为其旨归。奥古斯丁在其《驳学园派》中暗示当时各种哲学所寻的安宁就是一直以来古典哲学寻找的终极目标即幸福，但是这些学派却在寻找幸福的途中走上了歧路，既偏离了古典哲学对人们寻找幸福的要求，也偏离了生活中现实的要求。以永不满足的心在有限的外在世界中寻求或是全然不顾外在世界在有限的理性中寻求那种无限的满足，最终只是惨淡收场。

奥古斯丁在《驳学园派》开篇就提出幸福在于对获取真理的确信，鲜明地指出人不可能不考虑其内在本性上对真理的终极需求而获得满足，幸福不仅是内在心灵对外在世界满足的一种感觉或感受，而且是外在客观世界本身主动给予并充满人内心世界的状态。人的需求既是具体的特殊的，同时也是普遍而抽象的。对于奥古斯丁来说，只有真理才能在任何方面填充人内心的缺乏与空虚，所以古代晚期哲学不追寻真理却妄想获得解脱而得幸福的理论纯属痴人说梦，乃自欺欺人之举。虽然奥古斯丁说的真理全非古典哲学中那种纯然抽象的理论知识，但是那种抽象知识却包含在真理内在的构成中，因此抽象知识构成人们理解及认识真理的一条路径，而抽象知识也只有在有助于认识那终极真理的意义下才有价值，可以说抽象知识的价值就是终极真理给予的。知识并非真理，也无法完全言说真理的全部，那么是不是如学园派一样理性就只能匍匐于真理之外而永无得见真理之日呢？哲学推理的结果是那种永无止息的循环及绝望，而对真理绝望就意味着哲学自身的毁灭。真理言说自身并非只采用知识的方式，毋宁说真理总是以人无法预料的方式言说自身，而对于奥古斯丁来说，历史也是真理之一种，为人类获取真理经验之总结，因此相信前人遗留下来的信息，恢复与前人经验的关系成为应有之义。这实际上是修复人与真理之联系，也是修复人与他者之联系。

（一）哲学理性的“第三者悖论”

柏拉图哲学中的理念如何能够成为事物之原则？理念的合法性在哪里？柏拉图及亚里士多德都对此问题做了反思，他们留下了反思的论证过程却并没有给出理念作为原则的根由，为后人留下思维空间的同时也留下了困惑。最能显出这种困惑的就是令历来哲学研究者殚精竭虑的“第三者悖论”，此悖论如下：

你看到有许多事物是大的，当你看着它们的时候，就好像它们有一种相同的性质，因此你就认为大本身也是一个单一的事物。……现在就以大本身和其他那些大的事物为例。假定你用你心灵的眼睛以同样的方式看着它们，岂不又会呈现一个大，由于有了这个大，原先那个大本身和其他大的事物才呈现为大的，是吗？……如果是这样的话，那么第二个大的相要显现它自己，这个相高于第一个大的相以及分有这个相的事物，并且覆盖它们，是另一个使之成为大的相。所以你的每一个相都不再是一，而是无限的多。①

这个悖论陈康先生用字母表示得很清楚②，对于众多事物 m1，m2，m3……有一个共同的 M，这个 M 和 m1，m2，m3……一起会让人发现另外一个 M1，这个 M1 使得 M 和 m1，m2，m3……相似，依此类推下去，将出现无穷的 M 来使得事物相似。换句话说，逻辑的推理中会出现无穷的用以沟通事物间的相似之相，这样理念无法用以解释众多事物间所共有的性质，反而是把解释弄得越发复杂，这一逻辑推理又被称为“无穷倒退”问题。对于一般人来说，这种逻辑无穷倒退的情况不存在，因为生活并不以纯逻辑的方式运行。反而是人们往往在对自己切身急迫之问题需要解答时，才会猛然发现依理性分析而自己的问题永无答案，最终可能只会以自己的一个信念作为搪塞的答案，暂时缓解问题。在严格的哲学推理上，这种无穷倒退的情况必定是存在而且会普遍存在，因为稳固的前提并不能在人的思维之中找到。而作为反思性的哲学必定会审视任何推理的前提是否稳固，那种绝对稳固的前提不可能来自人虚构的空想，它必定在外在世界有绝对的基础和来源。用亚里士多德的术语，即需要如“不动的动者”这样一个不可思议的存在来作为所有严格推理的来源。

从另外一个方面考虑，用以沟通事物之相与具体事务的那个媒介需要

---

① 柏拉图著，王晓朝译：《巴门尼德篇》132AB，763 页，北京，人民出版社，2003。

② 江日新、关子伊编：《陈康哲学论文集》，142 页，台北，联经出版事业公司，1985。

具有何种性质才能担负起作为媒介的重任呢？分而言之，如果此媒介仍然为一普遍抽象的存在，那么它如何能表现具体事物所具有的特性呢，反过来，如果此媒介为一个体存在，又如何能够表现那普遍之相呢？① 也就是说这样一个媒介必须同时具有普遍与具体的特性，那么从何处能找到这样一个概念呢？换句话说，理念世界和现实世界之间不可跨越的鸿沟需要架一座什么样的桥呢？如果理念世界完全脱离了现象世界，那么理念世界就完全成为人的幻想，而现象世界对人来说就成为了永恒流变中无法把捉的虚无，之后柏拉图试图把相作为范畴或种以繁复的逻辑论证贯通起来力图解释现象世界。这种复杂的工作虽然表面上打通了区分出来的两个世界，却在某些地方显出牵强之感，并不具有拯救现象的力量。

问题的根结就在于相与具体事物的关系究竟如何？如何使得抽象之相在与具体事务发生关系之时不把相物体化？② 相与事物的分离是不是正如物体与物体之分离一样为空间的分离？而相假如寓于事物之中又如何保持其自身的独特性呢？陈康先生在其考证中证明相乃事物追求之目的，而把相物体化为学园派中某些年轻学者的不成熟想法。这点正好印证了奥古斯丁对新学园派表面上物化倾向的批判，即把真理理解为斯多亚式的建立在物质感觉中的有形之质，而失去了超越性、完满性的特点。但是实质上，在奥古斯丁看来学园派的怀疑是要指向那一个超越现实世界、非物体化的终极真理的，这种真理一方面根据前人遗留下来的思考或经验是可思议的，另一方面却又不完全是这些思想或经验，可以说真理远远大于高于这些思想、经验。所以解决“第三者悖论”的问题实际上就是在理解和认识真理，获得那种无法确认的确定性。

奥古斯丁虽然在逻辑上并没有深入地思考过“第三者悖论”，甚至可能他并不了解这个悖论，但是此悖论所代表的哲学问题却为他敏锐的心灵所觉察。柏拉图写出这样的悖论，自己是否知道此悖论具有什么意义呢？③ 柏拉图在对话中描绘苏格拉底总是引导对话者去反思所谈论的美本

① 《陈康哲学论文集》之《原理肯定问题》，267 页。

② 《陈康哲学论文集》之《少年苏格拉底相论考》，97 页。

③ 参阅《陈康哲学论文集》之 144 页，陈康先生对柏拉图的“第三者悖论”所引发的意义进行了追问，他对此进行了细致的分析。

身、正义本身等理念的含义，这些“本身”所代表的并非是像具体事物那样同等程度的个体，或者说这些“本身”并不能被物体化为如具体事物同等程度上的意义，而只可能在趋向终极真理的意义上，这些“本身”才被赋予了其被思考的向度。“第三者悖论”在奥古斯丁那里应被视为理性和怀疑的意义，因为这个悖论最好地表达了哲学本身所具有的问题，哲学无超越的前提作为指导就成为了毫无意义的小伎俩，成为虚无主义的根源和工具。因此奥古斯丁以信仰化解了悖论，以天主概念沟通了具体事物，并由此带来了人的自我与他者关系的改变，由之前的敌视与怀疑转变成了信任与理解，而人们在追求知识的态度上也从消极转变成为了积极。

“第三者悖论”处理的实际上是相与具体事物、真理与世界产生关系时出现的一个逻辑问题，此问题在人那里表现为认识方面的困难，而实际上“认识是一种关系，是一种特殊的关系”①，也就是指认识在于认识对象与认识主体之间必须建立一种对应的特殊关系，如果没有这种关系存在，认识主体将没有认识对象，也将不会产生认识，而认识对象将不被认识。这就好比柏拉图的太阳喻，当人只有视觉的能力和视觉的对象，而没有光时，眼睛就不会看到事物，而事物也将不被人看到，人也就无从认识事物。在太阳喻中，这种人的眼睛无法直视的光促成了认识关系的形成。那么关系在形而上学的意义上究竟具有什么含义呢？

（二）形而上之“关系”

如果说在柏拉图那里“关系”一词指的是两个世界之间那种无法沟通的悖论，那么在亚里士多德那里“关系”则转化为指代实体与属性、主词和谓词之间所存在的逻辑联结性。这种逻辑联结性可以用是、否或可能等进行表达，以显示出对应事物的存在之间所具有的联系。亚里士多德归纳出来的十大范畴等表示其寓于现实事物中的存在属性，他更多地把现实事物看作是处于各种“关系”之中。“关系”本身即意味着它的说明需要借助于其他许多事物来表达，因为人处于“关系中”而无法知觉到它，毋宁说人就是关系性的存在，所以任何试图把“关系”从人的一切活动中剥离而拿来进行认识都显得不可能。具有这种特性的“关系”要得到

---

① 陈康译：《巴曼尼得斯篇》，96 页，北京，商务印书馆，1982。

认识，不得不借助于某些具体历史中的概念，我们暂且以这一视角考察古代晚期奥古斯丁面临的“关系”世界。

奥古斯丁时代的基督宗教作为官方宗教刚刚确立不久，基督徒从罗马统治者令人惊恐的镇压中缓过神来，面对着古代遗留下来的优秀文化和当时精神世界中作为哲学流派的各种竞争者，基督宗教急迫需要对教义进行系统的阐释和正确的解说。那么，这个时代的基督徒和异教徒各自身处哪样一种“关系”或是什么“关系”给予了他们对自己时代生活的理解呢？基督徒和异教徒最大的不同在于哪些方面呢？奥古斯丁通过自己的人生十分敏锐地看到了当时的问题，其中一个很重要的方面就是希腊化时代的物质化文化。罗马创建了当时世界上庞大的城市系统，方便了市民生活，同时罗马上层人士的生活更加地奢侈和腐化，罗马古老时代艰苦奋斗的优秀传统荡然无存，社会中充斥着的是围绕着物质利益而展开的你死我活的争斗，就连当时的文化名人塞涅卡、西塞罗等都无法幸免于物质的诱惑。奥古斯丁一开始与这些人一样，不明白物质利益的效用，所以为了当时体面的生活宁愿不顾自己的健康超常地耗费着自己的生命，① 并且一直在物欲的洪流中挣扎。而另一方面基督徒们却秉承耶稣的“恺撒之物当归恺撒”“天主之国不在此世”的教导，因此懂得正确利用物质过上幸福而道德的生活。故而基督徒们在满足基本的生活需要后，大多数时间从事着对天主的认识、理解和思考，他们更加明白人生的意义与价值，他们的人生因为与天主建立了一种“关系”而变得富有意义和生气；相比之下，罗马的异教徒们却穷奢极欲，在肆无忌惮的欲望中败坏了自己的德行，所以后来奥古斯丁在其《上帝之城》中对罗马腐朽的生活做了彻底的批判。

第二个重要的方面，基督徒的天主与异教徒的神祇完全不一样，前者的天主既有着极强的伦理角色而且在形而上的意义上能容纳柏拉图等希腊优秀的主流经典哲学，同时还具有人格性，在情感上有与人类相同的因素，但是这些情感并非如希腊罗马神话中的神祇那样毫无目的性，这些情感发出的主要目的乃是要求人类服从独一天主的真理，而道成肉身的基督则更是突出地显明了基督宗教天主最深刻的本质。可以说基督宗教中的天

① 《忏悔录》中曾记载他在归隐前的几次大病，有的是因为大声讲课引起的。

主是逻辑一贯的，虽然在具体细节上许多地方有矛盾冲突的地方，但是经过神学家们的解释大都可以达到前后一致的效果。

由于这两个主要方面的差异，自然形成了具有不同特色的“关系”世界，奥古斯丁需要应对的大致就是这样的“关系”。在他最初皈依天主的阶段，可以说他完成的是如柏拉图“洞喻”中那样的心灵转向。心灵从注视世间那些虚无的影像转到了关注真正的永恒实体，但对奥古斯丁来说，永恒实体并非哲学家眼中依据推理而得到的各种概念，也就是说永恒实体不是从人的理性中产生的，不是人凭自己的能力构造出来的；他相信的永恒实体是东方犹太宗教中的天主，这个天主不是凭理性推理得出的，而是犹太人在历史中据先知的启示而记录下来的有关天主的“关系”，表达了一种先人的智慧，而人的理性、推理、概念等无一能超越这个天主。只有首先接受和承认有这样一个天主，才能开始理解和认识世上事物的存在及其意义，就像只有受到光照，人才能看见物体一样。形而上学中理性推理产生的“关系”悖论只是盲目理性的谬误，理性在其算计中遗忘了其目的，走到了无头无尾的混乱迷宫之中，不能找到回家的路。为了修复这种破裂的“关系”，无非只要寻找到合适的“关系”替代之即可，而在奥古斯丁时代的世界，这个“关系”只能由基督宗教带来。

（三）基督宗教中“关系”的意义

从一般理性看来，“关系”并非实体，而指示的是实体之间的一种相互作用情况，从物理学的视角看，可以把它视为一种“力”，从基督宗教的视角看，“关系”确另具一种意味，而这种含义正好修复了哲学中的悖论，把古希腊哲学爱智慧的本意重新放置在人的心灵中。

1. 关系来自创造

任何体系开始都需要阐述它自己的起点，这种阐释或者是通过批判前人的观念引出自己的观念、或者是直接假定一个起点，而基督宗教的起点却首先不是理论上的，而是信仰上的，但这也并非表示它毫无半点道理。信仰的态度要求的是一种理智上的严肃态度，只有秉持这种态度，才能展现有建树的思考结果，所以当奥古斯丁既凭信仰也凭理性去面对《创世纪》的经文时，其中的精意便会向他显示出来。这些精意主要是为了应对人们理性的质疑，比如理性会问“天主为什么要创造世界”“天主在创造世界之前在做什么”这样的问题，这些问题在《圣经》中是无法直接找到答案的，而这些问题却又恰恰关涉到基督宗教最本质的特性问题，因此，如果类似的问题不得到合理的解答，基督宗教就仍将是文化人中所谓的粗鄙、野蛮和荒谬的东西。奥古斯丁从当时的米兰主教安布罗斯那里获得了解经方法，而且在《圣经》中也找到了寓意解经的依据，“这约并不是在于文字，而是在于神，因为文字叫人死，神却叫人活”①，因此，他在自己《忏悔录》的最后三卷集中解答了来自理性的质疑，并且惊人地超越了之前古希腊哲学对时间、宇宙、历史等概念的理解。奥古斯丁的解答依据着《创世纪》的经文，也参考了当时的新柏拉图哲学。

《创世纪》针对哲学悖论的起点问题，首要指出的是什么呢？毫无疑问，“在起初天主创造了天地”② 是对所有人心中一个疑问的回答，即人类所生活的世界是从哪里来的？前苏格拉底自然哲学家们一个个提出了世界的构造元素，有水、火、气等，但是他们的解答还是无法完全让人们心中的疑问得到释怀，因为稍加追问便会发现这些自然哲学家的答案只是指出了世界是由什么构成的而并没有回答世界是从何而来的，用处于世界之中的元素去解答世界的来源问题就相当于当一个人被问及从何而来时却回答说自己是由身体和灵魂构成的一样未中标的。实际上回答世界从何而来就已经预示了世界将走向何处的结论，所以世界从何而来的问题显得尤为重要。而《创世纪》的首句即指明了世界的由来及归宿，并显明了造物主与被造物之间的关系，既然世界由天主所造，那么可想而知世界终究的归宿也指向了那个源头，也就是说被造的世界和超越的造物主之间存在着一种目的的关系，即世间万物都是朝向造物主而去的，就像植物向着阳光生长一样，阳光是让植物存活下去的必要条件，而造物主则是世界存在下去的必要条件。如果世界脱离了目的进行运转，就会变得不健康。关系悖论的实质就是无法找到一个合理的起点或前提，所以无穷后退，而造物主创造世界的回答很明显地指出了世间一切万物应该处在什么位置，依靠什么而得到沟通，所以不需要后退下去，而是止于了一点。因此“关系”出于创造是毫无疑问的，创造是起点，是一切“关系”的开始。

---

① 《格林多后书》3：6。

② 《创世纪》1：1。

2. 关系就是秩序

伴随着开始，实际上已经初步有了这种“关系”的样式，也就是说已经显明这种“关系”的应有之意。如前面所提到的，万物因造物主而存在并且朝向造物主而去，这标明的是世间万物的总体秩序，万物因着造物主这个标准而得到规定，接下来《创世纪》又分说了伴随万物而来的秩序为何。“地上要生出青草，结种子的蔬菜，和各种结果子的树木，在地上的果子内都含有种子”①“水中要繁”②“地上要生出各种生物，即各种牲畜、爬虫和野兽”③“让我们照我们的肖像，按我们的模样造人，叫他管理海中的鱼、天空的飞鸟、牲畜、各种野兽、在地上爬行的各种爬虫”④，这些经文说明了世间万物皆要按照其本性所具有的类别来存在，从植物到动物，进而到人，是具有阶段性秩序的世界。如果这一秩序混乱，后果将不堪设想，人将在世界上找不到立足之所，不会明白如何行为才是合理的。

在“各从其类”的原则之下，造物主命令人来管理、照料万物，这一秩序并非表示人为万物之尺度，人的职责是看顾万物，而万物存在的终极根据只能在造物主那里获得，不如引用海德格尔的话来说，人与存在为邻，人与万物为邻人关系。

3. 关系本身非实体

“实体”作为哲学上抽象的概念似乎与柏拉图的最高理念一样未得到定义，对“实体”的理解或感知来自于推理和日常生活的抽象，由推理所知，实体为自在自为的存在，拥有恒常性，与现实世界中流变的具体事物区分开来。作为存在的实体虽然可以用一些特征对它进行描述，但其最本己的乃是它为一种存在，因此和虚无完全相反。而人们往往通过想象在现实的具体事物中抽象出实体的内涵，如果实体是一个名词，那么它就不能同时为一个动词，这里实体的含义指的就是它如物体般存在，实体是一个名词。

---

① 《创世纪》1：11。
② 同上，1：20-21。
③ 同上，1：24。
④ 同上，1：26。

因此关系本身非实体表达的就是“关系”并非实在，或者说关系的实在性不来自于其本身而是来自于它物，而且也只能在有实体存在的情况下，由实体带来或建立关系。故而关系在《创世纪》中只在与造物主的相关联中才能形成，所以关系本身不是造物主，因而不能说造物主就是关系，但可以说造物主在人的视野、理解中是相对于人的关系性存在，造物主本身不需要与被造物建立关系就能存在，因此在造物主和被造物之间有着明显的区分，怀特海在其书中论述天主与世界是相互创造的，“天主创造了世界，这样说是正确的，正如说世界创造天主也同样是正确的”①，这是在奥古斯丁时代的基督宗教中所不能理解的。

真正的实在本身只能是天主，而不是“关系”，作为实在的天主其内涵是向人开放的，理性可以探索出其部分内涵，而无法穷尽其所有内涵，那另外的内涵是需要信仰来启示的，对于基督宗教来说，启示的部分大于凭着人的理性所能知晓的部分，故而基督宗教被视为启示的宗教。作为启示的宗教，以及凭着“凡受天主默感所写的《圣经》”②，人与天主的关系、人与世界的关系及人与其自己的关系被逐步展现出来，所以万物在基督宗教中被建构为一种关系性存在，而能沟通万物的关系又来自于天主，故万物处在与天主的关系之中，并与天主维持着关系而存在，关系并非实体本身，却是由实体而带来。

对于哲学上的关系悖论来说，解决悖论的关系不在于关系悖论之中，而在于这种关系之外，即需要审视这种关系，找到解决问题的根源。如第三者悖论中，“相”的无穷后退之止息并不在于计算出无穷后退的最大值，而是在于找到那种能使得普遍与具体得到适当沟通的“相”，在于真正理解“相”的意义，柏拉图后来运用烦琐的语词及语义分析和逻辑的推理在沟通各种相，可能试图要展示的就是“相”并非只是如年轻的亚里士多德所怀疑的是物体的同名，而是完全无形的超越的实在。

4. 关系就是天主之爱

既然关系非实体，而是来自于创造，并且是实体间的或由实体所带来

① 怀特海著，李步楼译：《过程与实在》，526 页，北京，商务印书馆，2011。

② 《弟茂德后书》3：16。

的，也是一种秩序，那么也就引出了“关系”在基督宗教中最本质的一层含义，这层含义同时是前面几层阐释的总体依据。因为当理性进一步追问为何以上几层含义成立时，也就是说天主为何创造出那种显出秩序性的非实体关系时，人们就不得不进入到这最后一层关系的涵义。

天主之爱既是为人所熟悉的同时也是为人所陌生的，人熟悉的是在现实世界中总是能或多或少时有时无地感觉到这种爱，陌生的是人总是无法完全领会天主之爱。关系就是天主之爱，同时表明我们要以理解天主之爱为前提来理解关系，那么在基督宗教中的天主之爱是不是就如为大家所诟病的是一团和气、彼此拥抱呢？如前所述，这种爱是带有秩序的特征的。也就是说，并非是杂乱无章的，而这层理解，奥古斯丁似乎从新柏拉图主义者普罗提诺那里也学习到了。

普罗提诺把最高的存在划分为三个等级，最高等级即为“太一”，也叫至善，又是万物的本原，从那里产生出二级和三级存在，这个本原“是自在的，不与它所产生的东西结合，同时能够以不同的方式呈现在它所产生的东西里面……只能说它‘超越是’”①。这样的本原超越了存在，并且是万物存在的来源，但是这样的一个超越万物的生产者似乎与万物之间存在隔阂，作为本原的“一”和作为被产生的万物之“多”之间是如何构成联系的呢？也就是问本原为何会有产生多的活动。普罗提诺对本原的情况进行了描述，“如果本原是完美的……那么它必是万物中最强大的……因此，当某种存在日趋完美时，我们就看到它开始产生行为，它无法保持自身不动，而是要生出其他东西”②，这种产生的行为又被称为“流溢”，这样以类比的方式普罗提诺回答了本原如何产生众多的问题。在思辨的层次上，普罗提诺也分析了由“一”如何能到“多”的问题，因为本原的首要原则是理智，作为理智者的本原所从事的活动即是理智，当理智开始思考理智者时，理智就不再是“一”，而成为“二”了，这是因为理智从思考自身中分出一个理智活动来，理智活动和理智自身构成了“二”，进一步构成了“多”。值得注意的是，虽然理智是本原的首要原

---

① 普罗提诺著，石敏敏译：《九章集》（下卷），592页，北京，中国社会科学出版社，2009。

② 同上，593页。

理，但是本原并非完全是理智，毋宁说理智只是本原中最重要的原理之一，而本原中其他的东西对于人来说还是未知的，“之所以产生困惑，主要是因为我们对太一不能像对其他可理知事物那样，通过推理的知识或理智的感知来认识，只能通过超越知识的方式显现”①。对于普罗提诺来说，可以把世间人所能想到的最好、最美妙的东西归之于本原“太一”，但是却不能独断地说“太一”就是那些最好最美妙的东西，因此许多学者称新柏拉图主义为神秘主义，而事实上这种神秘的理解方式以及普罗提诺本人所有的迷狂经历与基督宗教的距离相当的接近了，人们可以通过普罗提诺的描述去默想基督宗教中的天主，很显然，奥古斯丁在脱离摩尼教后阅读新柏拉图主义的书籍时正是借用了普罗提诺的思考方式。按照普罗提诺的思路，因为作为永恒的本原是最美的，所以理智在对本原作理智思考活动时，这种活动中就同时因美而有了爱，对于年少的人来说，爱促进他们趋向美、善，是坚定他们趋向永恒的保证。这样爱具有一种对象性，故爱必有其对象，为一种凝视，即爱中必有爱者和被爱者之分，而爱又是爱最高的善和美，因此是缺乏者的活动，爱是爱自己所缺乏的。普罗提诺实际上分了几个层次来论述爱，他把爱放在神、灵及情感这三层上运用柏拉图对话中的神话进行解释，因此显得杂糅混淆，但是基本上可以看出，他分出了向上之爱和向下之爱。而这种理解与基督宗教接近但是却又不能混淆，基督宗教中的天主就是爱，“因为爱是出于天主；凡有爱的，都是生于天主，也认识天主；那不爱的，也不认识天主，因为天主是爱”②。基督宗教把天主的本质属性视为爱，这意味着天主对于人来说必然要创造爱的关系，并把万物置于这种关系之中，于是对于天主为什么要创世就得到了解答，因为爱是天主的本质属性，而爱必有其对象，出于天主之爱而有了创世。由于天主在基督宗教中为一个超越性的存在，因此理性的追问只能止于信仰“天主即爱”的前提之下，如果理性继续以人所爱的方式去类比思索天主之爱，那就是理性的妄为。

凭着天主之爱这个无法后退的基点，由盲目理性带来的破裂关系得到

① 普罗提诺著，石敏敏译：《九章集》（下卷），927页，北京，中国社会科学出版社，2009。

② 《若望一书》4：7-8。

了修复，由此无论是在天主、真理与人这种纵向关系上，还是在人与人、世界及万物这种横向关系上，自我与他者的关系得到了和解。

二、理性传统的重构

从哲学史的角度看，基督宗教的兴起伴随着希腊哲学的衰落，似乎这二者之间构成了一种因果关系，但是这种历史上或时间上的联系能否充分地证明是由于信仰的兴起才导致了理性的衰微呢？正如休谟所做的一样，这种因果关系是否存在值得怀疑。事实上，现代学者有关古代晚期的研究越来越多地证明，基督宗教的兴起并没有成为理性衰微的原因，恰恰相反，基督宗教的兴起拯救了穷途末路的理性。

从当时的历史背景来看，怀疑的理性已经破坏掉了古典希腊哲学留下来的庞大思辨系统，哲学沦为了为痛苦心灵服务或提供安慰的鸡汤，而不是成为引领心灵走向真理和智慧的法门。与此同时，人们现实的境况又迫切需要一种真正追求真理且又具有力量的整套体系来安置人的心灵，以应对社会环境变化、政治体制变迁及蛮族入侵所带来的不安。罗马城在汪达尔人的攻击下沦陷，罗马人为此指责基督宗教这种外来宗教败坏了优秀的罗马传统，针对这一点，奥古斯丁在其《上帝之城》中指出罗马的陷落是罗马奢侈腐败的生活引起的，这种腐败一开始就隐埋在罗马民族的根基之中，一旦时机成熟就会直接导致罗马的衰落，所以基督宗教并非致使罗马堕落的原因，恰恰相反，基督宗教在蛮族人入侵之时充当了那些反基督宗教之人的庇护伞，蛮族的杀戮在基督宗教堂之前止步。这一历史情景的刻画充分显示出了信仰即使在蛮族人那里也具有极大的力量，而罗马人却自作聪明地以为自己处于世界的中心、最高端，妄想着主宰世界，其实他们自我意识的狂妄已经使得罗马穷途末路了。这幅富有寓意的画面也形象地展示出了人的理性在当时的遭遇，理性充当的是自我意识的工具，是用来满足个人意志情感的手段，而非如柏拉图哲学所指出的是人区别于动物的最高贵部分。理性在那个时代与真理脱节，成为了激情和欲望的奴仆。而在奥古斯丁这里，特别是在他的《驳学园派》中着重突出的是理性应该占有其相应位置，即在真理之下，为真理服务和辩护，而非颠倒主客、成为人评判真理的工具。真理不是人的真理，它与人有关但并不随人意而改变。这种真理的含义恰恰是古典希腊哲学，特别是从苏格拉底以来的哲学所致力要走向的目标，而这种目标在希腊化哲学中由于怀疑思想和感觉主义的入侵而模糊不清，奥古斯丁重新在基督宗教的视野中廓清了这一目标，并给予了理性以应有的尊严，从而也使人获得了尊严。

（一）何为“理性传统”

“理性传统”在此并非指哲学史上所有的那种体大思精的宏伟体系，而是根据本篇的问题，将这一传统特指为希腊化哲学之前由“希腊三杰”开创并显明表达的哲学精神。苏格拉底意识到他所处时代的智者们并非不拥有许多的知识，而是拥有许多稀奇古怪的自然知识，这些知识在苏格拉底看来可能只是满足了人们的好奇欲，而并没有引起人们的求知欲，因为这些自然知识与人是否过好的生活关涉无多。因此对于苏格拉底来说求取与人的生活有关的普遍知识才是首要的，这种普遍知识与当时那些教授修辞学的智者们所理解的知识含义完全不同，苏格拉底的普遍知识是指向真理的，而智者们的知识却是为了满足人们的私欲，所以前者着眼的是那种具有超越性的同时却又对人类总体具有普遍福祉的东西，而正由于苏格拉底的这种意图，才有了他那一套独特的方法。

苏格拉底在与人的交谈中使用的方法表面上与当时智者们使用的手段区别无多，都利用了一些概念的多义性及其使用上的矛盾来使对话者疑惑不解，但区别在于后者是为了收取学费，而前者是为了在进一步的盘问中使对话者心中生起追求真理的欲望，或者在其心灵中产生真理，苏格拉底称此为心灵的助产术。苏格拉底另外还有一种普遍定义法，就是要找到事物最高的归属、事物的最本质属性或规定，在柏拉图的发展下，普遍定义法成为理念论的直接来源，找到事物的最普遍定义相当于找到了事物之成其为此事物的理由、根据，也就是“相”。从这两种方法里面可以看出，苏格拉底使用理性是为了寻找事物的真相、本性，或者说是为了寻求那终极的真理，而那真理有时也变换成其他名字被他提及，如心中的“小精灵”，苏格拉底称它为自己的守护神，当苏格拉底自己的论辩走向错误方向的时候这个小精灵会出来提醒他，让他赶快反思修正，而不要继续错误下去。从《申辩》中可以看出苏格拉底自己的神实质上是经他思考过的理性神，等同于真理，由于经常思考真理，苏格拉底形成了对真理的直觉，这种直觉就像人的良心一样，当论辩进入错误的轨道时就会出现以纠正苏格拉底。雅斯贝尔斯评判苏格拉底“把批评推至极端，但却一直生活在绝对的权威之中，这一绝对权威可以被称为真、善、理性”①。这个评判对苏格拉底是全面而公正的，显示出苏格拉底的理性并非现今的工具理性或者黑格尔哲学中描述的算计，而是真理。

苏格拉底是“希腊三杰”的开端人物，引领着他自己的弟子们自由地追求真理，而正是在对老师为追求真理而死的事迹之感动中，其弟子柏拉图发奋创立了学园继续研究哲学，显扬着哲学追求真理的精神。而奥古斯丁对新学园派的批判同样也旨在重新确立真理在理性思考和人们生活中的位置，反驳怀疑论就是建立对真理的确信，而奥古斯丁在驳完新学园的怀疑思想后也从学园隐秘学说的角度重新阐释新学园为保护真理的火种而做出的举措，并在赞赏的态度下为新学园的怀疑方法正了名，实际上就是把怀疑的理性放在了它应该在的位置上。

由苏格拉底开启的理性传统经过他的弟子柏拉图及再传弟子亚里士多德发扬光大。如果说在苏格拉底那里，理性就是追求真理，那么在其弟子那里，理性则意味着发现真理。苏格拉底以自知其无知的态度盘问、启发了许多人，“尽管苏格拉底没有留下任何著作、学说，也没有创立什么体系，但是在希腊哲学上最为炽烈的运动由他开始了，并且一直持续到今天”②。这种评价是中肯的，真理之花进而在柏拉图那里绽放，成为西方理性主义思想的源头。柏拉图在现实世界之外构建了一个更真实的理念世界，把永恒性标识为真理的特征，进而把现实世界作为永恒世界的影子，把人从变动不居的流变世界中提拔到精神的永恒宁静之中，着力凸显了人的尊严。可以说人在柏拉图那里并非是受制于物欲的奴隶，而是为真理代言、彰显真理的仆人。在柏拉图的思考中真理以比较明晰的概念显现出了自身，把人拉向透彻的精神世界。奥古斯丁在《驳学园派》中比较隐含地批驳了以怀疑思想为征兆的古代晚期物质化观念，以理性、精神的有序来规整当时的生活，凸显了对真理的信仰。

---

① 雅斯贝尔斯著，李雪涛主译：《大哲学家》，70 页，北京，社会科学文献出版社，2010。

② 同上，79 页。

寻获真理是有其前提的，这个前提已经暗含在了“寻获真理”这句话之中，真理如果首先不被人所爱、所寻找，那么真理就与人无关了，假如人不爱智慧，那就没有哲学，哲学首要的前提是爱，有寻找的心，而人并不一定是爱智慧的。苏格拉底给柏拉图的最好礼物实际上是对真理和智慧之爱。柏拉图描述的爱是需要走向上阶梯的，对于感性事物之爱展现给了意识丰富的对象，爱就在人与美的感性事物间建立起联系，引导着爱者去寻找他所爱的究竟是什么？只要这样一个疑问，心灵立时就转向了，即从流变的、杂多混乱的世界走向清晰澄明的世界，这样理性才出场去打开这样的澄明世界，从而最终如苏格拉底直视太阳那样凝视真理本身。但是假如爱者心中不升起这样一个疑问，或是升起也不去认真思考这个疑问，爱就不朝上走去追求真理，而只停驻于流变的世界，最终爱就变得虚浮，走向虚无之境，而在虚无之境是无物可爱的，这样爱就走向了自己的反面，变得不爱了。从逻辑和现实的层面看，都是如此，爱走向不爱，违背了理性那一以贯之的特性，所以爱必须朝上并且去爱真理。哲学中爱的重要性为奥古斯丁所敏锐地知觉到，因为他一开始写自己的《驳学园派》就提出真理与幸福的联系，人假如不寻获真理就不能幸福。他比柏拉图更敏感地意识到，不仅爱真理必要，而且得到真理成为爱真理的前提，也就是说一定要走到爱之阶梯的顶端，否则在阶梯中间徘徊也只能算个愚人而已。

（二）传统的中断

如果说希腊三杰创立了古典希腊哲学的理性传统，那么这种传统随着希腊化时代的开始而断裂了。虽然有学者认为希腊化哲学是哲学的转型，或如黑格尔所言，是绝对精神在哲学上自我意识的觉醒，但是从理性传统的角度看，这并不表示希腊化哲学秉承了古典的理性传统，希腊化哲学的转型从一定的角度来看是遗弃了传统哲学在理智上关注的知识主题，而走向了个人拯救与解脱之道。这种中断从另外一个角度看似乎是理性的变质，理性变成了盲目的，从而成为了非理性，人们借用着理性的名义从事着非理性的事实。因此，希腊化时代的主要哲学流派试图把他们着重关注的伦理学建基于他们的自然哲学之上，但是由于理性的变质，伦理学不成为以理性表达的知识，而是格言式或者情感式的规劝。这种无根的规劝一时之间能打动人心，却在希腊化时代的现实面前没有力量，只要理性稍稍做一番反思，便能戳破这层规劝的面纱。从奥古斯丁批判学园派的角度来看，理性传统的中断在观念上为真理的遮蔽、灵性的丧失和秩序的颠倒。

1. 真理的遮蔽

真理的本义即为去除遮蔽，那么由谁来去除遮蔽呢？很显然，这个去除的主体只能由人担当，特别是由人的思想来担当。但希腊化时代的哲学并没有承担起去除遮蔽，凸显真理的任务。“理性”一词的内涵是在希腊化时代的斯多亚哲学中丰富起来的，斯多亚派自创始以来就以严格的理性著称，斯多亚派哲人大多是按照自然理性来生活的刚毅之人，在面对人生的起伏上毫无惧怕，以显示他们超越这些人生中的偶然因素，按照必然性的命运而生活的悲情态度，他们宣称连神本身也要处于理性或说必然性的巨大锁链之中。

“理性”被斯多亚派奉为高于神之上的命运，但是他们却同时称这种“理性”为赫拉克利特所说的宇宙大火，其运作具有一定的尺度和周期性。所以“理性”在斯多亚派那里并非某种崇高的精神原则，而是一条物质规律，巴门尼德思维与存在的同一律被斯多亚派简化为存在的同一律，因为斯多亚派取消了意见等介于存在与非存在之间的东西，把人完全归为一种依靠“理性”的动物。表面上看，这种定义符合古典哲学对人的定义，但实际上理性本身就等于真理。因此斯多亚派哲人的独断性最强，他们觉得真理就在于让人的所有活动符合那个宇宙的大序，而由于宇宙的大序即逻各斯已经不可改变，因此着力需要改变的就是人本身，需要除灭人身上不在自己权能范围之内的所有欲望和激情，让自由意志完全臣服于理性之下，或者说自由意志就是完成逻辑规定的执行者。在斯多亚派那里，最早发展出了必然即自由的观念。审慎的学园派攻击斯多亚派的独断态度，可能主要是由于在斯多亚派那里的理性已经成为一种盲目的非理性激情，靠着这种激情，斯多亚派试图以格言规整人生而非理智的思考审视人生。对于斯多亚派来说，他们是把存在于人之中的理性拔高到其所不应在的真理位置上，所以是以独大的自我意识遮蔽了真理。

伊壁鸠鲁派强调人的内心在感觉需求得到满足之下的最大快乐，奥古斯丁在《驳学园派》中把伊壁鸠鲁派描绘为一群信奉酒神巴克斯的暴徒，凭着追求快乐的狂暴激情行事，这虽然不符合伊壁鸠鲁本人的意愿，但却是奥古斯丁时代伊壁鸠鲁学派在人们心中的形象。伊壁鸠鲁从原子论的自然哲学角度出发破除之前时代的神话、宗教留在人心中的恐惧，把感觉视为可靠可信的官能，并以此纠正那些与感觉事实相违背的理性思想学说，似乎轻轻撩去了长久以来压在人们心头沉重的负担。但是这种本来在伊壁鸠鲁那里淡薄悠远的快乐学说，却在他去世以后经信奉此种学说的人发展成享乐主义，罗马帝国时代发达的物质文明有足够的条件来满足人感觉上的欲求，而伊壁鸠鲁的门徒们并不会在感觉欲求得到满足的情况下去追求像他们老师那样的高尚情操，毋宁说他们追求的就是快乐本身，而不是快乐所指向的意义。因此伊壁鸠鲁学派以毫无目的的感觉快乐遮蔽了真理，实际上是把柏拉图品性“生理”学中的激情欲望拔高到了其所不应在的头部。

新学园派的情况就十分复杂，如果单纯从怀疑论的角度去解析他们，那么显然他们是以复杂的论辩技巧遮蔽了真理，或说以逞强好胜的诡辩遮蔽了真理，但是如果新学园派真的守护着柏拉图流传的如奥古斯丁所述的隐秘学说，则可以说他们是故意遮蔽了真理，并且以遮蔽的方式在显示真理。

2. 灵性的丧失

奥古斯丁身处一个物欲横流的时代，他在《忏悔录》中经常描写自己沉醉在这种感官的娱乐之中。那个时代作为艺术形式出现的音乐戏剧提供给罗马人的只是感官的刺激，其中并没有显出任何对生命意义的思考，奥古斯丁坦言即使自己事后意识到这一点，但是仍然无法抗拒这种娱乐给感官上带来的快感，譬如对于那种残忍的角斗士表演，他越看越想看，这些表演的内容只能激起人们心中无尽的情欲，而非教化民众。从奥古斯丁《忏悔录》第一到第十卷描写的心灵旅程中可以看到他周围的世态，而虽然他身处这样的世态，却不时地想起自己受西塞罗《荷滕修斯》启发追求哲学之时的那种灵魂饱满的幸福状态，而这与他日常生活中行尸走肉的状态一相比较，便见出他平时生活中的心灵有多么虚浮和浅薄。这种强烈对比的、矛盾冲突的状态煎熬着他的灵魂，而他的身体也因享乐越来越差，这种生命即将走到尽头的紧迫感驱使着他去思考和感受有灵性的生活。

这里所谓的灵性（spirituality）是宗教上的概念，但实际上并不与希腊哲学中身体（body）和灵魂（soul）的划分相冲突。柏拉图在灵魂方面的论述注重于对人的分析，例如对灵魂的三种品性的区分、灵魂的两驾马车的比喻等，但是亚里士多德把灵魂的范围扩展开了，不仅人有灵魂，动植物也有灵魂。因此灵魂不成为一个与身体相对的概念，而更多地表示一种生命的主动原则，为了凸显人身上灵魂的特性，后来有了精神性（spirituality）这一概念。而这一概念的内涵在柏拉图哲学中就已经有了萌芽，柏拉图的“相”，如果作为实体而独立存在，且不具有形体，就差不多恰当地表达了精神性的含义，这一含义经过新柏拉图主义者普罗提诺传承发展而为奥古斯丁所吸收。① 在奥古斯丁那里，人同样也是具有灵魂的存在者，而与以前的哲学有所不同的是，他突出地强调了灵魂的精神性趋向。灵魂的精神性趋向放在柏拉图哲学的视野中，表示的就是灵魂有向上达至“相”、回归理念世界的欲望，而放在奥古斯丁哲学的视野中则表示灵魂有向上朝向天主的欲望，而这里所指的灵性丧失，从语境上来说并非指的是那个时代人们不朝向天主，而指的是哲学文化上的物化倾向，灵魂不向上追求真理而是追求相反的东西。

从这种视角进一步考察当时的哲学思想，可以很明显地看出，斯多亚的存在论是以物化的火为基础的，伊壁鸠鲁的原子论也是物化的，新学园派则有些随波逐流。这种哲学整体的趋向是与当时罗马物质化的繁荣步调一致的，但却只是适应了那个时代，没有超越那个时代而显出哲学的崇高之处。

3. 秩序的颠倒

由于真理的遮蔽和灵性的丧失，那种理应具有其地位的东西被排除在其位置之外，真理和知识被丢弃，心灵的秩序便开始混乱。如果以柏拉图品性“生理”学的结构来做分析，可以说本应在头部的理性落到了头部之下，而本应在胸部和腹部的激情与欲望却占据了其应在的之上之位置。在人身上这种秩序的混乱使人变得不正义或说不具有德行，而在城邦中这种秩序的颠倒则造成城邦的不正义和混乱。柏拉图经历了雅典民主制所造

① 参阅 Roland J. Teske. Spirituality, “A Key Concept in Augustine's Thought.” *Philosophy and Spirituality in the Middle Ages* (Jan. -Mar., 2008), pp. 53-71。

成的这种混乱，而奥古斯丁则经历了希腊化哲学与罗马帝国强权政治所造成的这种混乱，虽然他们各自所在的时代都可称之为伟大的时代，但那个时代具体看来却是由伟大走向堕落的转折点，是渎神的黄昏。这个时候恰如黑格尔所言，哲学的猫头鹰才开始在黄昏中起飞，唤醒那些迷失的心灵。但希腊化哲学能够承担起这种重任吗？很显然不能，希腊化哲学着力做的事情并不像苏格拉底所做的那样。苏格拉底自称为刺激城邦这个庞大笨重动物运动的牛氓，或是唤醒人们昏昏欲睡心灵的城邦之犬，这表示苏格拉底的教导并非是去迎合和适应那个衰败的雅典时代，为自己赢得一个舒适的生活空间。相反，他是要在这个失去生命力的城邦上狠狠地叮上一口，让城邦产生阵痛从而调转方向，从衰颓的道路中醒悟过来。从这个意义上看，苏格拉底完全是救世的而不是为己的，他自己也以此理由在《申辩》篇中做了辩护。苏格拉底完全看出雅典自我膨胀的欲望使得其公民的心灵已经昏暗无知，不去追求更高的真理，反而沉浸在自满自大的自我意识之中，丧失了理性。而苏格拉底也正是丧身于城邦公民们这种昏昏欲睡的理性、不追求真理的理性之下的，他以其身之死来唤醒雅典公民的真知之心，也让哲学获得了其应有的尊荣。

而反观希腊化哲学，情况则完全相反。伊壁鸠鲁哲学似乎表现为一种出世的情志，但同时却把出世的前提放在感觉的满足之上，这种颠倒无疑把人降低成为感觉的动物。理性充当的只是计算感觉的工具，理性服务于感觉欲望的满足，所以伊壁鸠鲁哲学被戏称为“猪的哲学”。斯多亚派哲学虽然与伊壁鸠鲁哲学差异巨大，并且自称他们继承了苏格拉底的理性精神，但实际上这种理性并非是苏格拉底那种寻求真理的理性，而是为了迎合时代、解释希腊化时代的生活而杂糅起来的教条。在苏格拉底那里，理性是走向真理之路的辩证法、是精神心灵的助产术，而在斯多亚派那里则是同于宇宙基质、作为存在论依据的宇宙周期性大火。斯多亚派学说吸收以往各种学派的思想资源来充实自己，为的是应对现实的挑战，让自己的学说严丝合缝以免被新学园派所攻破，而非追求真理。他们的哲学摆在首位的不是作为智慧之缘起的真理，而是应付生活困苦及坎坷的现世准则，把短暂的现世摆在首位并不能产生伟大的哲学，也不能在人心中激起追求永恒的欲望。哲学不爱智慧而去爱那些现世的原则，这是秩序的根本性颠倒。而新学园派以怀疑的面孔、运用苏格拉底的反讽方法刺激斯多亚派，也只是那个时代中的无奈之举，对心灵的发展毫无裨益。

可以毫不夸张地说，秩序的颠倒使哲学就像一个头重脚轻的人一样。哲学在希腊化时代颠沛流离，而理性走向了错误的方向，直接导致了心灵中的虚无。青年奥古斯丁和老年西塞罗的生活对这种虚无做了最好的解释，青年的奥古斯丁无所顾忌地耗费着自己的生命，没有找到生命的根本原则，而老年的西塞罗因命运的折磨则彻底对人生悲观失望，试图在哲学中找到慰藉而终究走向了对世界的怀疑，没有发现那隐秘的真理，在虚无主义的感受中痛苦死去。

这些所有的因素加在一起使得雅典时代的理性传统没有继续开出炫丽的花朵，而是在亚里士多德之后就迅速地枯萎凋谢了。在希腊化这一特定的历史阶段出现的哲学虽然是传统理性哲学的断裂，却给出了哲学不同的向度和视野，为新的理性传统准备了背景。

（三）新的理性传统

新的理性传统有两层含义，一层表示奥古斯丁延续了柏拉图意义上的理性传统，另一层表示奥古斯丁进一步扩展和深化了由柏拉图伊始的理性传统，或者说给予了柏拉图理性传统以新的意义。这种新的意义主要在于对理性的新认识上，希腊化时代的哲学因为唯独声称依靠理性，所以被奥古斯丁视为实际上是非理性的。① 在奥古斯丁那里，人对于真理的爱是首要的，这种爱是不能被理性所衡量的，相反理性要被这种爱衡量，所以理性在这种对真理的爱之下，并受着这种爱的调控和引导，进而去发现更高的真理。

希腊化时代的哲学由于沉醉在泛物化的现实世界中而不能意识到柏拉图哲学中那另外的理念世界之存在，而没有了这个超越于现世的理念世界，现实世界的事物便失去了其参照系，因而其存在显得荒谬、突兀和无意义。这样一个理念世界在希腊化世界遗失，而在新柏拉图主义者那里渐渐显露出来，奥古斯丁庆幸自己首先遇到了普罗提诺然后是基督宗教，这种相遇给予了奥古斯丁更多有关“精神性”的思想，以此他在审视希腊

① Eleonore Stump, Norman Kretzmann, eds., *The Cambridge Companion to Augustine*. Cambridge University Press, 2001, p. 27.

化哲学和批判怀疑主义中有了第一把钥匙。奥古斯丁试图营造的是以真理为总体的灵性世界，而以营造这种世界的方式奥古斯丁延续了由柏拉图开创的理性传统，把理性带向了真理之途。

作为基督宗教哲学的代表人物，奥古斯丁要在以往的理性传统上增添新的色彩，给予理性更为明晰的定位。奥古斯丁的做法是把对真理的信仰引入理性的思考之中，如果说在柏拉图那里理性辩证法建构起来的框架是指向最高理念的，那么这种框架之中摆在首位的是对人的思维能力之高扬，显示出的是对人的思想所能达到之高度的惊叹。在柏拉图的时代对真理的信仰是由柏拉图的老师苏格拉底用生命奠定起来的，苏格拉底以死证明了其信仰之物有其存在，反驳了智者们认为无物存在的虚无主义态度。柏拉图感触于其师追求真理的行为，遂运用理性的辩证法描绘及发展了其师之学说。虽然在柏拉图的对话中没有某一个确定的讨论有结论出现，但这并不表明柏拉图没有对真理的信仰，否则理念论就是一个笑话而已。

对于柏拉图需要隐藏的东西，奥古斯丁明确地说出来了，这正如使徒保罗到雅典宣教时所说的那样："你们崇拜但又不认识的，正是我现在要宣扬的。"① 柏拉图的隐秘学说及传言在希腊化时代为新学园派所守护的学说，在奥古斯丁那里经过他的口在有关对天主的信仰之中被表述出来。奥古斯丁对那种一切依靠理性、一切从理性开始的无理要求之认识是从其亲身的体验中得到的，自从被西塞罗点燃哲学之欲求火焰，奥古斯丁就开始凭着理性去寻找真理和智慧，当时的摩尼教宣称凭着理性就可以找到任何问题的答案，而且不需要任何其他权威的引导就能知晓天主，寻获天主，另一方面，奥古斯丁时代的基督宗教信众们却为一些迷信所吓倒，而不愿去运用理性解释探索真理，但是真理不被探讨解释实际上是未能被人所信的。② 青年奥古斯丁选择了前者，且作为前者的听众长达约十年之久，而后接触到学园怀疑主义才对摩尼教进行彻底反思，与此同时也开始为自己的人生忧虑，但经过怀疑和新柏拉图主义哲学的教育，又加上奥古斯丁在米兰心灵受到天主的启示，开始接受基督的权威，由此人生遂而转

---

① Eleonore Stump, Norman Kretzmann, eds., *The Cambridge Companion to Augustine*. Cambridge University Press, 2001, p. 101.

② Ibid, 2001, p. 27.

变。他从自己的亲身经历中感受到理性的局限性，理性只能寻找真理而不能妄称自己为权威，理性充其量只是真理的解释者，但是自身不能如斯多亚派所说成为真理本身。

那么什么才是权威呢？毫无疑问，真理本身才是权威，但是真理如果不通过理性的思考获得，那么还能通过哪种方式为人所知呢？在奥古斯丁看来，历史知识为人们提供了一种视野，人的生命是有限的，不可能经历所有的历史事件，那么这是不是意味着那些不能被经历到的历史事件就不存在呢？很显然不是，历史事件的存在如数学的定理、逻辑的规律一样是真实的、不变的。历史事件不像逻辑规律的地方就在于它只发生一次，所以人们对历史的知识只能依靠那些经历过此次历史事件的可信之人，就像孩子想要知道父亲必须通过母亲的口述一样，人必须对可信的权威表示信任才能获取一定的知识和智慧。

那么谁才是可信的权威呢？奥古斯丁没有直接抛出这个权威就是天主或真理，因为当时的理性文化人对奥古斯丁的天主是不了解的，所以他从理性之人熟悉的柏拉图哲学着手进行阐释。对于柏拉图来说，哲学就是爱智慧，这个含义在于要获得智慧必须首先要“爱”智慧，理性并不负责去爱那个智慧或者真理，奥古斯丁时代的人们已经丧失了“爱”智慧的能力。俗世的物欲牵绊着人的眼睛，人们并不像苏格拉底一样在看到美的事物时还会去想那种让美之为美的美本身是什么，而是宁愿去占有那种暂时性的美，虽然这看起来对于拥有短暂生命的人来说是相称的，但实质上人渴望的并非只是那短暂的东西。对奥古斯丁来说，人实质上爱的是那永恒的真理，那才是与人的尊严相称的，而他那个时代的人们已经对真理漠不关心，走向堕落，因此首要的是恢复对真理的爱，这种恢复本身必须在对真理的信仰中才能完成。也就是说，首先要恢复对真理的信任，相信真理的权威，这个权威对奥古斯丁来说不是别的，正是基督宗教的天主。

由此奥古斯丁以理性人能明白的方式证明了权威为何，而且表明只有首先有了权威，理性才能健康地发展，否则就是无本之木、无源之水。

三、历史意识的开端

古希腊哲学是在对大自然、生命的静观之中产生的，古希腊的智者期望从永恒流变的现实世界中观照那永恒之不变者。尼采在对古希腊哲学的研究中也指出，作为哲学动因的两种冲动，即日神阿波罗精神和酒神狄俄尼索斯精神冲动在古希腊哲学中被发展的为前者，被压抑的为后者。前者的特点是静观、明朗、肃穆，代表典型为造型艺术、神话；后者的特点为冲动、激情，代表典型为音乐、宗教。以此种视角观之，原始宗教奥尔弗斯教在古希腊文化中被遗忘是必然的，相反希腊神话却发展并具有了长足的影响。也许正是这种视觉思维的特点，让古希腊文化中没有产生可以恰当地被称之为有历史意识的作品，即使有相关的对历史事件的记载，也只是材料的堆砌，只是在希腊罗马时期基督宗教作家尤西比乌的《教会史》之后，才出现了一些模仿《教会史》而写出的历史著作。

因此，很显然，只有在具备了相当的历史意识之后才能写出历史著作，这种历史意识也许只能在宗教中发展出来，历史感在基督宗教的《旧约》中就已经非常明晰了，以色列民族的历史在《旧约》的开头被交代得很清楚：为天主对以色列民族拣选和拯救的历史。这种历史感在基督宗教中发展成为历史意识，东方宗教中的历史感在西方理性哲学的思考下融入基督宗教中，表现在奥古斯丁对历史的描述里。

（一）历史意识肇始于权威

在奥古斯丁那里，历史事件本身具有和逻辑规律一样的确定性，只是对于它们的认识依靠纯粹的逻辑推导是不可能得到的，必须有绝对的权威作为知识大厦建立的前提或基础。这个权威不是别的，正是真理本身，这看起来是一个循环推理，即真理本身作为知识的前提，而知识却又在寻找真理。这相当于说寻找已经作为前提的东西，而这样一个与在柏拉图《斐多篇》中发生的关于学习的悖论①相似的悖论在奥古斯丁这里并不是通过“灵魂回忆说”来进行解答的，而是通过奥古斯丁对真理本身的性质进行阐释来获得答案的。对于基督宗教哲学之父的奥古斯丁来说，真理就是天主，如果对天主有了认识了解，那么顺其自然对真理也就获得了认识。

1. 自我启示的天主

古希腊哲学中的真理是一个等待人们去发现和认识的对象，既隐藏在

① 柏拉图：《斐多篇》，80e。

现实世界之后，也隐藏在人的心灵深处，即使在苏格拉底那里，他发现要首先认识清楚自己，才能认识到在宇宙之中的事物。也就是说，必须首先认识心中的真理，才能进一步认识现实世界的真理，苏格拉底在实践“认识你自己”的格言中会不时地发现真理自然出现在头脑中。其弟子柏拉图则把这种想法通过理念论而发展成为解决认识问题的“太阳喻”，对于有认识能力的人来说，假如没有光照，则只有视而不见的能力，而不能与认识对象建立关系，因此认识的前提便是先有“光照”。这个比喻放在理念论中则获得了一种伦理意义，即假如心灵没有善之光的照耀，人完全无法认识真理，这表示人们只有先求善然后才能求知。但明显可以看出，柏拉图这里的真善美是分裂的，各自具有价值的同等重要性，从而无法形成终极的一元根据，这使得后来的新柏拉图主义者普罗提诺不得不另外创设一个“太一”作为那超越而终极的实在。柏拉图哲学中的这个问题在基督宗教哲学中一开始就是不存在的，因为天主本身已经集合了所有完美的属性，而且同时又超越于这些人所描绘的最好属性之上。

如果说希腊哲学中的理性神是经过哲学家的逻辑思考被推导出来的，那么基督宗教的天主则是其选民在历史中经过感悟的沉淀而认识到的，前者不具有人格性，至多具有道德属性，而后者除了拥有前者所有的属性之外，还具有情感、意志等。因此，相对而言后者不仅显示着与人截然不同的一面，而且还有着与人相同的一面，但是这些特点并不等于天主的全部特征，因为天主的属性不是由人在猜测中得知的，而是由其向人揭示而令人知晓的。这也就是说，真理本身具有一种向人这种特殊存在者运作的过程，在这种运作过程之中，真理本身或显或隐，从而为人所认识。具体来说，基督宗教的天主首先在以色列民族中揭示自己，这些揭示的过程被记录在以色列民族的经卷之中，后来汇编而成为《旧约》。而《旧约》本身，如果从世俗的眼光去看，且剔除掉里面的神学因素，即所谓“祛魅化”，它实际上就是一部记载古老民族历史事件的典籍，而且有的记载会显得荒谬绝伦。所以《旧约》作为基督宗教天主在以色列民族中揭示自己的记载，只有在天主的参与下才能使得其中散乱的以色列民族事件成为具有总体意义的历史。

2. 超越的天主

古希腊的真理既然是由人的理性推导出来的，那么其超越性就难以得到保证，即使柏拉图哲学中构建的“相”世界看起来与现实世界完全不同，但其超越性依然值得质疑，亚里士多德就对其存在的必要性提出了质疑，“就好像一个人要清点东西，却认为东西少了数不清，企图把东西的数目扩大了再来数一样。因为理念实际上和事物一样多，或者并不比事物少”①。而且人们对“相”的认识也只有一条由下到上的路径，即先认识事物的影像，然后才能认识事物本身，而人也就不能首先去认识事物本身，以人未成熟的理性去认识事物本身可能会被灼伤心灵，就像眼睛直视太阳一样。因此柏拉图哲学中依据推导而得到的真理不具有那种完全的超越性，或者说没有完全的超越性以作为其根基，而由此反观古希腊哲学发展的走向，不正是这种不完全的超越性致使古希腊哲学在短暂的繁荣之后就走向了趋向衰微的希腊化哲学吗？这种发展趋向显示出古希腊哲学的真理从根本上说不具有普世的超越性，归根结底它只是人思想的产物。

而对于奥古斯丁来说，基督宗教的真理即天主一开始就具有完全的超越性，这体现在他花大量精力对《创世纪》进行注释和解读上。而《创世纪》之所以被奥古斯丁如此看重，可以借用《圣经》学者摩利的话说，因为它“是一切问题的开端与归宿”②。无可置疑，《创世纪》中讲述的是天主创造世界的详细过程，但是这些经文即使在奥古斯丁时代也被认为是荒谬且毫无道理可言的，因为其内容与当时流行的哲学思想和日常知识相抵触，奥古斯丁在皈依之前也曾想在《圣经》中寻找真理和智慧，却发现这部经文完全是用“鄙陋”的语言写就的，与他经常接触的优雅文化格格不入。但是皈依之后，他在运用信仰与柏拉图哲学重新审视这部经文时，则对其内涵有了与之前不一样的认识。通过在《忏悔录》中一系列对《创世纪》经文的注解，奥古斯丁阐发了其与希腊哲学不同的观点，对于希腊哲学家来说，世界的形成是神运用已有的物质进行的再造，在其创造过程中赋予的至多只是世界的“相”或“形式”而已。而基督宗教中的天主，却是直接从无中创出的有，也就是说在天主创世之前，只是无，这种前所未有的超越性只能引发奥古斯丁的感叹：“你是美，因为它

① 亚里士多德：《形而上学》，990b2-5。

② 冯象：《创世记：传说与译注》，17 页，南京，江苏人民出版社，2004。

们是美丽的……但它们的美、善、存在，并不和创造者一样；相形之下，它们并不美，并不善，并不存在”①。这种绝对的超越性完全扩展了人们的视野，之前的哲学如果还只看见时空范围内的存在，那么奥古斯丁通过对《创世纪》的注释，已经完全把存在的纵深拉向了超越的天主，而由此视野人类的历史就有了总体的参照系，而在鸟瞰人类历史的过去、现在、未来上也有了一种独特的视野。

3. 救赎的天主

可以毫无疑虑地说，古希腊哲学中的真理是不具有救赎功能的，况且由于哲学中的真理一直在被追寻，而又从未被寻获，因此人最终只能像苏格拉底那样承认人的智慧只是知道自己的无知。苏格拉底在被德尔菲神庙的口谕称为雅典最有智慧的人之后，把自己的知识放在雅典那些他认为最聪明的人那里进行了审查，最终发现自己有智慧的地方就在于知道自己所有的知识在神面前是可笑而不值一提的，他明白了意识到自己的无知才是神谕称自己为智慧的原因。苏格拉底的经历恰好验证了《旧约》中的一句话：“敬畏上主是智慧的肇基”②，虽然苏格拉底的神和《旧约》中的神不一样，但是其表达的主旨是相同的，即在神之下人需要有一颗谦卑顺服的心，而这也只是知识的开端而已。苏格拉底因此开了古希腊古典哲学的先河，而苏格拉底在死之前说的这句话——“我们离开这里的时候到了，我去死，你们去活，但是无人知道谁的前程更幸福，只有神才知道”③——又开启了宗教生活意义之门。作为先知形象的苏格拉底仅向人指示了认识生命及智慧的门槛，却没有陈明宗教生命的全部内容。虽然当时的希腊多神宗教在这些方面有相关论述，但更多的只是教条和盲信，因此没有承担起安置人之生死意义的任务。总之，从奥古斯丁时代的神学观点看，苏格拉底受到了真理曙光之照耀，因此被某些护教士称为基督徒。而希腊哲学中的那个真理却总是如人眼中远方的地平线一样，不可能对人

---

① 奥古斯丁著，周士良译：《忏悔录》，235 页，北京，商务印书馆，1996。

② 《箴言》1：7。

③ 柏拉图著，王晓朝译：《柏拉图全集（一卷）》，32 页，北京，人民出版社，2003。

的生命施以拯救，因此人的历史及意义就在死亡的刹那终结。

在基督宗教中，对于奥古斯丁来说，他的生命在其皈依天主之时已经获得了完全不同的意义，由必有一死的生命转向了天国应许的永恒生命。这一生命的转变不是依靠人自身对真理的认识而得到的，因为作为认识对象的真理不会在意于个体生命的得与失，而奥古斯丁的天主或真理除了是认识的对象之外，还是基督宗教中那个赋予生命的天主，天主创始生命并在人的堕落之后拯救了生命。而且对于基督宗教来说，天主在置身于历史之外用看不见的手调控人类历史的同时，也亲身参与到人类历史之中来用其看得见的手对人类的生命施加影响，以促成人无所依归的历史走向救赎的神之历史。

总之，历史意识在奥古斯丁那里通过对基督宗教天主的认识而得到展开，基督宗教天主包容了希腊哲学本身所描述的真理，并且超越了哲学的真理，走向了人生命意义的层次，所以既使得哲学追求真理的内涵得以充分发挥，也使得哲学作为一种生活方式的意义得到展现，哲学拥有了新形态，即基督宗教哲学。

（二）个体心灵在历史意识之中

如果说柏拉图把人的心灵放到了城邦社会之中，由心灵不同部分的品德滋生了城邦的不同社会构成，那么可以说奥古斯丁把人的心灵延伸至整个的历史长河中，令过去、现在、未来这种以往对时间空间化的划分转化成一种绵延融入个体的心灵中。奥古斯丁对心灵的思考联系着他对时间的思考，而他对时间的思考同时也隐含着他对历史的思考，个体心灵直接在时间中参与到世俗历史和神圣历史之中，在成全世俗历史的过程中获得个体的救赎。

1. 心灵与时间

奥古斯丁对心灵与时间的问题进行考虑，是因为有人对《创世纪》这个经文提了一个问题，即天主在创世之前在做什么？这个问题看起来无足轻重，而实质上涉及对天主的认识，且对基督宗教本身尤为重要。如果在创世之前天主“闲着无所事事，何不常无所为，犹如他以后停止工作一样？如果天主为了创造从未创造过的东西，有新的行动、新的意愿，那么怎能说是真正的永恒?”① 这些疑虑只能用天主的属性来回答，但是这对奥古斯丁来说显得还不够彻底，他要对人们习以为常的“之前”这个观念进行反思，彻底揭露提这些问题之人的无知和虚浮。

“之前”是一个时间上的概念，在问“什么之前”这个问题时意味着人对时间首先要有所了解，而这种了解就来自于平时所习以为常的一些印象。说到时间，人们肯定会想到年月日，这种量化的时间来自于对天体运行的认识，但奥古斯丁经过反思断言“谁也不要再对我说：时间是天体的运行”②，这个判断在古希腊哲学中是从未有的，古希腊的自然哲学是以物体的运动来度量时间的。如果撤除了物体的运动，时间将无法得到表达，但这对于奥古斯丁来说不是问题的关键，他要思考的是时间本身，也就是说假如天体停止运动，那么时间就不存在了吗？经过反思，他发现时间并不是由物体运动产生的，而是相反物体要在时间中运动，否则运动难以表达。时间本身是一种延伸，但很显然不是物体的延伸，“我以为时间不过是伸展，但是什么东西的伸展呢？我不知道。但如不是思想的伸展，则更奇怪了”③。时间是思想的伸展还是一个令人难以捉摸的答案，因此奥古斯丁用了比较声音长短的例子说明：是因为声音留在人们心灵中的印象使得人们能够比较两种声音的长短。但这种印象本身就是时间吗？而没有印象的时候就没有时间吗？显然不是，因为没有印象的时候时间依然在伸展。那么究竟是心灵中什么因素构成了这种伸展呢？奥古斯丁抛出了答案：“是期望，注意与记忆。所期望的东西，通过注意，进入记忆。”④ 心灵中的这三种因素令人们对将来、现在、过去这些用来形容时间的词语有了新的理解，人们期望将来的、注意现在的、记忆过去的，而将来的尚未存在，过去的已不存在，只有现在正在存在着，但这并不意味着将来的和过去的已经毫无意义，将来和过去都通过人们心灵中现在的期盼和记忆而获得意义，并且通过心灵中的注意令将来和过去与现在发生紧密的联系，由此时间就是一种在心灵中由现在向两边的延展。奥古斯丁以唱歌为例说

---

① 《忏悔录》，239 页，1996。
② 同上，250 页。
③ 同上，253 页。
④ 同上，255 页。

明，未唱的部分是期望，已唱的部已经转入记忆中，而注意力则不断地把未唱的部分拉到现在继而进入已唱的部分，唱歌活动的不断行进就意味着未唱的部分越来越少，已唱的部分越来越多，由此“期望越是缩短，记忆越是延长，直至活动完毕，期望结束，全部转入记忆之中”①。这一唱歌的活动过程就像人的生命一样，也像人类的整个历史，有一个开端和终结。

2. 心灵与历史

既然时间是在心灵中由现在向两边的延展，那是不是意味着每个心灵都有一套自己的时间呢？很明显人们在心灵中对时间的感受确实是不一样的，但日常生活中所经过的量化物理时间确实是一样的。但人的生命只是由量化的时间决定的吗？显然此断言与现实并不相符，实际上人的生命有长有短，即使在量化方面也不一样，所以生命本身超越了量化的时间概念，而由此人类的历史也超越了量化的时间，所谓量化的时间，就是被天体运行所标示的年月日，人类的历史不是被这些量化的时间所标示，相反人类的历史把这些量化的时间标示出来，人们设计出来的历法只是为了方便人们的日常生活和纪念一些有意义的事件而已。实际上真正的时间从创世伊始便与变化的世界同在，而人类的历史在此变化的世界中展开，所以如果时间有开端就必有其终结，世界有开端也必有其终结，那么人类的历史也一样。时间作为受造物被永恒不变的创造者所辖制，“他们读到或听到这些话时，便觉一切时间，无论过去未来，都为你的永恒不变所统摄”②。

但是之前奥古斯丁对时间的反思却揭示出时间只是心灵中现在的延展而已，似乎时间没有一个开端，也没有一个终结，这个如果是时间的另一层含义，那么会意味着什么呢？人们在心灵中由注意力延展出的东西是没有开端和终结的吗？没有开端与终结不就是永恒吗？这意味着心灵中存在着永恒的东西吗？而按照这种思路推导奥古斯丁或者已经用时间的分析证明了灵魂的不朽，因为灵魂已经超越了凡俗的时间，如果灵魂一直是现在，那么它就是不朽的。灵魂的不朽和天主的不朽对比起来是同样的不朽吗？或者这种不朽只是天主不朽的形象和样式而已呢？或者这种不朽根本

---

① 《忏悔录》，256 页。

② 同上，282 页。

不能拿来类比超越的不可思议的天主之永恒。如果灵魂不朽这样一个奥古斯丁时代人们默然肯定的前提不需要他做出证明的话，那么奥古斯丁没有根据时间的分析来证明灵魂不朽就是合理的了。

而灵魂不朽就意味着诸多问题的产生，对于奥古斯丁来说，迫切要解答的不是灵魂不朽引发的诸多问题，而是个体灵魂如何在历史中存在的疑惑。人因为遗传了来自亚当的堕落，自由意志已经不可避免地走向背离创造者天主的旅程，把人引向必死之途。但这并不意味着人已经无可救药，朽坏的自由意志如果得到更新，则将会引导人走向回家的路，即走向天主的旅程。这个更新就意味着要回复到堕落之前的状态，即爱天主，保持与天主之间和睦的关系，而为了保持与天主和睦的关系，人必须进入已经被基督所修复的人神关系之中去，分享基督向世人显明的人神关系。而灵魂就在这种关系之中得到救赎，灵魂爱天主则走向天主，仅爱受造物则走向背离天主的歧途。而以爱天主和爱自己及受造物之分，人之历史被分为圣史和俗史，在空间视野上形成上帝之城和地上之城，现实中圣俗混淆，但是个体心灵却直接能够选择走向何种历史，由是心灵通过时间而撇开了时间走向了真正的历史进程。

作者单位：河南财经政法大学

联系方式：qudaiping@ aliyun. com

二、振古如兹：基督宗教的历史研究

17世纪耶稣会在越南传教策略及其现实意义

□尚　锋

天主教自16世纪初传播到越南以来，历经五百余年，在语言文字、艺术和近代历史进程等方面对越南产生了深远的影响。如今越南全国通用的拉丁化国语字源自耶稣会士为记录当地语音而发明的拼写方法，当代越南民宅、高台教教堂等设计受到天主教堂风格的影响，1858年法国、西班牙联合舰队炮击岘港的理由就是保护传教士，从此开启越南历史的法属殖民地时期。在越南，今天仍然有超过600万人信仰天主教，占人口总数的7%，在亚洲位列第五，仅次于东帝汶、菲律宾、黎巴嫩和韩国。

天主教在越南的传播与发展，是各教团努力的结果，其中，耶稣会和巴黎外方传教会的影响力最大，耶稣会是对越南传播天主教的开拓者，是西方文化与越南文化互动交融的使者，巴黎外方传教会则在吸取耶稣会经验教训的基础上，借助法殖民政府的庇护，最终奠定了越南当今天主教人口格局。本文在梳理耶稣会入越传教历史背景的基础上，重点关注耶稣会在越南的主要活动和传教策略，深入挖掘耶稣会在越传教策略的现实意义，希望能够对当今网络时代宗教传播规律的认识有所贡献。

一、耶稣会入越南传教的背景

葡萄牙东方保教权的确立和耶稣会的成立标志着天主教远东传教的开始。16世纪初，为应对新教改革运动对罗马天主教会的批评，欧洲天主教强国发起了反宗教改革运动，这一运动旨在重夺丧失给新教的阵地，恢复向海外传播天主教的努力。1515年，罗马教宗利奥十世批准葡萄牙垄断东方传教权；1534，年教宗保禄三世再次下令允许葡萄牙国王享有东方的“保教权”。① 1539 年，依纳爵·罗耀拉成立耶稣会。他所著《神操》（*Spiritual Exercises*）成为吸引欧洲天主教徒加入耶稣会的关键因素，该书与传统天主教义讲解教材不同，强调进行冥想训练（Meditation），崇尚绝对服从和牺牲的精神。② 耶稣会旨在重申、传授罗马天主教教义并争取新皈依者，亚洲成为其传教的主要目标。③

此外，天主教的东传与航海技术的发展和伊比利亚半岛世界性帝国的兴起也密切相关。航海技术的发展让欧洲人实现了洲际航行，葡萄牙、西班牙的全球贸易网络的形成为天主教士前往远东地区提供了可行的航线和上岸的理由，而天主教远东传教中心从马六甲移至澳门则为天主教进入越南提供地缘条件。传教中心成因在于，葡、西等早期帝国在建立东方贸易网络时采取“据点城市”的推进策略，以占领沿海城市为目标，通过据点向周围地区发散，推进贸易和传教活动。葡萄牙人 1510 年占领印度的果阿，1511 年占领马六甲，1515 年占领霍尔木兹，控制了从东南亚到欧洲大陆的海上贸易航道上的重要节点。④ 马六甲成为 16 世纪耶稣会士前往远东传教的集结地和中转站，那时澳门只是葡萄牙与中国明朝进行贸易的前哨站点，然而 1641 年，马六甲被信奉新教的荷兰人占领，澳门遂成为耶稣会士前往远东传教的大本营。⑤

越南并不是耶稣会远东传教的早期目标。1565 年，耶稣会为了在澳门站稳脚跟，建立了一个常设会所，其用途主要有三：（1）作为前往日本的一个中途休息场所；（2）作为等候机会进入中国的踏板；（3）作为

---

① 任延黎主编：《中国天主教基础知识》，285 页，北京，宗教文化出版社，2005。

② Simon Ditchfield, “The Jesuits: In the Making of a World Religion,” *History Today*, Jul. 2007, p. 52.

③ 罗兹·墨菲著，黄磷译：《亚洲史》，334 页，海口，海南出版社（三环出版社），2004。

④ Nicolas Tarling, *Cambridge History of Southeast Asia*, Cambridge University Press, 1992, p. 354.

⑤ Barbara Watson Andaya, “Globalization and the Marketing of Christianity in Early Modern Southeast Asia,” *Religions*, 2017, 8, 7; p. 2.

这座新兴城市的传教中心。[①] 1594 年，圣保禄学院首任院长孟三德在《圣保禄学院年报》中写道：“既然于 1592 年日本召开的总协商会议认为，为了保持与发展耶稣会在日本的事业，以及传播福音，在中国的澳门建立一所学院是至关重要的，是一个可行的办法。”[②] 由此可见日本是当时澳门耶稣会的主要目的地，对入中国传教尚处于试探阶段，还未触及越南。

日本禁教是天主教远东发展的重要转折。耶稣会在日本传教活动曾一度发展迅速，1580 年时已拥有 15 万名信徒和 200 余座教堂，传教士达到 85 人，其经费需求远超教廷和王室的资助额度，以至于传教士要参与到贸易活动中。[③] 然而，由于天主教士对日本国内政治斗争的参与，形势急转直下。1587 年，日本的丰臣秀吉颁布《驱逐教士令》，勒令传教士于 20 日内离开日本，自此之后，天主教几经周折，终于被赶出日本列岛。[④] 这既是对日本传教事业的巨大打击，也为越南天主教发展带来了契机。一时间澳门成了耶稣会士的避难所，这导致耶稣会士在澳门的数量大大超过澳门本地的传教需求。而此时正值中国明朝万历年间，国内实行海禁政策，断绝与外国的非官方贸易往来。“到了十七世纪，从日本被驱逐出来的耶稣会士开始把印度支那看作他们活动的新地区。”[⑤]

16 世纪，天主教尚未在越南进行真正意义上的传教，只有零星的传教团体和个人在越南展开小规模的活动，主要原因是语言障碍尚未克服，传教活动的收效并不大。根据《钦定越史通鉴纲目》记载，黎庄宗元和元年（1533 年），有西方人名依尼枢者，自海上来，在南真县的宁强村、

---

① 刘然玲：《文明的博弈——16 至 19 世纪澳门文化长波段的历史考察》，105 页，广州，广东人民出版社，2008。

② 李向玉：《汉学家的摇篮：澳门圣保禄学院研究》，20 页，北京，中华书局，2006。

③ 顾卫民：《16—17 世纪耶稣会士在长崎和澳门之间的贸易活动》，载《史林》，2011（1）。

④ 赵德宇：《论 16—17 世纪日本天主教的荣衰》，载《南开学报》，1999（6）。

⑤ 中山大学东南亚历史研究所译：《东南亚史》，498 页，北京，商务印书馆，1982。

群英村以及交水县所属的茶侣村（地处今天的南定、太平和宁平等省内）传教，[①] 但《钦定越史通鉴纲目》却并未记录下该人来自哪里，隶属哪个教团。在这一时期，活跃在越南的传教团体主要有方济各会和多明我会。1550年，多明我会的贾斯伯·德·圣克鲁斯（Gaspar de Santa Cruz）神父来到越南今河仙一带地区传教，但收效甚微。[②] 另据张永记的《南史》一书记载，1596年西班牙传教士迪戈·阿韦特（Diego Adverte）最先来到越南南方传教，但遭到了当地领主的驱逐。[③] 16世纪下半叶，随着越南国内分裂战争不断加剧，为争取来自西方的支持，北方莫朝和南方后黎朝都希望加强与葡、西等国的贸易往来，纷纷主动向澳门要求传教士入越南传教。[④] 至16世纪末叶以前，葡萄牙人已经与南北朝都建立了经常的贸易关系，使用澳门留居点作为贸易和传教的基地。[⑤]

二、17世纪耶稣会在越南的主要活动

尽管方济各会、多明我会先于耶稣会来到越南传教，但直到耶稣会士到来，天主教在越南的传播才有了较大的发展。最先到达越南传教的耶稣会士共有三人，他们是弗朗西斯科·布佐明（Francesco Buzom）、迪耶戈·卡瓦罗（Diogo Carvalho）与安东尼·迪亚兹（Antonio Dias），他们于1615年1月6日从澳门乘商船启程，12天后到达越南中部的今岘港一带地区。[⑥] 此后又有数名传教士从澳门来到越南，其中弗朗西斯科·德·皮纳（Francisco de Pina）、亚历山大·德·罗德（Alexandre de Rhodes）等人对天主教在越南的传播发展产生了重大影响。皮纳是第一个通晓越南语

---

① 陈重金著，戴可来译：《越南通史》，252页，北京，商务印书馆，1992。括号内容为笔者所加。

② 阮宏：《越南传教史》（第一册），36页，（越南）百科字典出版社，2009。

③ 《越南通史》，252页。

④ 《越南传教史》（第一册），22、26、30页。

⑤ 《东南亚史》，498页。

⑥ 杜光正：《耶稣会士在越南：1615—1773》，19页，北京，宗教文化出版社，2008。

的西方人，也是第一个开始使用拉丁字母记录越南语语音的人，他甚至已经开始编纂越南语语法的相关著述。①

亚历山大·德·罗德则为天主教在越南的传播作出了若干重大贡献，其中有以下四点至关重要。（1）罗德创制了国语字。罗德神父在学会越南语之后，奉命回到澳门讲学 10 年之久，在这期间，他边讲授越南语边编纂教材。1651 年，《越—葡—拉丁字典》（*Dictionarium Annamiticum Lusitanum et Latinum*）在罗马出版，标志着越南国语字的正式形成，在此后，又有数位法国和越南的传教士共同努力对这部字典进行修正、补充，国语字才呈现出今天的样子。（2）罗德创制了越南本土第一个传教团。1642 年，他从澳门再次来到越南的时候，就有一位越南北方的讲师跟随他，同年，他就培养了 10 人的传教团，这 10 人在他离开越南后继续向民众传教。②（3）罗德促使了巴黎外方传教会（Société des Missions Étrangères de Paris）的成立。为了与葡西两国的传教团相制衡，并且为法国争取在远东的利益，1660 年，罗德经过不懈努力，终于说服教皇批准成立巴黎外方传教会。巴黎外方传教会主要负责三个地区的传教，一是越南北方郑氏政权、老挝与中国南方，二是越南南方阮氏政权与柬埔寨，三是中国北方以及朝鲜、蒙古。③（4）罗德主持建造了越南北方第一座天主教堂。

在耶稣会的不懈努力下，17 世纪天主教在越南的传播取得巨大进展，教堂和教民的数量都迅速增加。1615 年，越南历史上第一座天主教堂由耶稣会士布佐明在今日越南中部岘港附近建立。1627 年，罗德在今日越南清化省一带主持兴建了北方的第一座教堂，该教堂是木质的，其内部装修由葡萄牙商人投资，于当年 3 月 5 日落成，是越南第一座详细记载落成时间的教堂。④ 此后，由于传教士对传教活动表现出极大热情，天主教在越南迅速发展，1590—1645 年有 19 万人受洗入教，而这一数字在 1700 年时增长到 50 多万⑤；在教堂方面，1630 年越南全国只有不到 100 座教堂，

---

① 《耶稣会士在越南：1615—1773》，34、38、46 页。

② 同上，93~94 页。

③ 《阮朝天主教史》，54~55 页。

④ 《耶稣会士在越南：1615—1773》，64 页。

⑤ 同上，84 页。

1650年，越南全国已建成500座教堂，到1750年，这一数字增长到将近800座。① 可惜的是，这一时期的教堂多由传教士出资兴建，结构多为木质，极易损毁，至今已无留存。

尽管这一时期天主教在越南取得巨大进展，但由于东西方文化的差异，天主教教义与儒学统治阶层的意识形态冲突日益凸显，越南的统治者郑氏、阮氏都不希望天主教在国内发展壮大，一旦发现传教士无法带来贸易与军事利益时，就采取一系列高压措施，限制天主教的规模扩张。1618年，南方阮氏政权国内发生严重旱灾，阮主因传教士求雨无效，民愤难平而将他们驱逐出境，此为越南封建王朝发布禁教令的开始。② 1630年，北方郑氏将包括罗德在内的传教士驱逐出境。1664年，阮氏政权发动一场大规模天主教徒迫害运动，导致37名传教士和教徒殉教。17世纪中后期，随着巴黎外方传教会的到来，削弱了耶稣会在越南的地位，加之教皇对耶稣会文化适应主义策略正统性的质疑，耶稣会逐渐受到排挤，至1773年教皇下令解散耶稣会。

三、耶稣会在越南的主要传教策略

第一，耶稣会士在将天主教传入越南时，采取了从上至下、科学与传教相结合的策略。亚历山大·罗德在刚刚来到北越王国时，他投郑氏皇帝所好，献上自动报时的西方钟表。郑氏见状，龙颜大悦，准许罗德在越停留两年，并不时召他觐见相谈。于是，耶稣会在北越的第一次亮相就站稳了脚跟，为日后的发展打下坚实基础。后来，面对郑氏朝中大臣们对天主教的打击，罗德和传教士们又运用天文学知识，预测月食等天象，明了不可测之“天机”，再次获得郑主的好感和信任。由此可见，尽管以科学“诱骗”当地统治者的方式并非正统，但在当时的特殊背景下，这一方法为天主教在越南发展赢得了宝贵的先机。17世纪耶稣会将科学知识与传教活动相结合的传教策略，首先受到中世纪学院派思想的影响。耶稣会对

① 阮红阳：《越南天主教堂》，19页，（越南）社会科学出版社，2003。

② 陈文源：《17—18世纪西洋传教士在安南的活动》，载《暨南学报》，2004（4）。

传教士的培养方案也从单一的神学增扩至数学、医学、天文学等自然科学领域。其次，通过对《马可·波罗游记》的学习和在亚洲实际生活的经验总结，沙勿略、范里安等传教士逐渐意识到，东亚封建国家的知识阶层（包括帝王和领主）对科学知识产生的浓厚兴趣可以为耶稣会士进入当地传教打开一扇门。获得东亚知识阶层对天主教的认可，可加速天主教在广大人民阶层中的传播和普及。①

第二，耶稣会以越南当地口语和当地形象进行传教，实现了对传播媒介的革新。在耶稣会士来到越南之前，由于长期使用汉字，越南尚未创制本民族的书写系统，在语言上表现为口语和文字的分离，即越南人使用本土口语交流，在文书中则使用汉字进行表述（尽管已经发明喃字来记录本土语音，但喃字是根据汉字而造，仅有少数士大夫阶层的文人能够掌握）。为了传教和学习当地土语的需要，耶稣会士采用拉丁字母记录本土口语发音。在罗德神父之前，布佐明、皮纳等人就开始用拉丁语记载越南的地名、人名和简单的传教用语。罗德神父在掌握越南语之后，编写出645 页的《越—葡—拉丁字典》，标志国语字的诞生。国语字的创制，实现了越南语口语的书面化，协调了越南社会存在已久的文化平行性（Cultural Parallelism）问题。② 在创制了国语字后，罗德仿照利玛窦的《天主实义》，编写了同样分为八篇的《八日讲道》，1651 年于罗马印制，用于向越南普通百姓传授天主教教义。③《八日讲道》与《天主实义》的不同在于，后者是以问答形式批判宋明理学和佛教思想，系统阐述天主教神学思想的著作，而前者更像是普及性的知识手册，前四篇侧重讲解天主的创造和世人信天主的必要性，后四篇则是将《新约》的内容进行浓缩提炼，重点讲述耶稣一生的历程。

---

① Barbara Widenor Maggs, "Science, Mathematics, and Reason: The Missionary Methods of the Jesuit Alexandre De Rhodes in Seventeenth-Century Vietnam," *The Catholic Historical Review*, Jul. 2000, 86（3）, p. 439.

② Alexander Barton Woodside, *Vietnam and the Chinese Model: A Comparative Study of Vietnamese and Chinese Government in the First Half of the Nineteenth Century*, Harvard University Press, 1988.

③ 《耶稣会士在越南：1615—1773》，467 页。

第三，耶稣会在越南传教期间运用理性批判当地迷信行为，并与儒士阶层进行论争。受到17世纪欧洲理性主义思潮的影响，耶稣会士运用理性，对当地广泛流行的万物有灵“迷信”和巫术行为（如“良辰吉时、风水、烧纸”）进行批判。如罗德将迷信视作是邪恶对人世的干预，并在当地对所谓的“女巫”进行驱魔，但是以对人的同情和挽救之心去做，不同于欧洲人对女巫的迫害做法。由于耶稣会士在前往远东传教前受过系统的自然科学知识教育，因此他们能够解释当地无法理解的自然现象，治愈当地人束手无策的疾病，并且，当耶稣会以驱魔形式进行上述活动时，就赢得了当地人的敬畏和信任，树立起教会的威望，从而带来大量民众的皈依。此外，罗德吸纳了相信人天生拥有理性的假设，一方面运用理性阐释天主教教义，与越南儒家知识分子进行论战，另一方面也向向当地的儒家知识分子和佛教徒传教。①

四、耶稣会在越传教策略的现实意义

首先，耶稣会在越传教策略体现了跨文化传播的一般规律。天主教是源于近东游牧文化、发展于欧洲大陆、受希腊理性和罗马法影响的宗教，与植根于东亚稻作农耕文明和中国儒家思想的越南文化相异。一般而言，与本社会主导文化有强烈冲突的文化特质必然被排除在外。② 天主教在越南传播的过程就是天主教不断与越南社会相调适的过程。从文化传播的传播环境、传播者、信息、媒介、受传者、传播效果等层面分析，③ 天主教传入越南是处在东西方精神文化交流初始的时间环境和越南内战胶着、耶稣会日本传教受阻的空间环境，作为传播者的耶稣会士，经过严格筛选和全面培养，心怀虔诚信仰和献身精神，以文化适应策略进入越南社会，他们运用本土语言为媒介，简化厚重的《圣经》内容和教义教法，为识字率较低的越南民众营造出易于接受的经验解释系统，并针对不同社会阶层的偏好而有所

① Barbara Widenor Maggs，p. 439.

② 孙秋云：《文化人类学教程》，45页，北京，民族出版社，2004。

③ 此处借鉴了吴瑛《文化传播：从天主教耶稣会到孔子学院》一文中的分析方法，载《现代传播》，2009（3）。

调整，最终达到较好的传播效果，推动了越南文化与西方文化的交融，对越南历史进程产生重要影响。此外，在耶稣会越南传教的过程中也发生了双向的文化误读现象，比如耶稣会将本土“淳风美俗”视为“邪恶巫术”，越南封建王朝统治者将皈依天主教视为对祖先的叛逆和对祖国的不忠等。

第二，耶稣会在越传教策略上体现了天主教在特定时期传播的自身规律。宗教传播与一般文化传播不同之处在于，宗教传播注重有意识的、系统性的信息输出，令接受者不仅认同其传播的观念，还要遵守其制定的戒律和宗教生活规章。因此，进行天主教传播的传教士们不仅要谙熟天主教教义、戒律和宗教生活组织方式，还要对传教对象国基本情况和传教方式进行深入了解，才能有效地在当地开展活动。在面对语言文化差异较大的对象国时，直接经验获取所需时间相对较长且缺乏系统性，间接经验的学习便显得尤为重要。在来到越南之前，范里安、利玛窦等耶稣会士已在文化环境相似的中国取得较大的进展，积累了大量与东方儒家文化碰撞时的经验教训，这对前往越南传教的耶稣会士具有重要的指导意义。这些经验和著作为赴越传教士提供了文化理解和行动规范，一定程度上为天主教来到越南实现“软着陆”。与此同时，在尽量避免与当地文化产生冲突的基础上，耶稣会士又不失时机地通过修正历法、预测日食、治疗顽疾等方式进行信仰激发，使获益的受众因认可耶稣会士的“魔法”和科技而认同天主教信仰。

第三，耶稣会在越传教策略对于今天理解宗教传播仍然有重要意义。在科技发达的今天，宗教不仅没有因为人类逐渐征服物质世界而消亡，反而通过互联网、新媒体等信息手段进入社会的各个阶层和各类人群，其生命力前所未有地旺盛。从耶稣会越南传教策略的经验出发，笔者认为，通过受众易于接受的传播媒介、采用符合受众需求的传播内容和有组织、有计划地实施布道是耶稣会在越南传播取得成功的三大原因。通过对耶稣会在越传教历史的研究，有助于认识网络时代宗教传播的深层规律，对遏止封建迷信思想和邪教的网络传播也具有一定的方法论意义。

作者单位：对外经济贸易大学
联系方式：shangfeng794@ 126. com

传教士利玛窦与“神操”灵修

□沈满琳

1983年夏天，为纪念利玛窦（Matteo Ricci，1552—1610）来华四百周年，加拿大籍耶稣会士詹德隆（Louis Gendron，2006—2011年任耶稣会中华省省会长）撰文《利玛窦的灵修精神》，强调利氏的灵修生活与其传教士身份认同之间的关系（“他是一位传教士，而且这是他最基本的身份，他如何了解这个身份？他如何维持传教精神？这就是他的灵修”）。① 遗憾的是，与耶稣会历史上其他许多著名的会士不同，利玛窦并未留下专门的灵修著作或个人的灵修日记。即便在保存下来的书信当中，也只有少数几封较为“自然坦白，多少透露一些”他的内修方式和境界。② 詹德隆为此建议：“为了解利玛窦的灵修，最好对初期耶稣会的灵修精神有充分的了解。”③ 以下通过考察利玛窦的个人著述及其传教实践中有关灵修的线索，并结合早期耶稣会的灵修制度，主要是修会创始人依纳爵·罗耀拉创编的“神操”灵修方法及其通过耶稣会《会宪》制定的会士训育方案，来探讨“神操”在利玛窦的个人灵修和传教实践中的地位和作用，从而尝试理解身为耶稣会士的利玛窦在华传教的非凡工作背后深刻的心理动机与动力源泉。

一、利玛窦谈耶稣会灵修

实际上，在利玛窦的汉语著作中已经对于耶稣会的灵修方法有所介绍

---

① 詹德隆：《利玛窦的灵修精神》，载《辅仁大学神学论集》，1983(2)，184页。

② 同上。

③ 同上。

和比较。例如在《畸人十篇》的第七篇（“自省自责无为为尤”），利氏与江宁分守道吴大参讨论静坐内省的“坐功”，即借后者的提问讲述了耶稣会内的一种功法：人在静中默默整理心事，于其中做出抉择，确认并忠实于它，践行以实现它。他将“行”分内外两种，其中内在的“行”更加重要，是这一功法所用力的地方（“坐而默绎之，以择，以定，以诚，以笃用，果其行也。且行有二等，有出于身外，有留于神内。留于神之行重矣，而神之行，于坐时固可行焉”）。① 又将这一工夫与明人热衷的静坐比较，认为后者只关注和在“形身”上下工夫，不像前者特重和致力于“神魂”。由于他将明人的静坐修养工夫统称为“俗功”，大概表明耶稣会的灵修方法才是他心目中的“神功”。

同在这篇与吴大参的对话中，利玛窦指出他所提到的也仅仅是耶稣会灵修的“初功”即入门工夫（“是者初功，又有初之初、中、末，三也”）。② 具体来说，操练者每日早晚两次，与天主进行交流，早晨以感恩和祈祷为主，夜晚则主要是反省和根据结果向天主感恩或忏悔。祈祷和反省的主要目的在于保持个人意念、语言和行为等三方面的洁净：

> 夫初功者，每朝时，目与心偕，仰天吁谢上帝，生我、养我，至教诲我，无量恩德，次祈今日祐我必践三誓，毋妄念、毋妄言、毋妄行。至夕，又俯身投地，严自察省，本日刻刻处处所思、所谈，及所动作，有妄与否？否即归功上主，叩谢祐恩，誓期将来继续无已。若有差爽，即自痛悔，而据重轻，自行责罚，祈祷上帝慈恕宥赦也，誓期将来必改必绝。每日每夜，以此为常。③

耶稣会的灵修传统在16世纪下半叶的特征和发展下一节还要谈到。利玛窦本人的灵修方式则可以通过他的“中士”朋友的文字得到间接证实。例如还是前述对话中的这位“吴子”，在为利氏所修《坤舆万国全

① 利玛窦：《畸人十篇》，见朱维铮主编：《利玛窦中文著译集》，474页，上海，复旦大学出版社，2001。

② 同上，475页。

③ 同上，474~475页。

图》（又作《山海舆地全图》）所作的“跋”中，曾经提到利玛窦习练上述“初功”的情况：“山人（利玛窦——本文作者注）淡然无求，冥修敬天，朝夕自盟以无妄念、无妄动、无妄言。”① 有趣的是，“吴子”特意在此“跋”提及利氏的灵修生活，又紧接着评论其著作说“至所著天与日、月、星远大之数，虽未易了，然其说或自有据，并载之以俟知者”，似乎有利氏精神修养的工夫可能为其提供的知识作出某种真实性保证的意思。

更重要的是，利玛窦自1583年入华传教起，不仅本人坚持不辍上述灵修工夫，还曾对一些中国信徒传授相关方法。根据他自己的记述，第一次尝试是1590—1591年间他还在广东传教的时候，有位年届六旬的南雄商人主动向他问教。利氏注意到其从前是佛教徒，对于默想练习具有相当的经验和兴趣。他向后者传授了会祖依纳爵所创“神操”灵修的“第一周”工夫，并认为其练得和皈依多年的基督徒一样好。② 利玛窦的记载中第二位有姓名的练习者则是他多年的学者朋友和信徒弟子瞿汝夔，时间在1609年左右，所教的同样是上述“第一周”的灵修方法。利氏相信它帮助后者获得了良心上的净化，从而解除对于死亡的恐惧。③

由上可见，无论在利玛窦个人的内修生活还是其传教、辩教的活动中，耶稣会的灵修方法实际上占据了某种特殊的重要地位。这使得我们不禁想要了解，由依纳爵所创建的这一“内功心法”到底是怎样的，其在耶稣会中实行和传承的情况如何，对于耶稣会海外传教士特别是入华耶稣会士的信仰生活和传教活动又可能发生了怎样的影响。

二、依纳爵“神操”与耶稣会的灵修制度

无论是以上提到的利玛窦向中士介绍的耶稣会“坐功”，他本人每日早晚两次的祈祷和反省，还是他向中国信徒传授的“第一周”灵修，都

---

① 《坤舆万国全图附录二：吴中明跋》，见朱维铮主编：《利玛窦中文著译集》，223页，上海，复旦大学出版社，2001。

② 利玛窦著，文铮译：《耶稣会与天主教进入中国史》，173~174页，北京，商务印书馆，2014。

③ 同上，459页。

源于耶稣会创始人、天主教圣徒依纳爵·罗耀拉（Ignatius of Loyola，约1491—1556年）所写作的《神操》（*Spiritual Exercises*）手册及其相应的“神操”灵修方法。

依纳爵是出身于西班牙巴斯克地区的地方贵族，早年梦想以军功报效君侯。后因在对法作战中严重负伤，骑士理想破灭。养伤期间通过阅读虔敬文学深化天主信仰，立志效仿基督拯救世人灵魂。《神操》是依纳爵在此后近二十年的灵修历程中，结合自身的神秘体验，并不断吸收和借鉴基督教修道主义传统和经院神学中的重要思想创编成的。依纳爵不仅通过传授“神操”召集到志同道合的伙伴，共同创建了新型的传教型修会“耶稣会”，还在其后编写的《耶稣会会宪》中正式将“神操”灵修作为会士培育系统工程中的核心模块。① 与此同时，“神操”灵修成为耶稣会牧灵和传教事工的重要内容。例如在依纳爵亲自起草宣告耶稣会创立的首份修会文件《生活规划》（*Formula Vivendi*）中，明确将“带领神操”列入耶稣会士的工作。②

依纳爵神操的完整形式是一个30天左右的封闭式避静（retreat，又译为“退修”“退省”）。在此过程中，灵修导师与操练者一对一，由前者参照依纳爵《神操》所制定的主题、顺序、方法，指导后者从事“良心省察”“默想”“默观”“口祷”等一系列行为，目的是从中获得更加个体化和感动人的宗教经验或启示。具体来说，一个完整的“神操”周期或历程包括四个阶段，依纳爵以“星期”或“周”称之，例如前面提到的“第一周”，不过并非严格的七天。四“周”的主题大体按照《福音书》中基督的生平顺序展开：“第一周：专为省思与默观罪过；第二周为默观我们的主基督的生活，直到圣枝主日为止；第三周默观耶稣的苦难；第四周默观耶稣的复活升天”（“神操”第4号）。③ 理想状态下，操练者通过

---

① 圣依纳爵著，侯景文译：《耶稣会会宪》，台中，光启出版社，1976。

② 这份文件经两任教宗批准颁布，成为耶稣会的奠基性法规，后以《会典纲要》（The Formula of the Institute）为名列入《耶稣会会宪》。

③ 此处及以下的“神操”引文主要引自圣依纳爵著，乔治·刚斯注，郑兆沅译《神操新译本：刚斯注释》（*The Spiritual Exercises of Saint Ignatius: A Translation and Commentary*），台北，光启出版社，2011。

对于耶稣一生神秘事迹的默观，体会和确认天主三位一体的创世、救世计划，在基督与魔鬼撒旦的对峙中毅然投身基督的军队，为献身基督信仰作出某种重大人生选择，例如放弃世俗婚姻生活的前景，申请加入耶稣会或寻求神职等。

以利玛窦及其后的耶稣会传教士主要对中国信徒传授的“第一周”为例，每天的操练包括五组练习或者说“默想”（Meditation）（“神操”第45—72号）。第一、二组练习分别默想受造物（包括众天使、亚当夏娃以及人类）的“三种罪”，和操练者自己一生的“犯罪记录”，感激基督的救恩，赞叹天主的恩宠。接下来的两组作为复习练习，每次分别向圣母、圣子、圣父祷告，祈求获得恩典“认清并且憎恨自己的罪过”，“厌弃人世的虚荣”。第五组练习则是运用想象体验地狱，目标是获得“对在地狱受永罚痛苦的内在意识”。每组练习又包括“前导”、“推理默想”和结尾的“对祷”等步骤。在此过程中，操练者逐步调动自身的全部心智和官能，使自己更深切地体认个人在整个“罪”的历史中的角色、行为和后果，从而真正理解上帝的拯救计划和人被赋予的与之合作或拒绝它的自由。根据操练者的意愿、接受能力和实际进度，“第一周”持续的时间可长可短。特别是对于“资格太浅、天资薄弱”的人，依纳爵明确指出不应传授“任何超过第一周神操的材料”（“神操”第4、18条）。

“良心省察”（Examination of Conscience）是“第一周”中另一个重要的主题练习，分“每日专题省察”和“总省察”两种形式。前者针对特定的罪过或缺点，内容包括每天早起后立志改过，和午、晚餐后两次自省，分别反思当天上、下午的相关过犯，并下决心在接下来的阶段中改进。依纳爵为此设计出在并列的七组线段上画点的方法帮助操练者记录和比较此种过犯逐渐减少的情况。“总省察”的目的是净化灵魂并为“第一周”结束时的总忏悔做准备。操练者根据《圣经》“十诫”、教会规范及长上（如依纳爵本人）的告诫等检查自身的思想、言语和行为——例如辨别思想的来源，将其归于“自身”“善神”“恶神”等三种，并据其作出反应。前面已经提到，利玛窦为吴大参介绍本会“初功”，每夕“严自察省，本日刻刻处处所思、所谈，及所动作”，又为“吴子”证实他本人“朝夕自盟以无妄念、无妄动、无妄言”。此外《天主实义》“第七篇”（“论人性本善，而述天主门士正学”）中亦有“欲剪诸恶之根而兴己与善，不若守敝会规逐日再次省察，凡已半日间，所思所言所行善恶，有善者，自劝继之；有恶者，自惩绝之”①。由此可见，利玛窦时期的耶稣会灵修特别注重“神操”中的“良心省察”练习。②

“神操”构成了耶稣会灵修传统的核心方案和独特灵魂。依纳爵通过《耶稣会会宪》规定，在预备会士的培养、考察和录取过程中，要在“初学”和发终愿前的“卒试”两个阶段分别进行两次完整的“30 天神操”。每日两次良心省察则成为所有会士的必修功课。自 1608 年起耶稣会进一步将“神操”终身化，形成了每位会士每年进行为期 8 天的“神操”避静的灵修制度。“神操”所启发、陶冶的宗教体验和宗教精神深刻地塑造了耶稣会的团体品格和每位耶稣会士的信仰生活。自外部而言，1540 年耶稣会正式创立以后，通过其在欧洲各国的教牧活动、在海外的传教事业、全球创办的教育性机构、所建立的避静中心、所指导和影响的耶稣会外基督徒团体等，依纳爵“神操”影响了全世界不可计数的人群，为传播基督信仰、保卫天主教会堪称立下头功。

三、“神操”灵修与利玛窦的传教工作

利玛窦 9 岁在家乡入耶稣会公学，以后到罗马的耶稣会大学日耳曼学院学习，在那里加入耶稣会的外围组织“圣母会”（Congregatio Mariana）。③ 早在他发愿成为耶稣会士并转入罗马学院接受系统训育之

---

① 利玛窦：《天主实义》，见朱维铮主编：《利玛窦中文著译集》，78 页，上海，复旦大学出版社，2001。

② 利玛窦在罗马读书的时间正值耶稣会第四任总会长麦古里（Everard Mercurian）任职的年代（1573—1580 年）。麦古里延续了耶稣会早期注重更加实际的灵修生活的传统，强调德行的培养和每日两次良心省察。参见若瑟·德·居伯特（Joseph de Guibert）：《耶稣会的灵修教义与实践》（The Jesuits：Their Spiritual Doctrine and Practice），trans. William J. Young. Chicago：Loyola University Press，1964，p. 185。

③ 1563 年由耶稣会罗马学院的学生首先组建形成，兼具灵修和慈善性质，是接受耶稣会影响的最有名的平信徒组织。利玛窦于 1569 年加入。“梵二”以后该组织更名为“基督生活团”（Christian Life Communities，简称 CLC）。

前，极有可能已经受到“神操”灵修的影响。另一方面，从他入华传教开始，便致力于培育本土耶稣会士，一生收录中国初学士九人。① 在他的支持和批准下，1609 年的圣母诞生纪念日，圣母会在北京创立。基于耶稣会对内对外的灵修安排，可以推想“神操”，特别是“第一周”和“良心省察”的部分，在其教牧工作中实际具有相当的分量。

不过，由于利玛窦在华传教的“学术”路线与“社交”特征，即使他本人也几乎没有时间精力从事更深层次的内修。例如他曾坦承“有一天忙得连弥撒也忘记做了，即便做，也缺乏虔诚”②，后来在北京则往来应酬“多得几乎要我的命”③。根据他本人的记述，除了 1595 年在南昌所得一梦之外，④ 也少有可以近似神秘经验的情形。那么如何理解利玛窦的个人灵修与其传教方式之间的关系？简单地说，只有了解依纳爵“神操”所培育的深层思维方式与情感逻辑，我们才更容易懂得利玛窦选择此种传教生活方式背后的真义。甚至可以说，正是通过利氏全身心的“入世”工作，“神操”灵修的真正价值才得以实现。

首先，在依纳爵要求神操导师在“第一周”对操练者首先讲述的“原则与基础”中，人类生存或者说“受造”的目的被明确为“赞美、尊敬、事奉我们的主天主”（“神操”第 23 号）。这也构成了“第二周”所教授“选择”方法的核心原则：“无论我选择什么，必须帮助我达到受造的目的。我不应该使目的迁就方法，而应该使方法适合目的”（“神操”169 号）。从利玛窦的在华传教生涯来看，朱维铮指出他进入南京以后，“不放过任何与达官贵人酬酢的机会，不畏惧与高僧大德的辩难，不避忌向士绅炫示拟呈皇帝的西画西器，也不忽视给政要硕儒分赠地图、日晷等手制礼品，特别乐于散发《交友论》《天主实义》之类已撰著作”，然而

① 张奉箴：《利玛窦与中国耶稣会士》，载《辅仁大学神学论集》，1983（4），510 页。

② 利玛窦著，罗渔译：《利玛窦书信集》（上），221 页，台北，光启出版社，1986。

③ 利玛窦著，罗渔译：《利玛窦书信集》（下），405 页，台北，光启出版社，1986。

④ 1595 年 6 月利玛窦在南昌梦见天主指示他将可以进入北京并在那里帮助他，见《利玛窦书信集》（上），185~186 页。

自始至终从未忘记其最终使命在于“归化千千万万的中国人”。①

其次，“神操”的“第二周”中有一组重要的价值—情感思维练习“三种谦逊”，操练者从中辨别和体会三种递进的、为信仰委身和奉献的境界。“第一种谦逊”的要点在于绝对服从的态度，“第二种”在于面对人世的不同遭际毫不动心，“第三种谦逊”则将“效法基督”的行动推到极致：“宁愿同贫穷的基督选择贫穷，而不选择财富；宁愿同饱受凌辱的基督受羞辱，而不享受尊荣……”（“神操”第167号）。利玛窦的生命选择和信仰实践可谓对于这“第三种谦逊”的最好诠释。在致其弟的一封信中，他自述“我们好像自动充军流徙一般，生活在此遥远的地方，不但和我们的亲人，即父母、兄弟、亲友分离，而且还和天主教世界、自己的祖国分离，有些区域，有时十年、二十年都看不见一位欧洲人，从来没有面包吃（在中国南方），也无葡萄酒喝……生活在亿兆教外人中，他们可说全是我们的仇家”，然而“之所以如此，全为爱天主之故”②。朱维铮曾指出《神操》作为耶稣会的修身经典，“既窒息修会内部的思想自由，也养成会士为寻求和缔造原始基督徒便已向往的人间净土而献身的品格”，对此可谓洞烛幽微。③

最后，根本上说，这与依纳爵“神操”或者说整个耶稣会灵修所倡导的“行动中的默观”理念有关。④ 30天“神操”的情感与思维训练在“第四周”达到高峰——通过最后一项名为“获得爱情的默观”练习，耶稣会士确立了天主真实地存在在一切事物中的信念。自此以后他应当自己“练习从一切事情中找到主，例如从他们的谈话中、步行中，从他们看到、尝到、听到和懂得的一切，从他们的全部行为中找到主”。⑤ 依纳爵

① 朱维铮主编：《利玛窦中文著译集·导言》，12页、5页，上海，复旦大学出版社，2001。

② 《利玛窦书信集》（下），295~296页。

③ 《利玛窦中文著译集·导言》，7页。

④ 由第一代耶稣会士纳达尔（Jeronimo Nadal，1507—1580）提出，系依纳爵的灵修与组织理念的权威的诠释者，曾被派往欧洲各地阐释《会宪》。见若瑟·德·居伯特所著《耶稣会的灵修教义与实践》一书第45~46页。

⑤ Ibid.，p. 88.

本人对于经过完整“神操”培养、考验和甄选出来的耶稣会士抱有极大的信心，曾经说每天两次“良心审查”就几乎可以保证人与天主意志的完全一致了。由此可见，利玛窦入华近30年全部的传教、社交、学术活动正应同他每日朝夕不辍的良心省察连起来理解。显然这些同前述以“赞美、尊敬和事奉天主”为终极目标、以“效法基督”的“第三种谦逊”为行动原则的理念也是相一致的。

四、结　论

“神操”灵修在利玛窦的信仰生活与传教活动中具有重要地位。或者可以说，在培养训练了他的耶稣会本会教育体系中，除了神学、人文和科学教育以外，创始人依纳爵所传授的“神操”灵修占据了更加重要的地位，深刻地影响了每位会士对于自身身份、使命的认知。“神操”灵修实质上塑造了耶稣会传教工作的精神与原则，统御了每一会士个体的全部才能和行动，使其个人灵修与作为传教士的使命和实践融为一体。而在具体传教活动中，利玛窦以“神操”与重视人格修养的儒生及佛教信徒相连接，使其成为归化中国人的有效方法。① 从这个角度理解，儒生对于利氏诚实、无私等外显人格品质的赞美，也可视为对于其灵修境界的积极反应。② 就今天中国学者已经成为“引领利玛窦研究的主力军”来说，③ 对于耶稣会灵修以及其所继承与发展的基督宗教修道传统还需要给予更多重视，对于传教士的内心维度例如其决策行为的深层动机与动力来源寻求更准确的把握，从而为理解以利玛窦为突出代表的明清耶稣会士在华传教事业增加一把重要的钥匙。

---

① 例如钟鸣旦注意到，“从传教一开始，耶稣会士和华人双方都投注许多心力在此借由神操进行的灵修教育与实行”。钟鸣旦：《圣依纳爵神操在中国传教区：十七及十八世纪经验的反省》，载《辅仁大学神学论集》，2009（2），205页。

② 例如徐光启为利玛窦《二十五言》所作“跋”及李之藻为《畸人十篇》所作“序”都明确包含了对利玛窦“灵修”或者说“修德”工夫的见证，参见朱维铮主编：《利玛窦中文著译集》，135、501页。

③ 张西平：《百年利玛窦研究》，载《世界宗教研究》，2010（3）。

参考文献：

1. 詹德隆．利玛窦的灵修精神．辅仁大学神学论集．1983.

2. 利玛窦．畸人十篇//朱维铮主编．利玛窦中文著译集．上海：复旦大学出版社，2001，443~512页．

3. 坤舆万国全图附录二：吴中明跋//朱维铮主编．利玛窦中文著译集．上海：复旦大学出版社，2001.

4. 利玛窦．耶稣会与天主教进入中国史．文铮，译．北京：商务印书馆，2014.

5. 圣依纳爵著，乔治・刚斯注，郑兆沅译．神操新译本：刚斯注释．台北：光启出版社，2011.

6. 圣依纳爵．耶稣会会宪．侯景文，译．台北：光启出版社，1976.

7. 利玛窦．天主实义/朱维铮主编．利玛窦中文著译集．上海：复旦大学出版社，2001，6~96页．

8. 若瑟・德・居伯特（Joseph de Guibert）．耶稣会的灵修教义与实践．（*The Jesuits: Their Spiritual Doctrine and Practice*）．trans. William J. Young. Chicago：Loyola University Press，1964，p. 185.

9. 张奉箴．利玛窦与中国耶稣会士．辅仁大学神学论集．1983，58（4）．

10. 利玛窦．利玛窦书信集（上）．罗渔译．台北：光启出版社，1986.

11. 利玛窦．利玛窦书信集（下）．罗渔译．台北：光启出版社，1986.

12. 朱维铮主编．利玛窦中文著译集・导言．上海：复旦大学出版社，2001，5~48页．

13. 钟鸣旦．圣依纳爵神操在中国传教区：十七及十八世纪经验的反省．辅仁大学神学论集．2009，160（2）．

14. 张西平．百年利玛窦研究．世界宗教研究．2010（3）．

作者单位：大理大学民族文化研究院

联系方式：shenmanlin@pku. edu. cn

生命的危机与成全

——徐光启领洗进教诸因素分析

□刘　强

徐光启，字子先，号玄扈，南直隶（南京）松江府上海县人，生于1562年（嘉靖四十一年）3月，逝于1633年（崇祯六年）10月，年72岁。徐光启生活于明朝末年中国社会由盛转衰的转型期，是中国历史上著名的政治家、杰出的科学家。他对基督信仰在中国的传播、天主教会在中国的发展发挥了重要作用，与李之藻、杨廷筠一起被誉为明末天主教三大柱石。近年来，中国学术界还强调他在中西文化交流中的先驱地位，注重他和利玛窦等耶稣会士之间的友谊以及他们为中西文化交流所作的贡献，也开始比较客观地研究和介绍他的天主教徒身份。

有关徐光启与天主教会的关系，学术界已有不少成果，其中，对于徐光启的皈依，特别是其皈依动机，学者们从历史学、社会学等不同角度予以研究，有着各不相同、相得益彰的观点与见解。本文在学者们研究的基础上，尝试从教会学的角度描述徐光启领洗进教这一事件，并对推动他领洗进教的诸社会因素加以分析。

一、领洗进教

首先要说明的是，徐光启领洗进教这一事件不能仅仅局限于1603年1月15日徐光启在南京由罗如望神父手中领受洗礼、加入教会这一时间点，而要从长时段来予以描述，即从1595年在韶州与郭居静神父的相遇作为开始，中间有1600年在南京与利玛窦神父的相遇，直至1603年的最终领洗进教。其次，从教会学的角度看，传教士特有的身份是基督信仰的传播者、天主教会的代表与天主爱世人的标记，因此，徐光启与三位传教士的相遇就是他与天主的相遇，“用神学的术语来说，皈依是他者与祂者的相遇。因此，传教士展开了与他者的对话，如此也为后者与祂者的相遇提供了空间”①。

1595 年（万历二十三年），时年 34 岁，已在韶州教书两年的徐光启来到位于城西的天主堂，与郭居静神父相遇，“此顷，教学韶州，偶值余暇，信步至城西天主堂。时，利玛窦已于是年四月北上传教，韶州教堂事由郭居静主持，公‘与郭子语，颇惬恰’”②。对于此次相遇，传教士们有着极高的评价：“郭居静神父在这里居留的第二年，发生了一桩真正重要的事情。……正是在韶州他和当时住在教团中的郭居静神父交谈，才初次和神父们结识，也正是在这里他第一次礼拜了十字架。”③ 对于徐光启本人来说，这次相遇给他留下了极其美好的印象，“昔游岭、嵩，则尝瞻仰天主像设，盖从欧罗巴海舶来也。已见赵中丞、吴铨部前后所勒《舆图》，乃知有利先生焉”④。在这第一次相遇中，徐光启与郭居静神父一起谈论信仰与人生，由此，徐光启由郭居静神父口中第一次听到了天主教的道理，第一次认识到耶稣基督是谁，第一次朝拜了十字架上的耶稣，第一次看到了利玛窦神父的第一版世界地图。在这首次相遇中，传教士那不远万里，前来中国的奉献、牺牲精神，以及他们带来的西方科技，对徐光启来说具有极大的吸引力。因着与郭居静神父的相遇，在徐光启心中播下了基督信仰的种子，郭居静神父成为徐光启信仰上的启蒙导师。

1600 年（万历二十八年），时年 39 岁的徐光启赴南京看望恩师焦竑，得知利玛窦神父正在南京，急切前去拜访，这是两人第一次见面，也是徐光启第二次聆听天主教教义。“春，至南京。时，利玛窦在南京传教，公

---

① 钟鸣旦著，洪力行译：《传教中的“他者”：中国经验教我们的事》，32 页，台湾，辅大书坊，2004。

② 梁家勉原编，李天纲增补：《徐光启全集（拾）：增补徐光启年谱》，101 页，上海，上海古籍出版社，2010。

③ 利玛窦、金尼阁著，何高济、王遵仲、李申译：《利玛窦中国札记》，467~468 页，北京，中华书局，1983。

④ 徐光启：《跋二十五言》，见朱维铮、李天纲主编：《徐光启全集（玖）：徐光启诗文集 · 卷七 · 序跋》，285 页，上海，上海古籍出版社，2010。

因曾阅其所绘制而为赵可怀、吴中明‘前后所勒舆图’，乃知有利先生。至是，始相晤，聆利氏言论，‘为低徊久之’，‘以为此海内博物通达君子。’”①对于此次相遇情况，徐光启有着深刻的个人感受，“间邂逅留都，略偕之语，窃以为此海内博物通达君子矣。……而余亦以间游从请益，获闻大旨也，则余向所叹服者是乃糟粕煨烬，又是乃糟粕煨烬中万分之一耳。盖其学无所不阚，而其大者以归诚上帝，乾乾昭事为宗”②。徐光启表示，自己不但钦佩利玛窦神父的学识，而且为他对信仰的执着与热忱所感动。值得注意的是，徐光启谈到自己曾经所惊叹服膺的，现在成为糟粕煨烬，而这糟粕煨烬究竟为何？后文将予以详细分析。与此相应，利玛窦神父对此次与徐光启的相遇，也同样有着美好的回忆，“他是一个可以期待成为大器的人，上天注定了要他美饰这个初生的教会。他生于南京省的上海，距南京约八日路程。他是一名出色的知识分子，天资美好，秉性善良”③。这次相遇令徐光启的思想观念发生了变化，对三年后的领洗进教有着重要的意义，利玛窦神父成为徐光启信仰上的精神导师。

1603 年（万历三十一年）秋冬间，时年 42 岁的徐光启前往南京，准备往访利玛窦神父，但是后者已前往北京，他得以与罗如望神父相遇。“罗氏出与公接，讲论教理，因与利子所译《实义》及《教要》诸书送阅。公持归邸舍，‘于邸中读之，达旦不寐，立志受教’。连日在教堂，‘观教礼，考道义’，聆罗氏讲十诫之理，于是受洗礼为教徒，教名‘保禄’。‘是日，领洗毕，首途回沪’。”④ 此次相遇是决定性的，因为徐光启接受了信仰，领洗进教，成了一名基督徒。对于此次相遇，传教士们有着详尽的记录：

> 1603 年他因事返回南京，并拜会了罗如望神父。他进屋时在圣母像前朝拜，而且在首次听到一些天主教会的信仰要理后，马上就决定信仰天主教。那一整天直到天晚，他一直安静地思索着天主教信仰

① 《徐光启全集（拾）：增补徐光启年谱》，113 页。
② 《跋二十五言》，285~286 页。
③ 《利玛窦中国札记》，467 页。
④ 《徐光启全集（拾）：增补徐光启年谱》，122 页。

> 的主要信条。他把天主教教理，还有利玛窦神父要理问答的一个抄本带回家去，那是还没有刊行的一个文本。他非常喜爱这两部书，以至他通宵读它们，第二天回去以前，他已经记住了整本的教理。他请罗如望神父尽可能地给他解释某几段，因为他必须在年底以前赶回家，而他则想在动身前领洗。为了弄清他是否真正严肃地对待此事，神父要他来接受教诲，每周一天，每天一次，他对此回答说："不止是一次，我要一天来两次。"他确实这样做了，总是准时到达。如果他来时赶上神父不在，他就从一个修士或是一个家庭学生那里受教。他在动身回家的那一天受了洗，回家后又捎来两封信，信中他极清楚地表明他受到天主教教义的熏陶有多么深。①

对于这一有着重大意义的事件，徐光启本人有着深刻的领悟，"启生平善疑，至是若披云然，了无可疑，时亦能作解；至是若游溟然，了亡可解，乃始服膺请事焉"②。罗如望神父为徐光启讲解要理，施行圣洗圣事，是徐光启信仰上的灵性父亲。

有关传教士对徐光启领洗进教事件的回忆、评述，除了以上所引的内容以外，还有一份非常重要的文件，即伏若望神父（1590—1638）于1634年所写的《徐保禄进士行实》，其文为《1633年耶稣会中国副省年报》中的一部分，这是目前发现的最早的关于徐光启的传记文字，其内容如下：

> 在一个他曾经谋生的地方，居住着几位神父，他与这些神父们有着多年的往来，并且似乎一直关注着我们的如珍宝一般的信仰。多年以后，因某种与天主戒律相违的事由，他前往南京。在那里他接触过一些天主教徒，通过这些教徒，他重新建立起与神父们的联系，并重新从神父们那里了解我们的信仰；他放下手中的事，自发前去向神父们询问并讨论关于信仰天主的事；而由于他精明敏锐，有很强的理解

① 《利玛窦中国札记》，468~469页。在本文的引用中，按照天主教会的习惯，对其中的个别词的中文表述进行了修订。

② 《跋二十五言》，286页。

能力，很快便接受了洗礼。他对此感到很满意，并对天主抱以感激之情，因为以前他曾站在我们的信仰的对立面，而在天主的昭示之下，他放弃了以前的观念，接受了我们的信仰。在为他洗礼的时候，神父们给他取洗名为保禄（Paulo），于是他立刻以保禄之名进行修行。①

在这份文献，以及如徐光启在《跋二十五言》个人回忆式文字中，值得我们注意的是，在徐光启领洗进教这一事件中，有着多重、复杂的因素在起着推动作用，将它们归纳起来，一是积极因素，如徐光启一直在关注着传教士们所带来的天主教信仰，他天资卓越，精明敏锐，有很强的理解力，以及通过信友的帮助，让他认识了耶稣会的神父们；二是消极因素，如徐光启前往南京是因某种与天主戒律相违的事由，甚至曾站在天主教信仰的对立面，以及徐光启自己所一向叹服的“糟粕煨烬”，而这些消极因素也是在徐光启领洗时，罗如望神父给他取领洗圣名为“保禄”的原因，除了一般人所认为的是要徐光启效法圣保禄宗徒的传教精神，另一方面也是显示他像圣保禄宗徒一样，脱离错谬，服膺真理，皈依天主。

二、生命的危机

明朝末年整体的社会状况，特别是徐光启所生活的江南地区，是理解徐光启领洗进教的重要背景因素。

明朝末年，中国社会处于重大的社会转型，传统封建社会发展到了巅峰，资本主义开始萌芽，“与中国历史上历朝不同的是，明朝中叶以后发生了社会转型的变化，所以明朝自身就具有两个截然不同的时期，明中叶以前基本上是中国传统社会发展到一个巅峰时期……明中叶以后则发生了社会转型的变化，应该是属于中国近世社会的开端时期，或者叫萌芽期”②。

---

① 伏若望：《徐保禄进士行实》，*Algumas Couzas de Edificação da Vida e Morte do Doutor Paulo*（1634），编号为 Cod. 49-v-11，fls. 59-68，《澳门历史研究》，董少新译，153 页，2007。

② 商传：《明朝文化概论》，6 页，南京，南京出版社，2016。

另外，从社会风气来说，明朝末年集中体现为竞奢风气，并主要流行在南、北两京及江浙一带，而这一竞奢风气严重地影响了明朝末年的社会状况，并形成了一系列社会乱象：

> 嘉靖以后，社会风气侈靡，日甚一日。侈靡之风盛行，消费增加，提供人民更多就业机会，尤其商品的贸迁质与量的增加，更促进商品经济的发达。侈靡之风盛行，又影响明末社会秩序的安定，僭礼犯分之风流行，对“贵贱、长幼、尊卑”均有差等的传统社会等级制度，冲击甚大。尤其侈靡之风，刺激人们的欲望，为求满足私欲，乃以贪污纳贿为手段，破坏嘉靖以来敦厚的政治风气，使贪贿成风，恬不为怪，而贪渎之风，又倒过来刺激社会风气，使其更趋奢靡。①

从更广阔的角度来观察，明朝末年是一个充满危机的时代：

> 在政治层面上，人们生活于政权的危机之中。皇帝躲入了他的皇宫，不再接见朝臣，而把权力丢给一贯贪污腐败的宦官手中。经济萧条的情况更因水灾和旱灾而恶化，迫使成千上万的农民只好到外地谋生。从道德的观点来看，出自王阳明学派的、受佛教影响的衍生思想，到处传布。对这个学派中最激进的思想家来说，并不存在客观的道德，而只有一种主观的道德：每个人的良知，能够以直觉的方式来评断一项行为是否合乎道德。在这样的处境中，文化的败象已然摆在大多数人的眼前，也因而激发了求索另一种道路的兴趣。②

生活于如此环境之中，徐光启有着切身的体会与感受，个人也面临诸多危机。在领洗进教之前，从徐光启的家庭背景、生活环境、从学和科举考试、教书谋生的经历，以及社会交往等方面，都可以看到他面临的各种

---

① 徐泓：《明代社会风气的变迁》，载《社会变迁》，收入“台湾学者中国史研究论丛”，318 页，北京，中国大百科全书出版社，2005，转引自商传：《明朝文化概论》，297 页，南京，南京出版社，2016。

② 《传教中的“他者”：中国经验教我们的事》，32 页。

危机，以及这些危机对他的影响。

（一）传宗接代的压力

徐光启的家族“先世自宋南渡抵中州，分支海上”①，经历了兴盛、中落、渐旺、再次中落的曲折历程，“徐光启先世自宋南渡抵海上，曾祖以役累家道中落，祖父徐绪弃儒经商，徐家在正德、嘉靖间家业渐旺，但嘉靖中期遭‘倭’患破坏，后来徐家析产后又被窃，家道再次中落”②。到徐光启出生时，其家庭状况已处于贫困状态，“家境故贫，父‘尝业贾’，继弃而‘课农学圃自给’。时，‘遭倭兵燹’后，又值松江大饥，饥民被迫掠食，至是，愈窘”③。这一跌宕起伏的家族历史，以及贫困的家庭状况，一方面使徐光启从祖辈那里继承并发扬了开拓进取的精神，形成了坚韧不拔的性格特质，另一方面，也使他背负了兴旺家业，乃至光宗耀祖的重任，徐光启出生之时，祖母尹氏对其赋予了厚望：“生而‘岐嶷挺秀’，祖母尹氏喜曰：‘是大亢吾宗者。’”④

1581 年（万历九年），时年 20 岁的徐光启娶妻吴氏，第二年，儿子徐骥出生，但自此以后，徐光启一直未能生儿育女，“他只有一个儿子，他最害怕的是这个儿子之后家庭断嗣，中国把这种事没有什么道理地看成是大祸”⑤。二十年后，其子徐骥婚后也没有及时传代，这样，徐光启父亲、本人与儿子三代单传，而“不孝有三，无后为大”是中国人的普遍观念，这一状况让徐光启面临着来自家庭期望和社会舆论的巨大压力之中。

（二）科举不第的危机

曲折的家族历史，贫困的家庭现况，徐光启自出生之时，就被家族赋予了光宗耀祖的期望、振兴家族的重任。童年时期，徐光启就有着远大志

---

① 《徐光启全集（拾）：增补徐光启年谱》，113 页。

② 贾雪飞：《明中后期的上海士人与地方社会——徐光启的成长大舞台》，141 页，复旦大学博士学位论文，2012。

③ 《徐光启全集（拾）：增补徐光启年谱》，56 页。

④ 同上。

⑤ 《利玛窦中国札记》，467 页。

向，不从俗见，1568 年，7 岁开蒙的徐光启在与同学们各言己志时，就慷慨激昂地说："论为人，当立身行道……治国治民，崇正辟邪，勿枉为人一世。"① 1576 年，15 岁的徐光启外出求学，表现了优异的禀赋，"比束发，出就外传，敏而好学。章句、帖括、声律、书法，均臻佳妙"②。1577 年，16 岁的徐光启开始拜黄体仁为师，接受阳明心学训练："此顷，师事黄体仁，与王偕春同学。黄氏私淑王守仁，致力心性之学，颇器重公。"③

1581 年，20 岁的徐光启中金山卫秀才，由此拉开了颇为曲折的科考之路。1582 年 9 月，乡试落榜。1583 年，22 岁的徐光启在家乡教书，开始了长达 20 年的教书和研究生活。1588 年、1591 年两次参加乡试，考举人，均落榜。1592 年 5 月，母亲钱氏去世，中断讲学。1593 年，前往韶州教书，"此顷，'以食贫故'，'子弟知公者，相延入粤'，在韶州教书"④。正是在韶州教书期间，徐光启得以与郭居静神父相遇，时为 1595 年，徐光启的生命开始出现转机。1597 年春，徐光启由浔州北上，应顺天府乡试，当时，主考官焦竑从众落卷中得到徐光启的答卷，大为赏识，"击节称赏，阅至三场，复拍案叹曰：此名世大儒无疑也，拔置第一。……因而'夺解神京'，'名噪南北'"⑤。1598 年 3 月，徐光启参加会试，落榜后，回到家乡，学习军事和农政。

在这漫长的求学、参加科考以及教书的历程中，徐光启得以不断地成长。多次科考落榜的挫折，磨炼了他的意志，而在求学、教书的过程中，他的思想逐渐走向成熟，成长为一位关心时事，有着深厚素养的儒士，其间作为主考官的焦竑破格提拔徐光启为乡试第一，并加以大力称赞即是明证。但是，徐光启多年应试不中，1581 年，20 岁中秀才，1597 年，36 岁中举人，1604 年，43 岁方中进士。1588 年，时年 27 岁的徐光启与友人董其昌、张鼐一起参加乡试，两位友人顺利成为举人，董其昌更于第二年就成了进士，而徐光启本人要在九年后才成为举人，十六年后才成为进士，

---

① 《徐光启全集（拾）：增补徐光启年谱》，63~64 页。

② 同上，71 页。

③ 同上，73 页。

④ 同上，96 页。

⑤ 同上，106 页。

这是何等漫长的科考之路啊！与一同参加科考的友人之间这一悬殊的对比，任何人都会产生心理压力，对徐光启而言，这种压力不仅仅因为无法实现家庭对他的期望，最重要的是因为他从小立定的“治国平天下”的人生理想没有实践的舞台。

（三）救世情怀的迷茫

在徐光启生活的时代，江南地区深深地卷入经济全球化的历史大变局之中。“到了明中后期，由于葡萄牙人、西班牙人、荷兰人、日本人等全面介入中国的对外贸易，使原先主要面对国内市场的江南内向型经济迅速转入以面对外贸出口为主的外向型经济，这种转型和高利润的贸易模式进一步刺激了江南的商品经济生产，迅速形成了以苏、松、杭、嘉、湖五府为核心地区的出口贸易经济圈，丝织品和棉纺织品是最主要的外贸商品。”① 当时，江南地区家家户户皆以纺织为恒业，而徐光启的妻子吴氏即纺织高手，“善纺绩，三倍他人”②。江南地区这一社会状况，特别是其外向型经济发展模式，对徐光启有着深刻影响，使他不断地形成了开阔的胸怀、开放的心态，使他前往广东沿海地区教书，主动与来自遥远国度的耶稣会传教士接触。1593 年徐光启前往广东，在韶州教书，1595 年，与郭居静神父相遇，1596 年，前往广东、广西游历。

在江南地区商品经济高度发达的同时，江南地区社会风尚由俭入奢，出现了虚荣示富的不良现象，以及急功近利的普遍心态。对于这一社会现象，当时人记录道：“迩来竞尚奢靡，齐民而士人之服，士人而大夫之官。……贫者亦槌牛击鲜，会享群祀，与富者斗豪华，至倒囊不计焉。若赋役施济，则毫厘动心。里中无老少，率习浮薄。见敦厚俭朴者，窘且笑之。逐末营利，填衢溢巷，货杂水陆，淫巧恣异。而轻侠少年，复聚党招呼，动以百数。”③

---

① 《明中后期的上海士人与地方社会——徐光启的成长大舞台》，137 页。

② 《徐光启全集（拾）：增补徐光启年谱》，77 页。

③ （崇祯）《郓城县志》卷一《风俗》，收入“天一阁明代地方志丛刊本”，上海，上海古籍出版社，1963，转引自商传：《明朝文化概论》，304 页，南京，南京出版社，2016。

作为一名士绅，徐光启有着强烈的社会关怀意识。对于当时的社会风气，他以其“独善其身”的生活方式来予以回应，“溯自二十二岁前后至是凡二十年，其中除因赴试或他故偶辍外，绝大部分时间均下帷课读。性淡泊，‘于物无所好，惟好学’，‘目不停览，手不停毫’”①。另一方面，徐光启对这一系列社会现象予以思考、反省，逐渐认识到这一社会是“尘世”，需要另一种力量来予以拯救，他在自己所熟悉的思想资源中寻找解决方案，“于是，徐光启以明末作为‘尘世’，与他同时代的顾允成也认识到有‘天崩地陷’的时代危机。这种认识在当时士大夫中也同样存在。……他面对明末‘尘世’，思考着如何才能拯救‘尘世’，及如何才能摆脱自己精神上的迷惑”②。

（四）宗教追求的失落

在家庭、事业、救世的多重失落中，徐光启希望能在自己所熟悉的思想资源，如儒释道，甚至民间宗教中寻求解决方案，加上其个人内在的秉性，对死后生命无法置若罔闻，于是，参加当时颇为流行的“三一教”，以及具有相当影响力的“三教合一”这一思想运动。有关徐光启与“三一教”之间的关系，为学者们所忽略，在此予以详细说明。

“三一教”要追溯到林兆恩。林兆恩，字懋德，号龙江，生于正德十二年（1517 年），逝于万历二十六年（1598 年），福建莆田人。嘉靖三十年（1551 年），林兆恩创立“三一教”，宣传“三教合一”理论。初期的“三一教”为学术团体，林兆恩为信徒讲授的“不过明三教之词，俗学之病”，倡导儒、佛、道三教合一。与此同时，林兆恩被追随者不断地神化，到万历年间，林兆恩派遣弟子到各地传教，建立三一教堂，堂内供奉孔子、老子、释迦牟尼、林兆恩四像，于是，作为“三教先生”的林兆恩一跃成为“三一教主”。林兆恩死后，“三一教”一分为二，一派从学术立场继承和发展林兆恩学说，以林兆珂为代表，他们恪守“三一教”的学术传统，因而仅仅在知识分子界有影响；另一派则从宗教立场继承林

① 《徐光启全集（拾）：增补徐光启年谱》，121 页。

② 安部力：《关于徐光启对天主教的理解》，载《档案与史学》，2003（2），28~29 页。

兆恩理论，奉林兆恩为“三一教主”，尊称“三一教”为“夏教”，称林兆恩为“夏午尼氏”，其代表人物有陈标、卢文辉等，到明末清初，“三一教”成为跨越江、浙、闽，并远及北直隶的大教派。①

林兆珂是从学术立场来继承和发展林兆恩学说的代表人物，在他所编的《林子年谱》中有一段与徐光启相关的记载：“万历二十一年，癸巳。松江门人姜公云龙与同社陈公济贤、徐公光启、吕公克孝，谓先生之书浩瀚难竟，宜掇精要以当醍醐，遂编辑林子第一义二卷，校定杀青。”② 另外，从宗教立场继承林兆恩理论的影响最大的人物、林兆恩的嫡传弟子卢文辉所编撰的《林子本行实录》有也有基本相同的记载：“万历二十一年，癸巳。……松江门人姜云龙与同社陈济贤、徐光启、吕克孝，谓教主之书浩瀚难窥，宜掇精要以当醍醐，遂编集林子第一义二卷，校定命梓。”③

这两份基本相同的史料表明了一件事实：1593 年前后，徐光启参与了“三一教”教主林兆恩的著作精要编撰，而且在其领洗进教之前，被“三一教”的主要弟子称为“同社”，“我们可以推断，三一教中关于徐光启的记载是确有其事的，亦即，徐光启在其早年极有可能曾为三一教门人”④。

明朝末年，“三教合一”这一思想运动，在学者中间十分流行，作为学者的一员，徐光启完全有可能参与其中，“学者们吸引了佛学的精神，而佛家们也汲取了儒学的营养，当然也包括道学的精华。在许多学者中，

---

① 何孝荣等：《明朝宗教》，354~358 页，南京，南京出版社，2013。

② 林兆珂编：《林子年谱》，41 页，转引自何善蒙：《徐光启与三一教：对徐光启早期经历及其思想演变的一种可能性的考察》，载《道风：基督教文化评论》（春），香港，道风书社，2010（32），178 页。

③ 卢文辉编：《林子本行实录》（莆田：东山祖祠，1995 年），61 页，转引自何善蒙：《徐光启与三一教：对徐光启早期经历及其思想演变的一种可能性的考察》，载《道风：基督教文化评论》（春），香港，道风书社，2010（32），177 页。

④ 何善蒙：《徐光启与三一教：对徐光启早期经历及其思想演变的一种可能性的考察》，载《道风：基督教文化评论》（春），香港，道风书社，2010（32），188 页。

已经体现出了儒、释、道的结合，即我们过去所谓的‘三教合一’”①。

徐光启参加“三一教”，或参与“三教合一”这一思想运动，其基本动机为何？结合徐光启平生“善疑”的性格，可以排除他跟随社会潮流的可能性，这可能是他寻求解决明末社会危机方案的一种努力，也表明他有强烈的宗教追求。但是，“三一教”显然无法满足徐光启的宗教追求，而且单凭徐光启个人的努力，当时中国本土的思想资源无法让他得以突破。

由此，来到韶州、南京天主堂与传教士们相遇的徐光启，何以在伏若望神父于1634年所写的《徐保禄进士行实》的报告中，“因某种与天主戒律相违的事由，他前往南京”，以及“他曾站在我们信仰的对立面”的原因，就可以得到如下说明了。

首先，徐光启于1600年来到南京，不仅是为拜望恩师焦竑，更是为参与“三一教”的活动，焦竑本身就是“三一教”的领袖，“这个人素有我们已经提过的中国三教的领袖的声誉，他在教中威信很高。……他七十岁了，熟悉中国的事情，并且是一位著名的学者，在他所属的教派中有很多的信徒”②。而这一活动按照基督信仰来说，是违反天主诫命的。

其次，徐光启是“三一教”的门人，站在基督信仰的对立面，在传教士们看来，“三函教（三一教）非正教”。对于“三函教”，利玛窦神父在他所著的《天主实义》中进行大力批判，指出其严重危害世道人心：“夫前世贵邦，三教各撰其一。近世不知从何出一妖怪，一身三首，名曰三函教。庶氓所宜骇避，高士所宜疾击之，而乃倒拜师之，岂不愈伤坏人心乎？”③

最后，在传教士看来，包括“三函教”在内的“三教合一”的思想运动，其结果是灾难性的，因为其将使中国人最终陷入无神论的深渊：“目前在中国凡是受过一点教育的人中间最普遍为人接受的意见是，三大教实际上已合为一套信条，它们可以而且应该全都相信。……他们相信他们能够同时尊奉所有三种教派，结果却发现自己根本没有任何一种，因为

---

① 《明朝文化概论》，272页。

② 《利玛窦中国札记》，359页。

③ 朱维铮主编：《利玛窦中文著译集·天主实义》，84页，上海，复旦大学出版社，2001。

他们并不真心遵循其中的任何一种。他们大多数公开承认他们没有宗教信仰，因此在佯装相信宗教借以欺骗自己时，他们就大都陷入了整个无神论的深渊。”①

三、生命的成全

依据《圣经》，“你们不要以为我来是废除法律或先知；我来不是为废除，而是为成全”（玛 5：17），在这里，耶稣指出他的使命不是像犹太人，特别是法利塞人所以为的那样，是来废除他们视为珍宝的法律和先知，而是来加以成全，将其提升到恩宠的境界。于明朝末年来到中国的传教士们，他们尽心尽力地传播福音，见证信仰，其使命就是要“成全”古老的中国文化。从神学角度来说，“成全”分为两个层面，一是“净化”，即祛除错谬，使之脱离罪恶的控制，将其转化为接受信仰真理的契机；二是“圣化”，即藉看圣事，领受天主恩宠，进入天人相遇、合一的神圣境界，并不断地趋向圆满。

（一）生命的“净化”

1. 传宗接代的“净化”

因着中国社会一向信从“不孝有三，无后为大”，为了延续子嗣，在基督信仰看来是罪恶的“纳妾”一直存在，在士大夫阶层更是如此。在这一点上，领洗进教之前的徐光启也有此纳妾的想法，因为这是当时社会所流行的，人们所认可的。徐光启自 1581 年 20 岁结婚，第二年生有一子，名骥，自此以后，一直没能生儿育女，他也有如当时大多数人的想法一样，准备纳妾，以延续后嗣。“据其事后回忆，他相信前两次会试的失利应是‘圣神干预’，因他如果较早登第，恐会从俗纳妾，那么稍后就不太可能休妾以入教。”②

---

① 《利玛窦中国札记》，113~114 页。

② 斐德生、朱鸿林：《徐光启、李之藻、杨廷筠成为天主教徒试释》，转引自黄一农：《两头蛇：明末清初的第一代天主教徒》，76 页，上海，上海古籍出版社，2006。

据传教士们的记载，1603 年，当徐光启在南京与罗如望神父相遇，学习教理，准备领洗进教之时，徐光启就流露了纳妾的想法，而罗如望神父站在基督信仰的立场，对他进行了劝诫，徐光启以谦逊的态度予以接受，“三十一年，徐氏再至南京欲见利玛窦，但因利氏已赴北京，遂与罗如望论教，并决定受洗，但在提及‘十诫’之理时，则稍有迟疑，称：‘十诫无难守，独不娶妾一款为难。’因他当时仅有独子而无孙，本拟纳侧室以广嗣，罗儒望因劝之曰：‘有子无子，一凭主命，乌可以此犯诫！’遂受洗入教，教名保禄（Paul）”①。

因着开放的心态，对传教士的信任，徐光启接受了罗如望神父的劝诫，打消了纳妾这一不符合天主圣意、违反天主诫命的想法，加上传教士独身、奉献的美好生活与光辉榜样，给予徐光启以很大的启发，由此减轻了徐光启传宗接代的压力。实际上，就在领洗进教后的第二年，徐光启不仅得中进士，其独子骥亦生下长孙尔觉，并且徐光启的后代繁衍至今，家族兴旺。

2. 科举不第的“净化”

面对多年科举不第所带来的心理压力，徐光启一直抱持着坚定的信心，但在这一过程中，他也有着严重的挫败感。1591 年（万历十九年）参加乡试，仍是落第，由此，他感觉自己无颜面对家人，特别觉得辜负了母亲的期望，“九月，乡试期届，应考，仍不第。母钱氏当公‘幼年’，(已) 豫见 (其) 跃冶之气’，思敛抑之，虽‘秋闱不利，每为色喜’”②。于是，徐光启退隐到广东韶州教书。

1592 年，因为母亲的去世，徐光启暂辍教书。1593 年，再赴广东教书，两年后的 1595 年，徐光启与郭居静神父在韶州相遇。因着此次相遇，基督信仰的种子得以在心中播下，徐光启的科举之路也开始出现了转机。1597 年，在顺天府的乡试中，徐光启被奇迹般地拔置第一，得中举人。1598 年，徐光启参加会试，没能得中进士。

1600 年，与利玛窦在南京相遇，徐光启在信仰上得以进一步加深。

---

① 艾儒略：《合校本大西西泰利先生行迹》，16 页；柏应理：《徐光启行略》，转引自黄一农：《两头蛇：明末清初的第一代天主教徒》，76 页。

② 《徐光启全集（拾）：增补徐光启年谱》，93 页。

1601 年，未参加会试，在家乡教书。1603 年，在南京由罗如望手中，领受洗礼。1604 年，徐光启前往北京，参加会试，“三月九日开始会试……四月十三日榜发，录取进士三百一十一名，公中式第八十八名”①。至此，43 岁的徐光启终于得中进士，从世俗眼光来看，徐光启终于功成名就，真的是大器晚成，但从信仰眼光来看，天主召唤他为光荣天主、服务教会的人生道路才刚刚开始。

3. 救世情怀的“净化”

面对明朝末年的社会现实，作为一位有着强烈社会关怀的士绅，徐光启有着浓厚的“经世致用”的精神，在准备科考之余，不仅关心实用之学，如农政、军事等学问，也希望在自己熟悉的思想资源中寻求解决方案，但是始终未能如愿，甚至颇有失望之感，而这在徐光启于 1616 年向万历皇帝所呈奏的《辨学章疏》中有着间接的表现：“奈何佛教东来千八百年，而世道人心未能改易，则其言似是而非也。说禅宗者衍老庄之旨，幽邈而无当；行瑜伽者杂符箓之法，乖谬而无理，且欲抗佛而加于上主之上，则既与古帝王圣贤之旨悖矣，使人何所适从、何所依据乎？”②

1603 年，徐光启在南京与罗如望神父相遇，其间发生了一个非常重要的情节，即徐光启将罗如望神父所赠的两本书《天主教理》与《天主实义》带回邸舍，通宵阅读，这一情况表明这两本书的内容深深吸引了徐光启，在他心中产生了共鸣。利玛窦所著的《天主实义》所介绍的西方天主教国家的状况，激起了徐光启的向往之情，“西士曰：民之用功乎圣教，每每不等，故虽云一道，亦不能同其所尚。然论厥公者，吾大西诸国，且可谓以学道为本业者也，故虽各国之君，皆务存道正传”③。由此，他憧憬与传教士们合作，传扬福音，让更多的同胞相信天主，加入教会，如此社会风气定能得以纯净，道德水平定会得以提高。

同样，徐光启的这一认识也反映在《辨学章疏》之中，“盖彼西洋临近三十余国奉行此教，千数百年以至于今，大小相恤，上下相安，封疆无

---

① 《徐光启全集（拾）：增补徐光启年谱》，127 页。

② 徐光启：《辨学章疏》，见《天主教东传文献续编（一）》，24～25 页，台湾学生书局印行，1997。

③ 《利玛窦中文著译集·天主实义》，86 页。

守，邦君无姓，通国无欺谎之人，终古无淫盗之俗，路不拾遗，夜不闭关，至于悖逆叛乱，非独无其事，无其人，亦并其语言文字而无之，其久安长治如此。然犹举国之人，兢兢业业，唯恐失堕，获罪于天主。则其法实能使人为善，亦既彰明较著矣。此等教化风俗，虽诸臣自言；然臣审其议论，察其图书，参互考稽，悉皆不妄”①。

由此，徐光启决心与传教士们合作，以基督信仰来变化世道人心，特别提升国人的道德水平。

4. 宗教追求的“净化”

徐光启参加“三一教”，或参与“三教合一”思想运动，以表达自己的宗教追求，但因着“三一教”无法满足徐光启此一追求，而这就是徐光启所面临的最深层的危机。因着与传教士的相遇，徐光启的宗教追求也得以“净化”。

在领洗进教之前的学习中，徐光启通宵阅读《天主教要》《天主实义》两书，其中后者对“三函教”，即“三一教”的批判，对作为“三一教”门人的徐光启来说具有振聋发聩的警醒作用：“西士曰：吾且具四五端实理，以证其诬。……夫真，维一耳。道契于真，故能荣生。不得其一，则根透不深；根不深，则道不定；道不定，则信不笃。不一，不深，不笃，其学乌能成乎！中士曰：噫嘻！寇者残人，深夜而起，吾侪自救，犹弗醒也。闻先生之语，若霹雳焉动吾眠，而使之觉。虽然，犹望卒以正道之宗援我。西士曰：心既醒矣，眼既启矣，仰天而祈上祐，其时也夫。”②

因此，在学习教理，特别在阅读《天主实义》的过程中，徐光启毅然抛弃了原来的信仰，“因为三一教是被利玛窦作为‘妖怪’加以批判的，徐光启在受洗入教之后，在其思想取向上抛弃三一教的理路，消除三一教的影响，也是很自然的事情”③。

---

① 徐光启：《辨学章疏》，见《天主教东传文献续编（一）》，25～26页，台湾学生书局印行，1997。

② 《利玛窦中文著译集·天主实义》，84~86页。

③ 何善蒙：《徐光启与三一教：对徐光启早期经历及其思想演变的一种可能性的考察》，载《道风：基督教文化评论》（春），香港，道风书社，2010（32），194页。

（二）生命的“圣化”

1603年1月15日，徐光启在南京由罗如望神父付洗，圣名保禄，“据德礼贤神父的《利玛窦全集》第二册251页注，光启是1603年1月15日领洗的，合阴历是万历三十年十二月初四”①。对于徐光启来说，领洗进教是具有标志性意义的事件，是他生命中的重要转折点，下面结合天主教礼仪，反省这一事件所具有的丰富、深刻的神学意义。

根据天主教在中国的传教史研究，当时的传教士们对于望教者施行如下很有意义的礼仪。

首先，举行收录望教者的中国式礼仪，其目的是邀请他们开始在教会内，向作为耶稣基督代表的传教士学习信仰的道理，“这个礼仪是中国式的礼仪，好像弟子拜师。这个礼仪似乎被到处应用。望教者被引入圣堂，在祭坛上置有教义小书，两边有燃着的蜡烛。弟子向基督行鞠躬礼，以示拜其为师，然后上前从祭坛上取书一册”②。

其次，望教者正式学习信仰的道理，其内容是全面、深入的，并且在学习完毕后，传教士便给他们付洗。由于所生活的外教环境，作为成年人的望教者不可避免地有着各种违背天主诫命的行为，传教士邀请他们特别痛悔自己所犯罪过，“从那天起，望教者便开始背诵教义，并不断到教士住所听讲适当的教义。这段讲授照课程计划包括宗徒信经、天主经、圣母经、十诫、圣事，尤其是圣洗、告解和圣体等圣事。等他们听完一次、两次或有时三次全部讲解后，便给他们付洗。望教期长短不一，但为普通人，这种准备有时会缩短至仅仅数天而已。此外，望教者在领洗前须特别深悔己罪，已经成了习惯。他们双膝跪在祭坛前，在神父领导下念悔罪经”③。

最后，最为重要的，即圣洗圣事的施行。在这圣事礼仪的施行过程中，作为候洗者，徐光启先要表明弃绝罪恶，并宣认信仰。随之，施行整

① 方豪：《中国天主教史人物传》，74页，上海，天主教上海教区光启社印行，2003。

② 燕鼐思著，田永正译：《中国教理讲授史（1514—1940年）》，24～25页，石家庄，河北信德室印证，1999。

③ 《中国教理讲授史（1514—1940年）》，25页。

个礼仪的必要仪式，罗如望神父向徐光启头上注水三次，同时说：“保禄，我洗尔，因父、及子、及圣神之名。”至此，徐光启的生命得以圣化。

徐光启与郭居静、利玛窦和罗如望三位传教士的相遇，使徐光启所面临的一系列危机得以“净化”，并转化成为他接受天主教信仰的契机。通过接受基督信仰，领受圣洗圣事，加入天主教会，徐光启的生命得以“成全”，开启了他作为基督徒的生命历程。

作者单位：上海佘山修院

联系方式：741273980@ qq. com

三、协和万邦：宗教对话，文化交流理论研讨

伊拉斯谟论自由意志

——基于《论意志的自由抉择》第二部分的分析*

□阮伟聪　□许若容

1524年5月13日，德西德里乌斯·伊拉斯谟（Desiderius Erasmus，1466—1536）完成了《论自由抉择》（*De libero arbitrio*）一文的写作，他的意图非常明确：对马丁·路德（Martin Luther，1483—1546）此前发布的《针对利奥十世教宗谕令所谴责主张的宣言》（*Assertio omnium articulorum M. Lutheri per Bullam Leonis X*）（简称《宣言》）中的第三十六条命题提出挑战，① 因为这

---

* 本文为中国人民大学科学研究基金（中央高校基本科研业务费专项资金资助）项目“从西塞罗到奥古斯丁——古代晚期意志理论研究”（18XNH117）；“宗教改革时期人文主义研究”（18XNH120）阶段性成果。

① 关于伊拉斯谟与路德之间关于意志的自由抉择的论战情况：1519年7月，路德和卡尔斯塔克（Andreas Karlstadt，1486—1541）与教会信赖的辩手艾克（Johann Eck，1486—1543）在莱比锡大学进行了持续十八天之久的公开辩论，辩论围绕着自由意志与恩典的关系、赎罪券与炼狱和教宗权威等问题进行。在这场辩论之后，路德阐述了与罗马教廷对立的鲜明立场，教宗利奥十世随即颁布教宗谕令以谴责路德。其后，路德发布了《针对利奥十世教宗谕令所谴责主张的宣言》（*Assertio omnium articulorum M. Lutheri per Bullam Leonis X*），逐条列出被教宗和教会所审查的主张，以维护自己的立场。其中，《宣言》第三十六条直接攻击了教会依赖的神人合作说和自由意志理论，强调绝对必然性和人意志的无效性，由此开启了这场意志问题的论战。1523年9月，迫于教宗和诸多贵族及学者的压力，伊拉斯谟写就此篇《论自由抉择》（*De libero arbitrio*），以澄清意志具有自由抉择的能力，并驳斥绝对必然性，澄清恩典与自由意志之间的关系，以维护上帝公义慈爱的形象。此文发行后引起路德的关注，成为多篇批评文章中唯一被路德完全阅读并给予回应的文章。1525年12月，路德完成对伊拉斯谟的回应《论意志的捆绑》（*De servo arbitrio*），路德不仅逐条指出伊拉斯谟理论的漏洞，更进一步提出了“隐藏的上帝”等概念，使此文与他的神学立场紧密联系起来。1526年，伊拉斯谟就完成了《执盾者》（*Hyperaspistes*）的第一卷，以回应路德对《论自由抉择》前言和介绍部分的攻击；《执盾者》第二卷在第二年出版，伊拉斯谟回应的重点是维护自己在《论自由抉择》正文部分的立场，诉诸教会传统为自己辩护。然而《执盾者》并未获得路德的再度回应，两人关于自由意志的论战就此终止。

本文路德和伊拉斯谟的著作拉丁文原文参见 Erasmus von Rottendam. *De libero arbitrio*. Ausgewählte Schriften，herausgegeben von Werner Weizig，Unveränderte，Auflage，2006. 英译本参考 Erasmus，Desiderius. *Collected Works of Erasmus v.* 76. *Controversies*. ed. by Charles Trinkaus. Toronto：University of Toronto Press，1999.（以下简写为 *CWE* 76）以及 Luther，Martin，and Erasmus，Desiderius. *Luther and Erasmus*：*Free Will and Salvation*. ed. by Rupp，E. Gordon，and Watson，Philip S. Philadelphia：Westminster Press，1969. Charles 译本是伊拉斯谟著作集中的一卷，也收录了路德的《宣言》，因此本文有关伊拉斯谟原文及《宣言》的引用主要参考此译本，而路德的《论意志的捆绑》则参考 Rupp 译本，其他著作则另有说明。中译本参考马丁·路德著，雷雨田等译：《路德文集（第二卷）·改革运动文献》，上海，上海三联书店，2005。

条命题关涉到一个神学基本问题：意志的自由抉择是否存在？对这一问题，路德的回答与教会传统背道而驰。他态度强硬的辩驳可概括为两个方面：第一，所谓意志的自由抉择并不存在，人只有作恶的可能；第二，万事万物都处于绝对必然性之中，唯独上帝的恩典，而非人自身的善功（good works），才能使人从罪中得救。值得注意的是，路德宣称其所有主张都源自《圣经》的经文，也就是说路德从《圣经》中找到其反对自由意志、宣称必然性的理论支撑。保罗书信在其中起到了很大的作用，路德视保罗为反对自由意志的神学先驱，并引用保罗所举的“上帝使法老的心刚硬”“上帝爱以扫而恶雅各”等事例来佐证自己的观点。如何理解保罗书信中的这些事例，就成为路德与伊拉斯谟争论的要点。

对伊拉斯谟而言，路德对自由意志合法性的消解及对绝对必然性的强调不仅动摇了信仰者对于尘世教会的信心，更对人的伦理道德的建构根基产生了威胁。首先，伊拉斯谟指出路德试图取消自由意志的存在基础，同时也在破坏人类伦理道德的根基，因为如果自由意志仅仅作为名称而存在，那么堕落之后的人类除了恶别无选择。其次，路德神学导致对上帝全善性的怀疑：人类作恶的责任也将归于上帝，因为人的一切行动都出自上帝的意志，人的意志仅仅是自以为能自由抉择，实际上没有一刻能够自我掌控，一切都在神圣的绝对必然性之中。① 这是伊拉斯谟不可接受的，由此他应邀撰写《论自由抉择》，从而踏入自由意志这一历史悠久的思想竞技场。

在《论自由抉择》中，伊拉斯谟的辩护方案是将论证主体分为两部分，首先集中分析《圣经》中支持自由意志的经文（《论自由抉择》第一部分），然后举出《圣经》中在字面上看似排除自由意志，实则维护自由意志的经文（《论自由抉择》第二部分），通过正反相合的论证，为自由意志赋予来自《圣经》的合法性。与第三十六条命题相对应，《论自由抉择》的大部分论据也源于《圣经》。伊拉斯谟之所以采取与路德相似的写作体式，是因为路德早已宣称在《圣经》正典之外，不承认任何学者及经典的权威性。② 伊拉斯谟也承认“《圣经》的权威应当胜过一切有朽之

---

① *CWE* 76：306-307.

② *CWE* 76：14.

人的决定。”[①] 在《圣经》作为理论基础的前提下，伊拉斯谟的任务就是以路德所举的《圣经》为矛，攻路德所立足之盾。然而，伊拉斯谟并未对路德的释经方法亦步亦趋，反而试图挑战路德的释经方法，他认为路德将经文嵌套进否定自由意志的逻辑中，曲解了经文的真正含义。伊拉斯谟重视经文在精神和道德层面上的意义，在《论自由抉择》一文中，他多次提到运用恰当的释经方法对正确理解经文的重要性。[②] 因此，针对第三十六条命题中多次引用的经文，伊拉斯谟以寓意为解经原则，在其文章第二部分重新解读了这些经文。在此我们应当注意，伊拉斯谟之所以将《圣经》中有反对自由意志之嫌的经文集中在第二部分进行论述，与本文的强烈的论辩色彩和修辞方法不无关系，[③] 为了强化论证的力度，伊拉斯谟必须先于路德，将对本文不利的论据转化为支撑自由意志存在的证明。因此，我们能够理解伊拉斯谟对第二部分倾注的热情，这是伊拉斯谟论证力图突出的重点。

伊拉斯谟在第二部分选取的若干经文并非信手拈来，实际上，《罗马书》第九卷早已对这相应的《旧约》经文做了解读。虽然保罗从未有提出“自由意志”这样的专有术语，但经过《圣经》专家伊拉斯谟的重组，这若干经文在神学意义上获得了一个共同的核心，那就是自由意志。在伊拉斯谟眼里，保罗特意从《旧约》经文中摘取出这数段经文并非穿凿附会，尽管这三段经文表面上都取消了意志的自由，实际上是在为自由意志的存在提供可能性的依凭。伊拉斯谟从这数段经文以及《罗马书》第九卷的解读中提取出来的核心，是否如实地阐述了保罗的原意？这个问题不是接下来希望讨论的——它是路德所关心的，但这至少能够说明，对于保罗和伊拉斯谟而言，这数段经文之间必然存在着某一个统一的主题及内在

---

① *CWE* 76：16.

② *CWE* 76：38. 伊拉斯谟提到上帝从愤怒向慈爱的转变，这一看似违背上帝不变性的经文需要用寓意的方法理解，这说明人的意志也能够有所改变。此外伊拉斯谟也指出《圣经》经文在多处因比喻的修辞法而显得晦涩，经文之间也会有字面上相互矛盾的地方，因此要正确地解读《圣经》，必然要求我们不拘泥于《圣经》的字面意义，使用合适的释经方法。参见 *CWE* 76：87-88。

③《论自由抉择》在出版时的标题全称为“*De libero arbitrio diatribe sive collatio*”，*diatribe* 这一希腊文词汇被伊拉斯谟译为拉丁文，其原意与伊拉斯谟“两段式文章的第二部分相同”，参见 *CWE* 76：5，Footnote 1。

关联。我们关心的是，伊拉斯谟是如何理解这几段经文，以及如何通过保罗的解读来为自由意志的存在辩护的。

一、上帝“使法老的心刚硬”

（一）上帝的意志与自由意志

上帝借摩西之口，向埃及法老预告了接下来将会发生在埃及人身上的灾难，尽管法老再三地犹豫，但他的心最后还是变得“刚硬”，不允许上帝的选民远走埃及。问题在于法老“刚硬”的心并非从一开始就是如此“刚硬”，而是上帝为了在法老身上“显我（上帝）的大能，并要使我的名传遍天下”（出 9：16），“使法老的心刚硬，不听他们”（出 9：12），法老因而做出恶行。保罗把这段《旧约》经文诠释为：

> 据此看来，这不在乎那定意的，也不在乎那奔跑的，只在乎发怜悯的神。因为经上有话向法老说：“我将你兴起来，特要在你身上彰显我的权能，并要使我的名传遍天下。”如此看来，神要怜悯谁，就怜悯谁；要叫谁刚硬，就叫谁刚硬。（罗 9：16-18）

这些经文极其容易让人理解为：是上帝施大能于法老的心，使得法老最终作恶，在这件事情上，法老只是上帝意志的执行者，他并没有凭借自身意志而行事。然而，上帝是正义且善好的，岂能为了彰显其大能，使一个人的心刚硬而作恶？① 伊拉斯谟认为仅仅依据字面意思去理解这句话是

---

① 事实上，奥古斯丁（Augustine of Hippo，354—430）在其《论原罪与自由意志》（*De gratia et libero arbitrio*）的第 45 章就已经做出相似的论断：使法老心刚硬的不仅是上帝的意志，法老自身的意志也参与其中，造成了自己的心刚硬。此外，不论上帝惩罚恶人还是奖赏义人，上帝都是公义且善好的，虽然上帝的行动隐秘，但其行为必然是公义的。参见 Augustine. *On the Free Choice of the Will*，*On Grace and Free Choice*，*and Other Writings*. trans. by Peter King. Cambridge：Cambridge University Press，2010，pp. 183-184。

"荒唐的"，问题应该追溯到恶的源头，谁最初意愿恶就是恶的责任的最终承担者。上帝本身的正义和善好不允许不义不善之事的出现，那上帝怎么会借法老施行自己的意志从而作恶？恶行若不源自全善的上帝，那只有一个源头，即法老自身。

因此，伊拉斯谟为自由意志的辩护必须经历这样一个过程：上帝以某种方式作用在法老身上，同时法老的意志依据自身而抉择，做出恶行。他的思路来自基督教早期教父奥利金（Origen Adamantius，c. 184—c. 253）：上帝的确使法老的心变得刚硬，但法老本应忏悔自己的恶行，而实际上他却因此更加冥顽不化，"正如同样的一场雨，耕地会因此长出最好的果实，而荒地则长出荆棘，也正如被同样的太阳照射，蜡会融化而泥会干硬"①，所以上帝对所有带罪的人的容忍，使得一些人认得上帝的善好，忏悔自身的罪，也使得另一些人忽视上帝赐予的这个从良的机会，固于恶行，不知悔改。

上帝降临在人身上的"雨水""阳光"指的是上帝的慈爱（Mercy），表现为对人的罪的容忍。这种容忍并非是一种纵容，而是在坚定的立场之上责备并包容人身上固有的罪性。对此，人们通常产生两个疑问：第一，上帝为何容忍罪行的存在，而不是即刻清除人身上的罪？伊拉斯谟给出了一个比喻：正如有经验的医生在治疗病人的伤口时，是希望它保持敞开而非过快地结疤，以便里面的脓能够通过伤口流出，从而得到最终的治愈；上帝要治愈人的罪性，并不即刻惩罚罪人，而是将惩罚推迟，这为罪人的忏悔留出自由的空间：人本身的罪性得到暴露，如果罪人能因此忏悔自己的罪行，那就能够获得"更完满的健康"②。第二，上帝既然是造物主，为何"多此一举"使人变善，而不是在创造伊始就把人造成完善——至少不应该有罪存在的空间？伊拉斯谟引用奥利金的话："为了这个目的，我（上帝）把你扶起，但并非为了这个目的，我把你创造。"③ 显然，奥利金区分了上帝的两种恩典：慈爱和创造。人被造出来确实是一种善，但在上帝面前仍然是一种不完满的善的存在，因而上帝用自身的慈爱让被造

① *CWE* 76：46.

② *CWE* 76：47.

③ *CWE* 76：47.

的人趋向更完满的善，即上帝本身——雨水阳光的出现是为了使土地长出植物，但它们却不是土地存在的原因。上帝创造人类并非一开始就以完满的善为目的，否则人被造伊始就是完满的善，无所谓后来的罪恶，法老也不会如此邪恶。伊拉斯谟似乎为人的罪性找到了存在论上的根基，那就是人本身的不完满。

在此基础上，伊拉斯谟提出了人的意志本身的不完善：

> 事实上，法老被造时就固有一种能够转向任一方向的意志，但他因着他自身的愿望而转向邪恶，因为他更愿意去追随自己的意志，而不是服从上帝的戒律。①

“追随自己的意志”便“转向邪恶”，意志本身就蕴含着一种恶；同时，人生而固有一种“转向任一方向”的意志能力。这种意志能力是中性的，不受任何力量的捆绑，不必然地倾向善或恶，而是在上帝和人本身的作用下转向任一方向。在这个意义上，这种中立性赋予了意志以一种自由，使其不必直接受到上帝或人本身的作用，而是在这两种倾向之间存留了一定的空间。这就是意志的自由抉择：

> 在这个地方，我们说的意志的自由抉择指的是人类意志的一种能力，凭借这种能力，人能投身于通往永恒救赎的事务，或者背离它们。②

伊拉斯谟的这个定义是站在人本身的角度出发的，而未涉及这个概念的另一重要维度：上帝的恩典。他将自由抉择视为“人类意志的一种能力”，这种人类自身的能力能够使人致力于得救的事务，因而从这一角度看，伊拉斯谟似乎排除了恩典在引导人得救方面的关键作用，滑向佩拉纠主义（Pelagian-

---

① *CWE* 76：47-48.

② *CWE* 76：21. “Porrp liberum arbitrium hoc loco sentimus vim humanae voluntatis，qua se possit homo applicare ad ea，quae perducunt ad aeternam salutem，aut ab iisdem avertere.”

ism）的阵营。McSorley 因此指出，伊拉斯谟对于自由意志问题的理解存在偏差，他将自由意志放置在救恩问题的维度中，但恩典的位置则似乎被忽略。①这也成为路德用以反驳伊拉斯谟的重要论据。②

实际上，伊拉斯谟从未为了保存人的意志的自由抉择而排除恩典的作

---

① McSorley，Harry J. *Luther：Right or Wrong？An Ecumenical-Theological Study of Luther's Major Work，the Bondage of the Will*. New York：Newman Press & Augsburg Publishing House，1969，p. 285.

② 路德认为，伊拉斯谟使意志的自由抉择分裂成两个部分，即他“所定义的意志的自由抉择”与他“所辩护的意志的自由抉择”，二者的不相容导致伊拉斯谟陷入了自相矛盾的困难之中。他在其《论意志的捆绑》中指出伊拉斯谟定义中存在的两个问题：首先，伊拉斯谟制造出自由意志“名称的定义”和“实体的定义”之间的分歧。换言之，自由意志这一名称所代表的内涵与其实体所代表的内涵，在伊拉斯谟那里并不相同。伊拉斯谟将自由意志规定为人类意志的一种能力，而路德则将自由意志的实体归属于上帝，认为自由意志仅限于“关乎上帝的事务”，为了使名称适应实体，路德建议采取奥古斯丁的提法，将自由意志命名为“意志的可变抉择”（Mutable Choice），实际上取消了定义所暗示的自由选择能力；其次，定义中“Applicare”（投身于）及“Avertere”（背离）两个词语所指代的意义有歧义。按照伊拉斯谟的设想，“Applicare”和“Avertere”所指的应当也是人类意志中的一种能力，但他并未对这种能力加以明确规定。路德将这种能力视为“介乎意志本身及行动之间的某种东西”，在这种情况下，唯有上帝的话语和工作才能对人的意志产生作用，使意志本身致力于上帝的话语，这是通往救恩的唯一途径。路德强调，永恒救恩的事务超越了人类的理解能力，因此伊拉斯谟的定义实际上引出了这样的图景：人类意志能够自行决定是否接受上帝的话语和工作，并且最终被引导向超越其理解能力的事务。这就意味着自由意志不仅能够决定上帝的话语和工作，并且能够应用于永恒事务之上，伊拉斯谟因此将本属于上帝的神性赋予了自由意志。参见 Luther，Martin，and Erasmus，Desiderius. *Luther and Erasmus：Free Will and Salvation*. ed. by Rupp，E. Gordon，and Watson，Philip S.，Philadelphia：Westminster Press，1969，pp. 169-177。Sproul 指出，路德的策略在于，借用在自由意志定义中未得到明确的概念，对伊拉斯谟的动机做出越界的审判，从而将伊拉斯谟“直接推向佩拉纠主义的怀抱”。见 Sproul R. C. *Willing to Believe：The Controversy over Free Will*. Grand Rapids：Baker Books，1997，p. 99.

用，相反，他反复强调恩典的决定性地位：恩典是使意志的自由抉择得以成立并运作的根本原因，倘若没有恩典，人就无法立志行善，意志的自由抉择也将失去其意义。① 在伊拉斯谟看来，善恶两种倾向力量在事实上不是绝对平等的，人的意志的自由抉择始终处于上帝意志的范围之内。首先，人听从自身而作恶，他最终获得惩罚并得到救赎，彰显了上帝的荣耀，整个过程都在上帝的慈爱中，都向着祂意志中隐秘的目的，即完满的善。因而人做出抉择的那一刻，似乎违抗上帝的意志，实则都在上帝的善的计划之中。其次，人服从上帝的律令，就是得到上帝慈爱的帮助，从而向善而行。

因此，在伊拉斯谟眼中，人意志的自由抉择和上帝意志的决定作用是相互兼容的。一方面，人的意志可以在上帝与人本身这两种善恶倾向中自由抉择，不受捆绑；另一方面，这种自由的抉择又处于上帝的意志之中，无论抉择如何都是上帝意志的彰显。上帝隐秘的意志是一个以“更完满的健康”或完满的善为目的的演化过程，尽管人作恶是处于上帝的意志之中——上帝在某种程度上“准允”了作恶，但这些恶行并非出于上帝的本意，而是处于整个救赎过程中的人自身所做出的抉择。因此伊拉斯谟认为，人所作的恶行只能归咎于人本身，而不能归咎于上帝，人的意志与上帝的意志处于协作关系中：“上帝的慈爱预先驱动意志去意愿，并在其努力中伴随着它，赐予它一个幸福的结果。与此同时我们锻炼自己的意志，取得进步，达到目标；然而我们还是要把自身归给上帝，祂是我们全然的所属。”② 上帝的恩典是决定性因素，同时人的意志在其中做出抉择，共同完成从向善到获得拯救的过程。

（二）两种必然性

上帝的意志是决定性的，是必然的，这体现为上帝的预知，“对于上帝而言，去意愿和去预知是同一回事；在某种程度上，上帝必然是意愿着

---

① *CWE* 76：79-82.

② *CWE* 76：48.

那些祂对未来所预知的事情，祂没有去阻止，尽管这是祂力所能及的”①。上帝的意志是所有事物的第一因（The Principal Cause），万事万物就是依据上帝的意志所立的法来产生、运作和消失的，这一过程具有必然性。这种决定性力量如何兼容人意志的自由抉择？这种力量作用于人的意志之上，如何保证意志在这种必然性下具有一定的运作空间？对于人作恶的行径，倘若这属于上帝的预知内容之一——某种程度上也被上帝的意志所默许，尽管恶行是由人的意志直接做出，那上帝也“难辞其咎”，因为人意愿作恶也构成上帝彰显意志的一部分，换句话说，正是上帝意愿人去意愿作恶（God wills that human wills to evil）。

为了解释上帝预知与人的意志之间的关系，为上帝的至善作辩护，伊拉斯谟诉诸经院哲学有关意志问题的传统解释：两种必然性，即“绝对必然性”或“后件的必然性”（Necessitas Consequetis）：必然地，p→q；及“条件必然性”或“推论的必然性”（Necessitas Consequentiae）：p，必然地 q。② 绝对必然性源自上帝绝对的意志，例如人绝对必然是一种理性

① *CWE* 76：48. 对于人而言，预知事情的发生与这件事的发生并不是同一的。事情发生并非因为我们预知了它的发生，而我们有所预知，是因为事情将要发生。但在上帝那里，事情是必然按照其意志来发生的，上帝当然知道自己的意志，也就知道事情的发生与否、如何发生等，因此上帝的意志与预知是同一的。

② 伊拉斯谟虽然借用了两种必然性的理论来为其辩护，但他对其阐述笔墨甚少，他的目的不是澄清这些概念的差别。相反，他在第二次回应中详尽阐述了这一理论；Ludwig Baer 在 1524 年二月一封给伊拉斯谟的信件中也对这两个术语进行了详尽的解释（*Ep* 1420：1-53）。这两种必然性的理论在经院神学传统中可以追溯至波爱修（Boethius，c. 477-524），他在其《哲学的慰藉》（*Consolatione Philosophiae*）第五卷中，为了说明预知与自由意志并不矛盾，提出两种必然性：纯粹的必然性和有条件的必然性，前者源于事物自身的本性，后者则来自外在的条件。如果一个人正在坐着，那么我就知道这个人在坐着，那他坐着则是必然的，但这种必然性（条件的）不意味着他是被迫选择坐下或者不能选择站起来。参见 Boethius. *The Theological Tractates and the Consolation of Philosophy*. trans. by Stewart，H. F. and Rand，E. K. Cambridge，Massachusetts：Harvard University Press，London：William Heinemann Ltd.，1968，pp. 364-411。

的动物，太阳绝对必然会东升西落，因为它们都是这么被创造的，人无能力去改变；条件必然性则来自上帝有条件的意志，人做出那样而非这样的抉择是有条件的必然，因为人的意志完全有能力做出不同的抉择，但始终在上帝的意志范围内。伊拉斯谟认为并非所有的必然性都排除自由意志，正如圣父必然为圣子之父，但祂是自由且自愿地为父，而非被迫于此。在《圣经》当中，犹大背主是上帝意志之内发生的一件事，上帝预先知道并没有阻止其发生，因此是必然发生的事件，即上帝预知（某种程度上意愿）犹大会背主。犹大背主实际上是犹大先产生针对此事的一个意志抉择，然后这个意志根据自身之故而抉择了背主，表述为 p 为“犹大去意愿”；q 为“犹大的意志抉择去背主”。

（1）如果上帝对此事件的预知是绝对必然的（AN），则

$$AN\ (p \to q)$$

即“必然地，犹大意愿去背主”。如果上帝直接定意了犹大去背主，则意味着祂把必然性绝对地强加于犹大的意志之上，因此犹大没有能力也不可能改变其意志，做出放弃背叛的抉择。

（2）然而事实上犹大是有能力去改变其意志的抉择的，因此更合理的是把上帝在此的预知看作是条件必然的（CN），则

$$AN\ (p) \to CN\ (q)$$

上帝预知到犹大的意志会做出抉择（无论善恶），且如果犹大做出抉择，那他必然会背主，这必然性是条件性的，因为显然犹大是有能力去拒绝实施这个背叛行为的，而且如果他真的改变了他的意志抉择，那“上帝自身本就会预知并且事先意愿犹大改变其主意”,① 即

$$AN\ (p) \to CN\ (\neg q)$$

也是成立的。因此，犹大在这样的情况下依然选择去背叛上帝，这并非是上帝将必然性强加于犹大的意志所导致的结果，而是犹大业已败坏的本性所做出的必然选择。在这种机制之中，很重要的一点就是犹大的意志始终得以保持，即 AN（p），这意味着人具有自由意志这一点是绝对必然的，是出于上帝的绝对意志，上帝意愿人去意愿（God wills that human wills）。这是因为上帝创造的人原本就是具有意志的人，并且意愿着人按照其意志

① *CWE* 76：51.

的自由抉择来展开自己的存在，所以上帝仅仅是在人的意志有能力去自由抉择这一点上赋予了绝对必然性，至于自由抉择的结果则是出于人的意志自身。因此，作恶这件事情并不是上帝所意愿的，作恶的抉择是出于人的自由意志的。

（三）意志倾向恶的可能

然而，伊拉斯谟虽然区分了这两种必然性，以条件必然性来解释人的意志在上帝预知情况下如何做出自由抉择，同时也把作恶的直接责任归于人的意志，但他仍需进一步回答这样一个问题：意志本身具有倾向恶的可能，这一点也正是上帝所默许的。

面对这个问题，伊拉斯谟坦言道：

> 不可否认的是，神的作为与每个人类的行动同时发生，因为每一个行为在其自身中都有着某些真的东西，在某种意义上甚至就是善，例如抱着淫妇或者渴望这么做。恶行的确不是来自于上帝，而是来自于我们的意志，除非如某些人所说，在某种意义上上帝在我们之中造了一个恶的意志，任由它随心所欲，而不用祂的恩典来呼唤它。即使如此，祂还是会使一个人消失，因为祂使其遭受消失本来就是救了他。①

恶行来自于人的意志，但归根到底，人的意志为上帝所造，其本质上也是一种善。因此，上帝不用为意志可能导致恶行的“罪名”上担负责任。上帝虽然赐予了它以自由抉择的能力，使得它有可能选择并实现自身的恶，但也降临恩典于其上，呼唤它从善，甚至把它纳入到一个实现最终善的过程当中。显然，伊拉斯谟在此的回应仅仅涉及意志在功能实现上的中性性质，而问题是意志的本源。伊拉斯谟在意志问题上所持的观点是神人合作论，意志的自由抉择正是上帝的恩典与人的意志共同作用而实现的。那么，抉择无论行善还是作恶，上帝都在这个过程中发挥了作用，这种作用甚至是根本性的——上帝意愿人的意志的存在是这一切成立的

---

① *CWE* 76：52-53.

根本。

上帝意愿人去意愿，这是上帝所喜欢的，这意味着上帝会承担人意志抉择的结果，因为这是祂意愿的间接后果。当然一个宏大的救赎计划可以视为上帝的承担方式，但人作恶这一环节依然处于上帝的意志之中，即使上帝的意志以最终的善为目的，这到底不能成为免除祂在整个过程中准允恶行出现的责任的理由。法老的恶行的确出自其自身的意志，但正是上帝对法老如此这般的意志的默许，法老才有可能拥有意志的自由去选择作恶，这就是所谓的“使法老的心刚硬”。换句话说，上帝知道意志的自由抉择有可能导致恶行的出现，那为何还要把这个“不完善”的意志赋予人、按照这种方式来创造人呢？在人意愿作恶这件事情之上，严格来说上帝仍然带有“帮凶”的嫌疑。

二、上帝“爱雅各”而“恶以扫”

（一）神圣预定与自由意志

在犹大的例子之后，伊拉斯谟分析了《旧约·玛拉基书》看似反对自由意志且申明必然性的经文以及保罗的诠释：

> 耶和华说：“我曾爱你们。”“你们却说：‘你在何事上爱我们呢？’”耶和华说：“以扫不是雅各的哥哥吗？我却爱雅各，恶以扫，使他的山岭荒凉，把他的地业交给旷野的野狗。”（玛 1：2–3）
>
> （双子还没有生下来，善恶还没有作出来，只因要显明神拣选人的旨意，不在乎人的行为，乃在乎召人的主。）神就对利百加说：“将来大的要服事小的。”正如经上所记：“雅各是我所爱的，以扫是我所恶的。”（罗 9：11–13）

上帝爱以撒的次子雅各，而憎恶其长子以扫，祂因为爱雅各而定意其得到恩典，因为憎恶以扫而将其剔除出拯救计划，这份“爱”与“恶”甚至在二人出生之前就已经定意了，也就无关乎其出生后的意志或其行为。这一具有预定论色彩的叙述①跟意志的自由抉择是不兼容的：实际上，在法老出生之前，上帝就已经预知法老作恶且有所定意，法老最后毁灭的结局表明，法老与以扫同样被上帝所“恶”，注定无法得救。问题是，在上帝预定的救赎之中，人终其一生所作的意志的自由抉择有何作用？雅各早已被上帝定意得救，其自由意志在什么意义上有助于其得救？从救赎的角度看，既然整个计划的全部环节皆处于上帝的意志之中，那么在这一过程中，人出于自身意志的自由抉择就对自己的拯救无法产生任何影响，换言之，救赎计划将会完全排除自由意志。② 如果说伊拉斯谟在前文为了澄清拯救计划的善的基础，在一定程度上淡化了神圣意志在人的恶行中的影响，那么到了这里，伊拉斯谟的任务就是要解释救赎过程中神圣意志的作用问题，从而为人的意志争取空间。

伊拉斯谟拒斥上述充满预定论色彩的解读，他认为上帝的意志的确能够定意一个人成为奴隶或穷人，但这不代表这个人就被排除在永恒的救赎外；此外，所谓上帝的“爱”与“恶”与世俗意义上的情感不同，因为上帝是不动情的③，我们无法借助人的情感来揣测先知的原意，正如《圣经》中时常出现上帝的愤怒一样，先知传递上帝的“恶”不是指人被永远地咒诅，而是指降下暂时的不幸。④

在这个基础上，伊拉斯谟进一步指出，作为上帝“爱”或“恶”的

---

① 事实上，对于否定自由意志而选择预定论的神学家而言，这段经文是最为重要的理论依据之一。参见 Christ-von Wedel，Christine. Erasmus of Rotterdam：*Advocate of a New Christianity*. Toronto：University of Toronto Press，2013，p. 175.

② *CWE* 76：53.

③ 在基督教神学传统中，上帝被赋予“不动情”的特性，因为上帝的本质是完满且不变易的，动情意味着上帝本体状态发生了变化，因此“不为任何事情动情是上帝的重要属性”。参见许志伟：《基督教神学思想导论》，66页，北京，中国社会科学出版社，2001。“不动情”并非意在取消上帝全善的本性，而在于说明上帝的爱憎好恶与世俗情感之间的鸿沟。值得注意的是，中世纪上帝“不动情”的形象在路德这里被彻底推翻，受苦的上帝形象在路德这里成为神学叙事展开的核心。

④ *CWE* 76：53.

对象，以撒的这两个儿子并非指代所有犹太人和外邦人；上帝“爱”的是犹太人与外邦人中真正谦卑而接受恩典的信徒，而“恶”的是因自身傲慢而拒绝恩典的人。上帝的“爱”或“恶”并非是出于任意，而是依据一个公正的拣选标准来定意的，即人面对上帝恩典的态度：是接受恩典、虔诚信仰，还是背弃恩典、倨傲不逊。上帝在人出生前就已经预知到人在世时的信仰状态，所以祂在人出生前就已经定意了所谓的“爱”或“恶”。然而，这种状态虽然为上帝所预知，却并非是绝对必然的。正如犹大背主的事件，犹太人原本作为上帝的选民，却因为自身的选民身份而心生傲慢，背弃上帝的恩典，在他们拒绝信仰的同时也被上帝拒绝，而原本不信仰上帝的外邦人却因为自身的虔诚与谦卑而遵循《圣经》的福音，在他们接受信仰的同时也被上帝接受。在这一情况下，信仰代替传统成为选民身份的标志，出于自由意志的信仰超越了预定论下的选民传统，因此伊拉斯谟认为，保罗在诠释这段话的时候是在谴责非信徒的不敬与傲慢，强调信徒的虔诚与谦卑。“他们因为不信，所以被折下来。你因为信，所以立得住。你不可自高，反要惧怕。”（罗 11：20）

总言之，救赎的获得在于人的信仰状态，而信仰的获得则需要人的意志所抉择，人对于自身的救赎具有一定的操作空间。借用法老例子中的两个必然性理论，伊拉斯谟依然相当成功地在看似绝对必然的上帝救赎计划中，为意志的自由抉择争取到一席之地。

（二）窑匠与泥土

随后，伊拉斯谟还罗列了另一个与预定论相关的经文，来自于《旧约》的《以赛亚书》和《耶利米书》的譬喻：

> 泥土岂可对抟弄他的说，你作什么呢。所作的物岂可说，你没有手呢。（赛 45：9）
>
> 耶和华说，以色列家阿，我待你们，岂不能照这窑匠弄泥么。以色列家阿，泥在窑匠的手中怎样，你们在我的手中也怎样。（耶 18：6）

保罗在《罗马书》第九章中对先知的譬喻做出了新的诠释：

> 窑匠难道没有权柄，从一团泥里拿一块作成贵重的器皿，又拿一块作成卑贱的器皿么。倘若神要显明他的忿怒，彰显他的权能，就多多忍耐宽容那可怒预备遭毁灭的器皿。又要将他丰盛的荣耀，彰显在那蒙怜悯早预备得荣耀的器皿上。（罗 9：21-23）

就字面含义而言，三节经文都将上帝比作窑匠、将人比为泥土（或由泥土捏造的器皿），人在上帝面前就如泥土在窑匠手中，被造物对自身会被造成什么样似乎是没有任何自主权的，一切都尽在造物主的掌握中。伊拉斯谟看到，保罗一方面在《罗马书》给出了一个更强的语境来诠释，似乎在暗示人在上帝面前不具备自由意志，只作为绝对必然性下的容器而存在，另一方面却在《提摩太后书》有关器皿的经文中指出了人具有“自洁”的能力：

> 在大户人家，不但有金器银器，也有木器瓦器；有作为贵重的，有作为卑贱的。人若自洁，脱离卑贱的事，就必作贵重的器皿，成为圣洁，合乎主用，预备行各样的善事。（提后 2：20-21）

这段经文则明确指出人具有一种自主能力，借此能够改善净化本性。如果按着前面的解读来理解的话，人就被置于被造的绝对必然性当中，无力做出任何改变，这样“会得出保罗自相矛盾，因为前面这段经文他把一切都托付在上帝手中，但他在这里却把一切托付到人的手中”①。在维护《圣经》权威的基础上，伊拉斯谟以一种融通的寓意解经方式分析了所选经文的语境。他认为《罗马书》（9：21-23）并未排除自由意志，保罗的目的在于警醒人类：如同泥土在窑匠手中被塑造，人也只是上帝的造物，同时凭此谴责犹太人把一切荣耀归于自身能力与智慧而非上帝的傲慢态度。这并非是在否定人的意志，就算人如泥土捏造的器皿呈现在作为窑匠的上帝面前，那也是“被赋予能够遵循上帝意志的理性的一个器皿”②，是“一个有理性的且有生命的工具”③，因此作为被造物的地位并不影响

① *CWE* 76：56.
② *CWE* 76：55.
③ *CWE* 76：56.

人的意志具有自由抉择的能力，相反，人正是作为被赋予自由意志的被造物而存在。而保罗在《提摩太后书》（2：20-21）则是一种慰藉："对行动的呼召，以及对自满和绝望情绪的抑制。"① 因此，保罗的两段经文都可以为伊拉斯谟的调和理论所解读，确保了经文的权威。可以看出，伊拉斯谟的解经原则是和他意志问题所持的神人合作论立场相一致的，尽管在"上帝使法老的心刚硬"和"上帝爱雅各而恶以扫"这两个例子中，他竭尽全力地为意志的自由抉择辩护，但他也绝没有否定上帝的恩典在整个救赎计划中的决定性地位。② 我们应该时刻记住这篇文章的论战性质，伊拉斯谟借助对这两段经文的比较，意在攻击路德因曲解《圣经》所导致的前后矛盾。

（三）神人合作论

在前文，伊拉斯谟曾通过分析经文中的两个例子来回答以下问题：人的得救与作恶是由什么决定的？雅各和以扫的例子很好地给出了答案：信仰状态。虽然这是上帝定意的事，却是条件必然的，人的意志能够给出不同的抉择——窑匠与泥土的例子为这种状态的转变提供了《圣经》文本的支持。但问题是，如果可能，那又如何实现这种状态的转变？伊拉斯谟在这一部分的结尾，用《旧约·以西结书》里的一句话给出了答案：

> 我也要赐给你们一个新心，将新灵放在你们里面。又从你们的肉体中除掉石心，赐给你们肉心。（结 36：26）

伊拉斯谟把人由不信到信仰的转变比作是学生被老师纠正错误的过

① *CWE* 76：56.

② 伊拉斯谟本人的陈述或许能解释他在《论自由抉择》中所尝试建立的调和性观点："如果我以僧侣和神学家的角度来看这个问题，他们太过依赖于人的善功和价值，因为这种观点对他们来说是有利的，那么很显然我的理论会违背自己的良心，也使基督的荣耀模糊不清。但如果我下笔时将一部分力量归给意志的自由抉择，而把更多功效归于恩典，我就得罪了双方，这就是我在《论自由抉择》中所经历的。"参见 Christ-von Wedel，Christine. *Erasmus of Rotterdam*：*Advocate of a New Christianity*. Toronto：University of Toronto Press，2013，p. 170。

程：老师需要把学生思维中错误的东西剔除，重新放置正确的观念进去，但这个过程倘若学生顽固地拒绝接受教导，固守谬误，则无法获得真理，因此老师需要学生愿意去学习、努力去接受观念。没有老师的教导，学生固然不能习得知识，但没有学习的意愿，学生也不能获得正确的观念。“何为‘一颗石心’？是一颗无可救药的心，它固守恶念。何为‘一颗肉心’？是一颗可教导的心，它响应着上帝的恩典。”① 伊拉斯谟认为人获救的过程就是这么一个把“肉心”替换“石心”的过程，上帝恩赐“肉心”于人是获救的决定性因素，但接受上帝的恩典则需要人本身作出努力，选择一条摒弃顽固的邪恶、进入真正的忏悔的道路，方可使得心可被软化，以至获得神恩。

在《论自由抉择》别处，伊拉斯谟还用“仆人和朋友”“父亲与学步的婴儿”两个生动的例子进一步描述上帝与人之间的这种良性互动关系②，上帝作为“老师”“父亲”“朋友”，首先是这段关系中的主导者、

---

① *CWE* 76：57.

② 伊拉斯谟在文中所举的两个例子或许能够成为他对这种互动关系看法的注脚：首先，伊拉斯谟使用了《圣经》中多次出现的“仆人与朋友”譬喻来形容这种人神之间的合作关系：虽然遵循上帝诫命的人自称是“无用的仆人”（路 17：10），但他们已经在行动中展示出能够配得（de congruo）恩典的良善行为，因此上帝不再将其视为“仆人”，而是以“朋友”的身份取而代之：“以后我不再称你们为仆人。因仆人不知道主人所做的事，我乃称你们为朋友。”（约 15：15）仆人对主人的意图与行为无所察觉，但朋友则能够通过意志的自由选择而与上帝的恩典实现合作。从仆人到朋友的身份转换，不仅显示出神圣恩典与自由意志的良性互动关系，也体现了人神关系基于自下而上的进路进行调整与修复的可能性。参见 Ibid.，p. 70。其次，伊拉斯谟使用了学步婴儿的例子作为譬喻，这个例子也成为《论意志的自由选择》中最为生动体现人与神良性互动关系的部分：婴孩因为四肢软弱而跌倒，此时父亲将孩子扶起，并鼓励他去拿面前的苹果，并以苹果作为学步引导。小孩子渴望跑去拿苹果，但在这一过程中不可避免地跌撞，所以父亲总是守护左右并给予扶持，如果没有父亲的保护，小孩子自然是要跌倒的。最终，苹果作为学步的奖励被父亲放到了小孩子的手上。父亲与孩子在学步过程中扮演的角色，同样适用于上帝与人的关系。上帝正如这个譬喻中的父亲一样，使人类在根本上获得救恩的可能，并且在生存层面扶持人类，使人能够运用自由意志与恩典合作，最终在恩典的作用下获得救恩。人类的自由意志虽然并非毫无用处，但毫无疑问，如果没有上帝的恩典，自由意志在根本意义上就难以成立。参见 *CWE* 76：80-81。

赐予者，是人最终得救的绝对因素；其次，祂扮演引导性的角色，在人摇摇欲坠的生存处境中加以扶持，帮助人一步一步走向最终的救赎；最后则是合作者，这是伊拉斯谟在这里最为关心的，因为正是这种良性的合作关系保留了人自由意志的空间，使得意志的自由抉择在人自身的救赎环节中发挥关键的作用。

至此，我们已经可以很清楚地看到伊拉斯谟对于人的自由意志问题的阐述：在上帝的救赎计划当中，人凭借自身中性的自由抉择能力，在上帝的恩典与意志本身的恶之间做出决断，在一定程度上参与决定人自身的信仰状态和生活行为。

三、总　结

在本文开头，我们已经阐述了伊拉斯谟写就此文的最为先要的目的就是驳斥路德的立场，伊拉斯谟通过还原经文的语境，借助保罗的诠释，试图还原那些表面看起来排除自由意志的经文的本意（寓意），证明自由意志在经文中的合法性，也给世人重申了教会传统中神人合作的救赎图景。神人合作论是在宗教改革时期占据教会主导地位的思潮，站在天主教立场反对路德的伊拉斯谟不可避免地要使用神人合作的观念为自由意志与恩典的互动关系做辩护，更为重要的是，神人合作的救赎图景更为符合伊拉斯谟对神学的理解，也更为契合伊拉斯谟解读《圣经》的原则。他在这一章的最后部分指控路德为了排除自由意志而把经文生搬硬套进其绝对必然性的理论框架中，曲解经文的本意，破坏《圣经》的权威性。

有趣的是，路德在 1520 年发表了一篇名为《论德国基督徒的尊严》（*An den christlichen Adel deutscher Nation*）的檄文，以批评当时的罗马天主教廷，其中有这么一段话：

> 因着所有这些以及其他许多经文的权威，我们应该变得大胆而自由。我们不应让“自由之灵”（如保罗在《哥林多后书》3：17 所称）被教宗的胡编乱造吓倒。相反，我们应该大胆地向前走，依据我们对《圣经》的信心理解，去检验他们已经做过的和剩下未做过

的。我们要迫使罗马主义者不再跟随他们自己的解释，而接受更好的解释。①

这段“离经叛道”的文辞充满了号召的意味，是路德挑战教宗权威的缩影，路德希望通过自己的笔杆戳破这个迷惑基督徒千百年之久的教廷迷梦。路德与教廷之间最紧要的一个问题就是对于上帝话语的理解，也就是《圣经》的诠释。路德反对教宗并不是反对《圣经》，而是反对教廷对于《圣经》解释权的控制和垄断，这无疑会在人神关系的通路中制造层层障碍。路德要为全体基督徒争取对经文的解释权。尽管每个信徒可以依据自身的信心而对经文获得一种或大众或独特的理解②，但何为“更好的解释”？信徒的信心赋予每一种理解以平等地位，在它自身之中是否存在相互比较的可能性？伊拉斯谟对《圣经》解释权的看法与路德在某种程度上具有相似性，他同样反对教廷对《圣经》解释权的滥用，认为拥有圣灵的人可以获得对《圣经》意义清楚的理解，然而并非所有拥有圣灵的人都可以宣称自己完全无误，教会的传统在此时成为重要的参考依据。③

伊拉斯谟在《论自由抉择》末尾的陈述，表明他完全理解路德反对自由意志的理由，但伊拉斯谟内心的顾虑在于，路德对意志的自由抉择能力予以完全否定，这不仅将摧毁教会经历长时期建立起的稳固神学理论，更会在极大程度上对基督教世界的和平秩序造成影响，事实上，路德的主张已经不可避免地引发了欧洲大陆宗教版图的喧嚣震荡。因此，伊拉斯谟

---

① Luther, Martin. *Three Treatises*. trans. by Charles Michael Jacobs, A. T. W. Steinhaeuser, and W. A. Lambert. Philadelphia: Muhlenberg Press, 1947, p. 21. 马丁·路德著，李勇译，谢文郁校：《路德三檄文和宗教改革》，39 页，上海，上海人民出版社，2010。中文翻译依据此中译本做微小改动。

② 路德的“平等解释权”植根于全体基督徒身上，确切说是每个信徒的信心之上，在信心中获得个人对经文的理解。在上帝面前，所有人获得的理解都是不完全的，因而所有理解之间都是相互平等的，“平等权和‘完全理解’是互不相容的”。见谢文郁：《导言：解读马丁·路德的思想密码》，载于上书，1~27 页。

③ *CWE* 76：19-20.

宁愿站在路德的对立面而捍卫人心中的自由意志，从而给予基督徒以内心的安慰与基督教世界的稳定。伊拉斯谟在文章末尾坦言：“我知道我可能会听到这样的质疑，‘伊拉斯谟应该去了解基督，向人类学问挥别。除非拥有上帝的圣灵，否则无人能理解这些事务’①。倘若我对基督完全不理解，那么到现在我明显已经偏题太远！然而我依然愿意领会所有基督教学者和民众在过去的一千三百年中获得了怎样的圣灵，而他们对此同样一无所知。”② 如果说路德使上帝的权威重新震栗那些意志被罪所捆绑的人类，那么伊拉斯谟所强调的显然是在上帝慈爱与公义的图景下，人性与恩典共同合力去塑造历史的目标。

参考文献：

[1] Augustine. *On the Free Choice of the Will*, *On Grace and Free Choice*, *and Other Writings*. trans. by Peter King. Cambridge：Cambridge University Press, 2010.

[2] Boethius. *The Theological Tractates and the Consolation of Philosophy*. trans. by Stewart, H. F. and Rand, E. K. Cambridge, Massachusetts：Harvard University Press, London：William Heinemann Ltd. , 1968.

[3] Christ-von Wedel, Christine. *Erasmus of Rotterdam*：*Advocate of a New Christianity*. Toronto：University of Toronto Press, 2013.

[4] Erasmus, Desiderius. *Collected Works of Erasmus v. 76. Controversies*. ed. by Charles Trinkaus. Toronto：University of Toronto Press, 1999.

[5] Erasmus von Rottendam, *De libero arbitrio*, Ausgewählte Schriften, herausgegeben von Werner Weizig, Unveränderte, Auflage, 2006.

[6] Luther, Martin, and Erasmus, Desiderius. *Luther and Erasmus*：*Free Will and Salvation*. ed. by Rupp, E. Gordon, and Watson, Philip S. Philadelphia：Westminster Press, 1969.

[7] Luther, Martin. *Three Treatises*. trans. by Charles Michael Jacobs, A. T. W. Steinhaeuser, and W. A. Lambert. Philadelphia：Muhlenberg Press, 1947.

[8] McSorley, Harry J. *Luther*：*Right or Wrong*? *An Ecumenical – Theological Study of Luther's Major Work*, *the Bondage of the Will*. New York：Newman Press & Augsburg Publishing

---

① 事实上，伊拉斯谟的这句话是在影射路德，后者曾于 1523 年在向友人所致的信件中表示伊拉斯谟需要多理解基督，而非世俗的学问。参见 *CWE* 76：88，Footnote 404.

② *CWE* 76：88.

House, 1969.

[9] Quinones, Richardo J. "Erasmus and Luther: First and Foremost, a Pattern Established." In Dualisms: *The Agon of the Modern Era*. Toronto: University of Toronto Press, 2007.

[10] Sproul, R. C. *Willing to Believe: The Controversy over Free Will*. Grand Rapids: Baker Books, 1997.

[11] Tracy, James D. "Two Erasmuses, Two Luthers: Erasmus' Strategy in Defense of *De Libero Arbitrio*." *Archiv für Reformationsgeschichte - Archive for Reformation History* (Dec. 01, 1987): 37-60.

[12] 马丁·路德．路德文集（第二卷）．雷雨田，等，译，上海：上海三联书店，2005.

[13] 马丁·路德．路德三檄文和宗教改革．李勇，译，谢文郁，校．上海：上海人民出版社，2010.

[14] 许志伟．基督教神学思想导论．北京：中国社会科学出版社，2001.

[15] 约翰·赫伊津哈．伊拉斯谟传：伊拉斯谟与宗教改革．何道宽，译．桂林：广西师范大学出版社，2008.

作者单位：阮伟聪　图宾根大学博士生
许若容　陕西师范大学哲学与政府管理学院博士后
联系方式：harry258@126.com

明清之际中西上帝观的交汇与冲突

□黄敬哲

一、引　言

明朝万历年间，以利玛窦为首的耶稣会士开始自西方入华传教，这一事件在中国近代文化发展史上可说是至关重要，尽管这些耶稣会传教士所带来的并非第一个落足于中国土地上的外来宗教，甚至他们也并不是第一批入华传教的基督宗教信仰者，比起在基督尚未降生的西汉末年就已经自西域天竺国传入中土的佛教，以及由基督宗教早期东方教会分支聂斯脱利派在西亚波斯所创的景教于唐代的传入，乃至随着方济各会士的入华在元代兴盛一时的也里可温教，耶稣会士入华传教的时间确实已经晚得多了，然而最终唯有利玛窦一人独得“沟通中西文化第一人”的称誉，这是因为以利玛窦为首的这一批耶稣会传教士在华所展开的传教活动不仅仅只是又一次为中国带来外来宗教，而且成就了西方基督宗教与中国儒家在互相探索并寻求认识的基础上所展开的第一次正式对话，同时也标志着中西文化双向交流的开始。

纵观中国文化自古以来的历史发展与变化，宗教显然从来不曾真正占据过主流的地位，与之相对的，宗教在西方文化之中所起的作用却是关键性的，我们甚至可以说，宗教在西方历史上的兴衰甚至完全决定了西方文化的性质与走向，然而在中国文化之中，宗教却从来没有这一决定性的作用。从古至今，中国文化的数次重大变动大多是以孔子为枢纽，正如中国现代新儒学的开拓者梁漱溟所说的：“孔子以前的中国文化差不多都收在孔子手里，孔子以后的中国文化又差不多都由孔子那里出来”①，因此之于西方文化所起的决定性作用，决定中国文化走向的则是孔子的儒家学说思想。正是这一自汉代以来始终主导中国文化走向的关键人物所表现出来“未知生焉知死”“未能事人焉能事鬼”等对于彼世之事毫不在意的非宗教态度，使得包括中国本土所产宗教在内的任何一个宗教从来不曾真正引起中国知识分子的重视。然而，随着利玛窦等耶稣会士所带来的基督宗教以其作为西方文化主流的高姿态在明朝文化思想界所引起的影响，中国人对于宗教的认识开始发生一定程度的变化。

时至全球化的今日，不同宗教之间的冲突一定程度上甚至影响了一个国家以及一个民族的存亡，再也没有人能够完全否定宗教之于人类文化发展与存续的重要性，如何妥善处理不同宗教文化之间的对话，从已经发生过的历史事实之中吸取经验有所借鉴，避免重复彼此之间的偏激拒斥，从而寻求相互理解与调和的可能性，也成了一个具有重大现实意义的研究课题。

二、上帝观的中西交汇

（一）中国儒家经典的上帝

从最早可以追溯到的《庄子·外篇·天运》的非正式记载，“孔子谓老聃曰：丘治《诗》《书》《礼》《乐》《易》《春秋》六经，自以为久矣，孰知其故矣”，乃至于“罢黜百家，独尊儒术”的西汉时代，司马迁在《史记·孔子世家》之中记叙孔子“追迹三代之礼，序书传，上纪唐虞之际，下至秦缪，编次其事”，直到“至于为春秋，笔则笔，削则削”之曲折详尽与明确肯定，关于孔子编辑整理六经的说法逐渐成为一个既定的历史事实广泛流传于世。诚然，六经完全出自孔子一人之手的说法是否可以全然取信还是有待商榷的，然而可以肯定的是，以孔子至圣先师之名带来的加持作用，确实使得自汉代以来的千百年间，除了相传亡于秦火的

① 就此参见梁漱溟：《东西文化及其哲学》，150 页，北京，商务印书馆，1999。

《乐经》——另一说《乐经》本无经书①——其余五经作为儒家所奉经典，始终都是历代儒生学子的必读书目。

中国文化之中最初的“上帝”概念正是出现在《诗经》与《尚书》这两部现存最古老与悠久的古籍之中，最早可追溯到《尚书·虞书·舜典》的记载，舜帝继承尧帝禅让予己的帝位以后立即“肆类于上帝，禋于六宗，望于山川，遍于群神”，祭祀上告即位之事。此外，《夏书》、《商书》与《周书》亦屡屡提及“上帝”之称谓，尽管晚清疑古思潮的兴起使得殷商以前的文献经典普遍受到伪经的质疑，以致难以真正考据上帝的概念究竟具体出现于什么时候，不过正如《论语·为政》所说的：“殷因于夏礼，所损益可知也；周因于殷礼，所损益可知也，其或继周者，虽百世可知也。”从夏代以来，祭祀上帝等礼仪典制固然有所增删与变化，然而，夏、殷、周三礼大体还是一脉相承，至于儒家从孔子所继承而来的礼制“其或继周者”同样是“虽百世可知也”。

因此，“上帝”作为据传于孔子的儒家经书所记载的祭祀礼制至高对象，正如殷商时代所遗留下来的殷墟甲骨文卜辞之中常见的“宾于帝”所谓的“帝”。“宾于帝”的卜辞专用于占卜已经亡故的商王是否可与“帝”宾配，比如“大甲宾于帝”与“下乙宾于帝”等卜辞，② 因为殷人相信自尧帝命羲和“绝地天通”③ 以后，唯有离世之人王方可与神灵交通，因此祭祀先祖就是在世的商王取悦至高神灵——上帝唯一的途径。也因此，殷人对于这一作为天地至高主宰者的上帝信仰兼具了祖先崇拜与自然崇拜的品性，同时这位“在上之帝”还是一位具有意志与情感的“位格”（希腊语：πρόσωπον；拉丁语：Persona）上帝。

---

① 邵懿辰：《礼经通论·论乐本无经》：“乐本无经也。……乐之原在《诗》三百篇之中，乐之用在《礼》十七篇之中……先儒惜《乐经》之亡，不知四术有乐，六经无乐，乐亡，非经亡也。”

② 郭沫若主编：《甲骨文全集》（第二册），314 页，北京，中华书局，1978—1982；胡厚宣主编：《甲骨文全集释文》（第一册），107～108 页，北京，中国社会科学出版社，1999。

③ 《尚书·周书·吕刑》：“（尧帝）乃命重黎，绝地天通，罔有降格。”《尚书孔传》注：“重即羲，黎即和。尧命羲和世掌天地四时之官，使人神不扰，各得其序，是谓绝地天通。言天神无有降地，地只不至于天，明不相干。”

及于周代，“上帝”的概念逐渐与“天”的概念混合在一起，比如《诗经·大雅·文王》就如此咏颂：“假哉天命，有商孙子。商之孙子，其丽不亿。上帝既命，侯于周服。侯服于周，天命靡常。”在此交错出现的“天命”与“帝命”正是在殷周王者受命这一事件的叙述之中作为同等意义的指代称谓与表述，商王、周王之受命，既是受命于天，亦是受命于上帝。不仅如此，诗书之中也都有将“上帝”与“天”并列合称的“昊天上帝”与“皇天上帝”等。① 自汉代以来的儒家的经书集解更是屡屡以“天”作为“上帝”之注解，比如东汉经学家郑玄就为《史记·封禅书》所记载的“周公既相成王，郊祀后稷以配天，宗祀文王于明堂以配上帝”直接注解曰：“上帝者，天之别名也。”因此，受命于天的周天子乃是作为上帝之子统治天下，同时对于如同父亲一般授命予己的上帝也必须施以如同献予先祖一般的祭祀崇拜，从而使得作为至高主宰者的上帝与地上掌权者的周天子之间近似父子一般的关系为上帝附加了更加强烈的人格化色彩。

然而，这样一位自殷商以来就作为至高主宰者被加以崇信的位格上帝却在宋明程朱理学的诞生与兴起之中得到了一次彻头彻尾的扭转，自宋代理学大家“二程”之一的程颢所说的“天者理也，神者妙万物而为言者也，帝者以主宰事而名”，其后的儒家逐渐不再将“上帝”或“天”这一主宰自然世界运行的存在当作具有令旨好恶等意志与情感的位格化存在，而是将之视为客观的道德规律，认为无论对其指代的称谓表述如何不同，其本质都是一样的，乃是主宰宇宙的客观规律，因而认为人格化的“帝”之称谓也仅仅只是取其为宇宙主宰而言，而不是因为其真正作为一位帝王的缘故。以后，理性上帝观逐渐完全取代位格上帝观的正统地位，成为后世儒家所信奉的至高真理。

（二）基督宗教经典的上帝

西方世界的上帝原本自然不叫“上帝”，在进入汉语世界之前，由于基督宗教信仰最早在罗马帝国东部希腊语疆域的传播，第一代使用希腊语

---

① 《尚书·周书·召诰》：“呜呼！皇天上帝，改厥元子兹大国殷之命。”《诗经·大雅·云汉》：“昊天上帝，则不我遗。”

的外邦信徒自犹太信仰之中引入אֱלֹהִים（Elohim，即“上帝”）与אֲדֹנָי（Adonai，意表“主”，犹太传统提及上帝名号“יהוה”与直呼上帝所用的尊讳）的概念，以最初用于称呼古希腊诸神的单词θεοζ ς，取其单数形式作为唯一上帝专属的指代称谓，并在稍后不久进入罗马帝国西部的拉丁语疆域以后同样以拉丁语固有的同义单词Deus作为指代称谓。

这样一位上帝自其出现在犹太—基督宗教经典《圣经》的第一本书《创世纪》伊始，就以“创造”（בָּרָא d）作为《圣经》全书起始所完成的第一个动态词语，以及“说”（יֹּאמֶר）作为进行“创造”的另一个动态词语，充分表现其作为位格上帝的动态行为，以及殷周的位格上帝完全不具备的“造物主”特质，并且其创造天地万物与人类亚当（אָדָם，即希伯来语的“人类”，也是专指“人”这一族类整体所用的称谓）的主动性，乃至于见到自己所造的人类堕落犯罪以后首次出现的情绪形容词语“后悔”（יִנָּחֶם）与“悲痛”（יִתְעַצֵּב）都昭示了这位上帝所表现的具有意志与情感的一面。另一方面，创世之初的上帝与其亲手所造的第一代人类亚当夏娃之间的对面交谈与直接互动，则清楚说明了上帝与人类之间曾经亲密无间的紧密联合，正如《路加福音》第3章第38节追溯耶稣家谱至其源头之时所说的“亚当是天主的儿子”，这个意义上的“亚当”亦是“人类”全体，因此这句话其实也同样在表述“人类”是上帝的儿子，与中国天子一人独得上帝授命的独特性迥然不同，这样一种全体人类皆为上帝之子的普遍性显然更加强调了每一个人类个体各自与上帝之间的亲密关系。

然而，这样一位以父亲一般的姿态赋予人类存在与生命，具有明确意志与彰显情感的位格上帝在看到自己亲手所造的人类堕落犯罪以后而陷入“后悔”与“悲痛”的情绪之中，之后毫不犹豫地做出决定并采取行动——降下洪水灭绝所有罪人，只施恩晓谕当时堕落罪恶的世代之中唯一仅存的义人诺厄以方舟保全性命，存活下来重新繁衍子孙，① 以求回到人类尚未深陷罪恶以前的起点，只是，这样对义人施恩的起始却一次次以对罪人的灭绝为终结，人类与上帝的关系也随之益发疏远，终至上帝与亚当

① 《创世纪》5-7。

（人类）之间如同父子一般的亲密联合似乎彻底一去不复返了。

基督宗教信仰正是立足于上述上帝与人类之间的联合几乎全然断绝的绝境之中，诞生于公元1世纪：以上帝借由先知以赛亚之口赐予以色列这一身陷“巴比伦之囚”① 的亡国者唯一的希望——预言之子“默西亚”为桥梁，②《旧约》以上帝的公义为核心的律法时代，进入《新约》以上帝的爱为核心的恩典时代，基督作为这一位意表“上帝与我们同在”③（עִמָּנוּאֵל，Immanuel；עִמָּ：上帝，נוּ：我们，אֵל：与……一起）的预言之子“道成肉身”（Incarnation）降世成人，使得上帝借先知之口赐予人类的最高启示成为可历验的事实，同时通过十字架上的受死与复活成全了律法之中“赎救”（Satisfaction）的原则，将无偿的恩典施加于罪人，使人类得以重新回归与神亲密无间的联合，因此早期的东西教父集大成者奥古斯丁清楚地指出，真正的“宗教”（拉丁语：Religio，源于 re-ligare，意即“重新联合”）就是人与上帝重新联合起来。④

然而，这样一个上帝道成肉身重新与人类联合的事件，对于基督所处

---

① 《列王纪下》9。

② “默西亚”源自希伯来语מָשִׁיחַ的音译 Messiah，原意是受膏者，意指上帝所选中的人。根据《列王纪下》第25章的记载，以色列王国所分裂的北方以色列国与南方犹太国分别在公元722年与597年灭亡以后，南国犹大王室包括国王耶苛尼雅等王室成员乃至平民均为巴比伦国王拿步高所掳，以后的十六卷先知书之中无数次出现关于默西亚的预言，受尽苦难的犹太人始终相信预言中这一位“达味的苗裔”将会带领以色列王国恢复达味王统治时期的繁荣强盛；基督信徒则相信由童贞女玛利亚所生的耶稣基督就是这位预言之子，并且不只是犹太人的拯救者，还是全人类的救世主。

③ 《依撒意亚》，9：6：“因为有一个婴孩为我们诞生了，有一个儿子赐给了我们”；七章14节：“看，有位贞女要怀孕生子，给他起名叫厄玛奴耳”；《玛窦福音》，一章22至23节：“这一切事的发生，是为应验上主借先知所说的话：‘看，一位贞女，将怀孕生子，人将称他的名字为厄玛奴耳，意思是：天主与我们同在。’”

④ 奥古斯丁（Augustinus）：《论真正的宗教》（*De Vera Religione*），55章111节；见《拉丁教父全集》（*Patrologiae Cursus Completus. Series Latina*）第34卷，雅克·保罗·米涅（Jacques Paul Migne）校，Parisiis：Excudebat Migne，1841—1855。

时代的人来说显然是不可理喻的；对于已经彻底丧失与上帝亲密感的犹太人来说，将对人类而言遥不可及的至高上帝设想得如同人类一样拥有一个儿子，乃至于作为一个人类被钉死在十字架上，无疑是一种极其不堪的羞辱；对于当时深受希腊古典哲学理性上帝观浸濡的外邦人来说，无限的永恒涉足有限的时间，本不具备位格的太一（the One）化为一个人类的位格，却又是一种愚昧可笑的谬论。尽管如此，早期拉丁教父德尔图良对此予以这样的一个回应："上帝的儿子死了；这是值得倾尽一切去相信的，因为它是荒谬的。并且祂被埋葬了，又复活了；这个事实是可以确定的，因为它是不可能的"，指出这个事件固然"是荒谬的""是不可能的"，却作为上帝的启示而是"值得倾尽一切去相信""可以确定的"的事实。①

另一方面，上帝道成肉身无可避免地带来了基督宗教神学另一个不可理喻的奥秘——上帝作为父、子、圣灵"三位一体"（Trinity）奥秘，正如《若望福音》开篇伊始"在起初已有圣言，圣言与天主同在，圣言就是天主"这三个简短命题所提示的：道成肉身意味了同时兼具父、子位格的独一性与统一性。自基督降世以后的两千年间，神学家对于"道成肉身"与"三位一体"的探讨固然看似众说纷纭、莫衷一是，然而无论如何，这些"无所不是而无所一是"终究是建立在全然接受上帝"道成肉身"与"三位一体"的绝对前提之上。

人类的理智面临上帝之时的无力，则是历代神学家共同的认识，这样的认识早在与耶稣门徒同时代的第一代宗徒保禄那里已经初现端倪："因为这世界的智慧在天主前原是愚昧。经上记载说：'他以智者的计谋捕捉智者。'"② 以致连最为重视理性的中世纪经院神学大家托马斯·阿奎那在强调人类理性对于认识上帝存在的作用之时，也不得不承认这样的认识是不完全的，因而必须依靠启示才有可能得到补全。换言之，托马斯理性神学更加注重的是如何使人类以理性认识（并接受）上帝存在的既定事

① 德尔图良（Tertullian）：《论基督的肉体》（*De Carne Christi*），五章；见《拉丁教父全集》（*Patrologiae Cursus Completus. Series Latina*）第1卷，雅克·保罗·米涅（Jacques Paul Migne）校，Parisiis：Excudebat Migne，1841—1855。

② 《格林多前书》3：19。

实，至于上帝的本性则只属于启示的范畴。不过，不得不说的是，这一独属于启示范畴的留白地带，固然在一定程度上避免过当的阐释落人口实，却也为闻道者留下许多疑惑与反击的空间。

（三）耶稣会传教士利玛窦

明神宗万历十年（1582 年）八月，意大利籍耶稣会士利玛窦（1552—1610）首次登陆澳门，开启其直至万历三十八年（1610 年）五月客死于北京为止长达 28 年之久的在华传教生涯。诚然，利玛窦绝非入华传教的第一或最后一人，在其先后入华宣教的传教士也确实多不胜数，然而唯有利玛窦一人独得“沟通中西文化第一人”的称誉，这是因为利玛窦的入华除了成功达到其主要的传教工作，同时也大开东西文化交流之门，其在华期间的翻译工作对于将中国经传引入西方与将西方科技引入中国来说都是莫大的贡献，无怪乎连作为第三方的当代日本学者平川祐弘（Hirakawa Sukehiro）在为其所著《利玛窦传》（マッテオ・リッチ伝）的汉译本所写的序言中盛誉利玛窦为“人类历史上第一位集欧洲文艺复兴的诸种学艺，和中国四书五经等古典学问于一身的巨人”以及“地球上出现的第一位‘世界公民’”了。①

这一对于在其先后许多的入华传教士来说都难以望其项背的成就，自然与利玛窦所采取的儒化策略（康熙皇帝后来称之“利玛窦规矩”②）脱不开关系。不过，利玛窦在中国的传教工作却非下车伊始就采取了儒化策略，事实上，利玛窦起初只着眼于与基督宗教信仰具有相似出世修道生活的佛僧，而全然不曾想到从极度重视尊孔祭祖仪式与拒斥彼世之事的儒家入手，这是因为初来乍到的利玛窦并不认识当时中国的社会状况，甚至在得到两广总督陈瑞赠予僧袍之时就误以为“这是他所能恩赐最体面的

---

① 平川祐弘著，刘岸伟、徐一平译：《利玛窦传》，3 页，北京，光明日报出版社，1999。

② 北平故宫博物院编：《康熙与罗马使节关系文书影印本》，北平，故宫博物院，民国二十一年（1932 年），第 4 份。此诏书为康熙皇帝于康熙九年（1607）南巡至苏州期间接见耶稣会士之时所颁布，其中提道：“谕众西洋人，自今以后，若不遵利玛窦规矩，断不准在中国住，必逐回去。”

服饰了”①，并且开始以“西僧”姿态开展在华传教工作，力求“化为中国人‘以便为基督能赚得中国人’”②，因此，与其说利玛窦在审时度势之下最终采取了儒化的传教策略，毋宁说利玛窦所采取的自始至终都是一种入乡随俗的中国化（亦可称“本土化”）传教策略。

随着亲身经历作为社会地位卑微的和尚所遭遇的轻视，以及传教工作方面并不如预期有效的结果，利玛窦逐渐意识到和尚在明朝社会其实是“全国最低贱和最被轻视的阶层”，并且绝大部分是“来自最底层的群众”，不但得不到自视甚高的知识分子的重视，就连对于一般平民阶层也不一定具有影响力。同时，身处寺庙耳闻目睹大批和尚与修道形象不符的道德败坏，也使得利玛窦发现绝大部分的和尚并非“心甘情愿为了过圣洁的生活而选择了参加这一修道士的卑贱阶层”。不仅如此，“虽然这个阶级不结婚，但是他们放纵情欲，以致只有最严厉的惩罚才能防止他们的淫乱生活”③。对于已经选择佛僧身份作为切入点的利玛窦等传教士来说，这样一种发现不但令人沮丧，而且对于传教工作来说更是极为不乐观的。

尽管如此，由于身怀西洋科技知识与器物，利玛窦在明朝知识分子阶层还是广受接纳与欢迎的，④只是这种身外之物的优势无法直接推动传教工作，然而以此为契机，与文人士子过往渐密，利玛窦逐渐发现儒家在中国社会不可动摇的地位。万历十七年（1589年），利玛窦在韶州南雄府结识了沉迷炼金术的儒生瞿太素这一为传教工作带来转折点的关键人物，从而在瞿太素的建议之下，以及征求视察员范礼安（1539—1606）神父许可以后除去僧袍披上儒服，由饱受屈折的“西僧”转为广受敬重的“西儒”⑤。同时，在华已久汉学造诣大进的利玛窦在深入钻研儒家经书之时

---

① 达基·宛杜里编，罗渔译：《利玛窦全集》（第3册），《利玛窦书信集》（上），40页，台北，光启出版社·辅仁大学出版社，1986。

② 同上，451页。

③ 利玛窦、金尼阁著，何高济、王遵仲、李申译：《利玛窦中国札记》，108页，北京，中华书局，1983。

④ 孙尚扬：《明末天主教与儒学的互动》，14~24页，北京，宗教文化出版社，2013。

⑤ 《利玛窦全集》（第3册），《利玛窦书信集》（上），153页。

亦开始发现到其中与基督宗教教义相互吻合之处，比如有一位至高神祇、灵魂不灭与天堂不朽等思想，① 找到了新的突破点的利玛窦可说是极为振奋，并且随即在后来写作的《天学实义》（即后世所谓《天主实义》，原题“天学”二字仅见于1595年南昌初刊版本，至1601年冯应京整理作序以后于1603年再刊于北京之时已经易为“天主”二字）一书汲纳了儒家经书的上帝概念，直接表明“吾天主，乃古经书所称上帝也”②，进而指出文王之翼翼昭事的上帝与孔子之君子敬畏的天命，就是基督宗教信仰之中这一至高无上、独一无二的位格上帝。

然而必须强调的是，利玛窦所汲纳的上帝由始至终都只是古代儒家最早的经书之中具有强烈人格化色彩的位格上帝，而非宋明理学思想之中不再具有意志与情感的理性上帝，正如其在晚年写作的回忆录之中所说的：“我不知道有什么民族在其古代的早期是比中国人犯更少错误的了。从他们的历史一开始，他们的书面上就记载着他们所承认与崇拜的一位最高的神，他们称之为天帝，或者加以其他尊号表明他既管天也管地”以及“他们还教导说理性之光来自上天，人的一切活动都必须听从理性的命令”等言③，都可以充分说明利玛窦对于儒家经书原文之中的上帝观所抱持的高度认可。

中国现代新儒学开拓者梁漱溟在其所作的《东西文化及其哲学》与《中国文化要义》之中都阐述了这样一个核心论点：孔子学说思想对于理性的极度强调导致了中国文化的早熟；指出孔子反对生死鬼神等超乎理性之事，而又倡导仰赖于理性的自觉自律与反省自求，因而成就中国人理性方面的成熟与发达，④ 这一点，深入钻研儒家经书的利玛窦同样早已发现，因此如何将上帝展示在中国人面前，以理性取信成为一个至为紧要的关键，以至于其在《天学实义》所论述的上帝处处都是最为强调理性作

---

① 《利玛窦全集》（第3册），《利玛窦书信集》（上），209页。

② 利玛窦：《天主实义·第二篇》，见郑安德：《明末清初耶稣会思想文献汇编》（第1卷第2册），北京，北京大学宗教研究所，2003。

③ 《利玛窦中国札记》，99页。

④ 梁漱溟：《中国文化要义》，95～96页，上海，上海人民出版社，2005。

用的托马斯神学上帝论证的痕迹也不足为怪了。①

三、上帝观的中西冲突

（一）亲教士人的上帝观

利玛窦以儒家经书所谓的上帝概念与儒家所重视的理性形式为中国人带来的天主不负所望地在一定程度上赢得一批文人士子的好感：《天学实义》所谓天主作为“古经书所称上帝”弱化了其出自方外人士之口的陌生感，为不少崇尚上古儒家学说思想的士人心无芥蒂地加以接纳，并且相信利玛窦所传讲的崇信天主就是上古经书所谓的昭事上帝，敬畏天主就是孔子所谓的敬畏天命；《天学实义》对于天主的理性探讨则迎合了明朝开放的心学思潮下崛起的另一派不再满足于盲目随从上古儒家权威性学说，而开始以怀疑批判精神进行理性思考的士人另辟蹊径的喜好。

然而，这些或出于复古或出于求新而为所谓“天学”吸引的文人士子仅仅是利玛窦对其在华传教工作重新定位以后所踏出的第一步，对于曾经在明日朝鲜战争之际因为外国身份一度被驱逐出南京的利玛窦来说，②中国人对于外来者的忌惮可说是他切身体会换来的深刻觉悟③，因此他更长远的目标在于赢取这些文人士子背后的士大夫朝廷官员，乃至掌握最终控制权的皇帝，正如其于万历二十三年（1595 年）致信罗马富利卡提神父所说的“目前我们不宜归化许许多多的中国人，主要的是为此伟大的事业做奠基工作”，“我们不能聚集很多人给他们布道，也不能声明我们来这里是为传扬天主教，只能慢慢地，个别地讲道不可。现在我们所希望的，是无论采什么方式，务必先获得中国皇帝的青睐，准许我们自由传

---

① 《明末天主教与儒学的互动》，51～55 页。

② 《利玛窦全集》（第 3 册），《利玛窦书信集》（上），157～159 页、203～204 页。

③ 《利玛窦全集》（第 3 册），《利玛窦书信集》（上），219 页、237 页；《利玛窦全集》（第 4 册），《利玛窦书信集》（下），255～256 页、305～306 页、383 页。

教，假使能办到这一项，我敢说，很快能归化几十万、几百万人”。①

无论如何，可以肯定的是，利玛窦这种并不直接表明传播外来宗教意图的儒化策略确实对于与之交往的士大夫取得了一定成效，他们之中怀有的多半是对于利玛窦“不知到此何干也，意其欲以所学易吾周孔之学，则又太愚，恐非是尔”的困惑不解，或是“持议崇正辟邪，居恒手不释卷，经目能顺逆诵；精及性命，博及象纬、舆地，旁及勾股、算术，有中国儒先累世发明未晰者，而悉倒囊，若数一二”的惊异推崇。② 换言之，他们并不一定真正意识到利玛窦带给中国人的天主实际上乃是所谓外来宗教的神祇，而由于“上帝”二字的代入从一开始就先入为主将之视为上古经书所谓殷周帝王翼翼昭事的上帝。

正如上文强调的，利玛窦自始至终所欲汲纳的仅仅只是上古儒家经书之中具有强烈人格化色彩的位格上帝，意图将之附会于基督宗教信仰之中至高无上、独一无二的位格上帝，从而以之进入儒家士大夫的阵营，然而这一时期儒家学说终究还是以宋明程朱理学一脉占据着不可动摇的主流地位，作为客观自然规律的固有理性上帝观（即“天理”）由于无可避免的迁移作用——至于究竟是正负迁移作用则是另一个问题——导致这些儒家士大夫在接受利玛窦所带来的“天主”概念之时也出现了一定程度的偏差，他们之中的一部分人由于意识到“上帝”概念与“天主”概念的微妙不同，因而选择性地接受“天学”合于儒家学说者，尤其伦理教化方面，对于不符合儒家学说以及理性思维的部分如“三位一体”“道成肉身”“受死复生”“原罪遗传”等玄奥教义则一律以为玄说怪谈，比如诘问“子见从古来宾，其道德学问，有一如利子者乎”③ 而主张为客死北京的利玛窦举行厚葬，却始终无法接纳天主降生等说的叶向高，以及认为“以中国之尊，贤圣之众，圣天子一统之盛，何所不容”而倡议以宽容态

---

① 《利玛窦全集》（第 3 册）），《利玛窦书信集》（上），219~220 页。

② 《明末天主教与儒学的互动》，112~119 页。此外“不知到此何干也”等言引自李贽所著《续焚书》，“持议崇正辟邪”等言则引自李之藻所著《畸人十篇序》。

③ 艾儒略合校本：《大西西泰利先生行迹》，向达校，北平，上智编译馆出版，民国三十六年（1947 年）。

度对待传教士，却笑言“吾中国惟天子得祀上帝，余无敢干者。若吾儒性命之学，则畏天敬天，无之非天，安有画像？即有之，恐不是深目高鼻、一浓胡子耳”① 的蒋德璟等人。

至于那些真正归信入教的士大夫显然同样无法完全摆脱固有的儒家思维，追根究底，大部分的士大夫之所以能够如此坦然地接纳利玛窦所带来的天学思想，最根本的原因乃是因为他们多半不认为后者与儒学之间存在抗衡的关系，然而在利玛窦为了转为儒化策略以后一日千里的传教工作欣喜不已，向罗马教廷屡屡报喜所表现出对未来的乐观期待之中，这些“教友”（利玛窦原话）对于他们所宣信的天主究竟有几分真正的认识与理解，显然并不是那么的乐观了。若说“成也萧何，败也萧何”或许言过其实，然而不可否认的是，利玛窦对于“设立宗教以作掩护”造反叛乱的万般避嫌，② 以及担忧中国人无法理解而对于部分教理采取暂时秘而不宣的做法，③ 确实在一定程度上使得这些中国基督徒对于他们所归信的这一位天主并非完全认识与理解，甚至可以说，对于一贯采取“柔远怀来”做法，主张“海纳百川，有容乃大”的儒家基督徒来说，他们对天学信仰的汲纳——如同对于同样舶来的佛教信仰的接纳乃至同化——不过是在“儒学之海”之中再度汲纳一道“天学之川”罢了。

换言之，这些儒家基督徒固然可以理解他们所归信的这一位天主作为上古经书所谓上帝至高无上的品性，却不一定全然认识或理解其不为儒家上帝所有的至尊独一，乃至于一切不容许丝毫概念混淆的启示神学范畴，因此他们的信仰也不可避免地充满了儒家自古以来乐于汲纳一切可用的思想学说的包容性与调和性，就连与利玛窦、艾儒略俱交游甚密的“圣教三柱石”也俱都如此，其中徐光启所谓“其教必可以补儒易佛”之言，不但招致固守儒家至尊地位的卫道人士“列圣代兴，诸贤辈出，穷三才

---

① 蒋德璟：《破邪集序》，收录于《破邪集》卷三，见《大藏经补编》（第28册），《圣朝破邪集》，（明）徐昌治撰，蓝吉富主编，254~255页，台北，华宇出版社，1986。

② 《利玛窦全集》（第4册），《利玛窦书信集》（下），383页。

③ 《利玛窦全集》（第3册），《利玛窦书信集》（上），69~70页：“至论圣像不要寄有关基督苦难之类的，因为目前他们尚不能了解”等言。

奥窔，阐千古秘局，发明已无余蕴”①、“弥纶范围等赞，岂更有剩理”②，乃至于“何所不足，而俟彼之创为新说也”③ 的质疑，另一方面也遭到同样极为注重基督宗教信仰正统的保守一派耶稣会士龙华民（1559—1654）等人的指责，认为其调和二者的做法始终置基督徒的自我认识后于其儒者的身份认同，④ 至于曾经因为纳妾问题而一度不能领洗的李之藻则是直到正式入教相当长一段时间以后才真正认识到天学与儒学之间存在的具体差异，此后又沉迷于利玛窦《天学实义》契合儒家理性主义的天主探讨，进而转为对理性作用的极度探索与肯定，陷入与反对过度依赖理性的基督宗教信仰背离之嫌，⑤ 更毋论杨廷筠极力倡导的“万物一体”“四教合一”理念所带给龙华民的极度震撼，后者在致信耶稣会罗马总会说明儒家基督徒在教义上的谬误曾以杨廷筠对十诫的错误认识为其中一个主要的例子：“在讨论第一诫的时候，他（杨廷筠）说我们要尊敬天地（而不是崇拜唯一的造物主），而在讨论第三诫的时候，他则说我们要敬礼圣人，犹如中国人拜天地、祭祖先那样（并不如基督教义所示，只崇拜天上的真主）。这一切都是基于儒者的意见，他们说：万物原是一体，或是这一体中的一部分”，因而严厉批评杨廷筠（与儒家基督徒）“仍然喜欢他（们）的中国理论，或倒不如说，喜欢这种混乱的理论”，“不懂在我们正在处理的（教义）问题中不应有丝毫的错误是多么重要”。⑥

---

① 黄廷师：《驱夷直言》，收录于《破邪集》卷三，见《大藏经补编》（第 28 册），《圣朝破邪集》，（明）徐昌治撰，蓝吉富主编，268 页，台北，华宇出版社，1986。

② 许大受：《圣朝佐辟》，收录于《破邪集》卷四，同上，274 页。

③ 袾宏：《天说三》，收录于《破邪集》卷七，同上，324 页。

④ 沈定平：《明清之际中西文化交流史——明季：趋同与辨异》（上册），99 页，北京，商务印书馆，2012。

⑤ 《明末天主教与儒学的互动》，163～166 页。

⑥ 龙华民（Niccolo Longobardi）：《论中国宗教的若干问题》（*Traite Sur Quelques Points de La Religion Des Chinois*-1701），第 17 章第 19-32 节，见沈定平：《明清之际中西文化交流史——明季：趋同与辨异》（上册），100～102 页，北京，商务印书馆，2012。

（二）耶稣会的内部冲突

万历三十八年（1610年）五月，已经在华传教长达28年之久的利玛窦客死北京，耶稣会随即派遣另一名驻华的意大利籍神父龙华民前往北京接替利玛窦在华未竟的传教工作，然而令已经身故的利玛窦始料未及的是，正是这一位他临终以前亲自举荐的继承者，几乎断送了自己耗尽一生在华所奠定的传教工作基石。

龙华民正式被任命为中国教区会长抵达北京是在利玛窦去世隔年的五月，然而他与北京的儒家基督徒接触不久，旋即发现他们在教义理解上的问题，震惊的龙华民将之归咎于利玛窦汉译“上帝”称谓与对于部分教义秘而不宣的做法，并且由此开始挑起耶稣会内部一众主张采取拉丁文“Deus”音译与反对怀柔儒化策略的激进派以及认为不宜采取激进手段打草惊蛇的温和派之间历时二十余年的争端。尽管这一争端最终于崇祯六年（1633年）末以温和派胜利与所有反对文献遭到销毁的结局告终，然而这场争端却在一定程度上让利玛窦怀柔策略所带来的弊端浮出水面，同时龙华民于崇祯四年（1631年）在北京撰写的《论反对使用“上帝”一名》的手稿被秘密地保存下来，并在“译名之争”结束30年龙华民本人亦去世以后被翻译为各种文字在欧洲流传开来，从而引起罗马教廷的关注，成为推动罗马教廷与中国朝廷各自维护正统而展开中西礼仪之争的其中一个重要元素，最终导致在华传教活动被彻底禁止。

当然，对于所谓“利玛窦规矩”提出反对并非龙华民一人之见，事实上，从龙华民早期报告耶稣会罗马总会长的信函内容，表明自己“完全同意衣着作儒生打扮并研习中国经典著作”的做法，又为“我们名声极好，尤其自我们改作儒生打扮以来”欣喜雀跃的表现，乃至于对于好奇基督像者询问自然地答复：“这是Chang-Ti（“上帝”音译）——这是中文对于Dieu（法语Deus）的称呼”① 的种种记录看来，初到中国的龙华民对于“利玛窦规矩”还是完全接受并积极奉行的，然而这之中究竟发生了什么，导致龙华民开始对儒家基督徒以及“利玛窦规矩”产生怀

① 裴化行著，管震湖译：《利玛窦评传》（下册），366~367页，北京，商务印书馆，1993。

疑的呢？

在此不得不提的是一名被驱逐至澳门的原驻日葡萄牙籍耶稣会士陆若汉（Joao Rodrigues，1561—1633），这位在日本极具影响力的耶稣会士与利玛窦的年代相近，然而在利玛窦谈到日本的信函之中均无提及此人，这固然是不同教区不一定都相识的缘故，但也有可能是由于明日朝鲜战争以及菲律宾等边境主权问题，导致明朝廷对于在澳门边境出没的外国人都十分忌惮，因此利玛窦为了避嫌基本上不与驻扎在澳门的外国人公开来往。① 在距利玛窦入华大约三十年前，西班牙籍耶稣会士圣方济各·沙勿略（1506—1552）就已经开始亚洲的传教工作，然而初至日本的沙勿略却由于不熟悉日语而将“Deus”译为“大日如来”以致遭日本僧侣引为笑柄，② 这个事件后来被称为“大日如来误译事件”，成为日本耶稣会士的前车之鉴，在龙华民向耶稣会罗马总会发起关于“上帝”汉译的反对意见之中，许多观点都是来自陆若汉对于“大日如来”误译与“上帝”汉译的对比警示，认为这有可能导致归信“上帝”的中国基督徒如同日本信徒混淆基督信仰与大日如来信仰的荒谬错误。③

与此同时，陆若汉也致信耶稣会罗马总会，清点从日本教区副会长巴范济（1554—1612）的转述之中④得知的利玛窦汉译“上帝”与容许尊

---

① 《利玛窦全集》（第 4 册），《利玛窦书信集》（下），305~306 页、383 页。

② 沙勿略听信日本教徒的进言，在日本传教时称“Deus”为“大日如来”，使得信仰大日如来的日本僧侣以为沙勿略的信仰与他们相同，非常友好地接待耶稣会传教士，然而沙勿略在与所谓大日如来信徒交谈之时却发现他们的大日如来信仰根本并不具有至上创世与舍身救世等教义，沙勿略大为震惊，旋即以“Deus”音译重新宣扬信仰，并阻止日本僧侣礼拜大日如来，结果引起激烈冲突，愤怒的日本僧侣因而嘲讽“Deus”为大谎言（日语“大嘘”发音与 Deus 相近）。见《明清之际中西文化交流史——明季：趋同与辨异》（上册），75~76 页。

③ 《明清之际中西文化交流史——明季：趋同与辨异》（上册），63~65 页。

④ 《利玛窦全集》（第 3 册），《利玛窦书信集》（上），232~233 页；《利玛窦全集》（第 4 册），《利玛窦书信集》（下），277 页、399 页、407~416 页。

孔祭祖仪式等做法，又将自己认为的问题加以整理汇合致信给在华的耶稣会长老以及在各地传教的会士，正是在他的积极推动之下，作为中国教区会长的龙华民与一批耶稣会士开始对已经施行多年的“利玛窦规矩”提出反对，提出以音译取代汉译等做法，尽管最终决议保留“利玛窦规矩”，然而在华耶稣会士于争端未定期间各自采取的做法已经在中国基督徒之中带来影响，比如杨廷筠写作《代疑续篇》就采用了大量音译名词，如“陡斯”（Deus，即“上帝”），“因弗而诺”（Infernum，即“地狱”）与“罢辣依琐”（Paradiso，即“天堂”）等。

（三）反教士人的上帝观

比起对于利玛窦天学思想的接纳与推崇，反对的声浪显然出现得要晚得多，这自然与利玛窦所采取的儒化策略有着直接的关系，正如前文所提到的，绝大部分与利玛窦交游的儒家士大夫其实一开始并没有真正意识到其传教意图，而是将其所宣扬的天学思想视为对儒学思想的复古求新，然而随着士大夫对于天学的钻研日深，以及稍后入华的传教士认为传教基础已经奠定与意识到教义出现偏离危机而采取的激进言行，开始唤醒一些文人士子与民众的危机意识。

诚然，几乎从一开始就在利玛窦开拓直达朝廷皇室的康庄大道上昂首阔步的龙华民比起他的前辈作风明显大胆自信得多，不同于利玛窦初入中国一再遭受劫难与挫折所养就的迂回小心如履薄冰，龙华民的传教办法是：“当众宣讲礼敬惟一的主宰上帝及《十诫》等内容，焚香点烛集体膜拜救世主画像和十字架，严厉谴责佛教信仰为魔鬼，要求民众砸烂、焚毁佛教的偶像，鼓动农民与祖先传统决裂。当有人劝龙华民将十字架钉死的耶稣塑像撤掉，说是‘太残忍，见者莫不毛骨悚然’时，神父（龙华民）断然宣布宁死也不同意。”不可否认的是，这种横冲直撞的做法固然收效明显快得多了，可危机也同样大得多了，而支持龙华民如斯言行的，却是建构于利玛窦所奠下基础的大胆自信观念。①

正是在这一以外来者姿态侵入的刺激之下，南京礼部尚书沈榷于万历四十四年（1616年）发起南京教案，最终以神宗皇帝颁发禁教谕令，下

① 《利玛窦评传》（下册），370~374页。

旨将一批传教士押解至澳门驱逐出境为事件的结果。尽管这一事件对于在华传教活动实际上并没有造成太大的破坏，被驱逐的部分传教士也随后重新潜回中国传教，以后即位的崇祯皇帝更是为了修历与火器等事重用西洋传教士，导致传教活动再度盛行一时。然而以南京教案为契机，一批被唤醒危机意识的文人士子纷纷著书立说，就“诛邪”“辟邪”提出种种意见，其中部分文章被集结成册刊行流传，比如徐昌治所整理合辑的《破邪集》（亦题《圣朝破邪集》或《皇明圣朝破邪集》）与钟始声（后来的明末四大高僧之一蕅益智旭）所整理合辑的《辟邪集》。

从这些文人士子的言论来看，他们显然已经不复最初的懵懂，分辨不清利玛窦所宣扬的天学思想与固有儒家思想的区别，因而纷纷直斥利玛窦“谬以天主合经书之上帝”①，“欲藉儒冠儒服者达其教于朝廷，使得以肆其奸毒也”②，又指出所谓宣扬上古儒家思想的天学实际上乃是“阳斥二氏之邪妄，阴排儒教之歧途”③，而其“阳辟佛而阴贬儒，更借辟佛之名，以使不深于儒者之乐于趋”④。在这样的危机意识与极力抵抗之下，儒家思想与基督宗教的上帝得以泾渭分明地区分开来，呈现一种中西不同文化观念全然互不相容、此是彼非的二元对立冲突。

对于自古以来极为注重道脉正统的儒家而言，首先不可容忍的正是这一位天主以独一至尊的外来姿态对于中国本土至尊的挑战与佞妄，也就是否定了孔孟之道自古以来以天地、太极为至尊的思想信念。耐人寻味的是，儒家人士在卫道自辩方面一贯都倾向以孔孟之道为一定之论，而不一定有深入的分析与论辩，这固然看似不符合利玛窦对中国人在理性方面极为成熟与发达的评价，然而对于自古以来奉行孔孟之道为至尊真理的儒家来说，此一至尊真理之不可动摇与毋庸论辩早已深入骨髓，甚至内化成为一种思维方式与是非标准，即所谓的“理”，因此一切与孔孟之道对立者

---

① 邹维琏：《辟邪管见录》，收录于《破邪集》卷六，见《大藏经补编》（第28册），《圣朝破邪集》，（明）徐昌治撰，蓝吉富主编，312页，台北，华宇出版社，1986。

② 同上，311页。

③ 同上，311页。

④ 许大受：《圣朝佐辟》，收录于《破邪集》卷四，同上，274页。

皆为邪说歪理乃是不言自明的。由此，《天学实义》所谓“天主生物，乃始化物类之诸宗，既有诸宗，诸宗自生”，“天主则无始无终，而为万物始焉，为万物根柢焉。无天主则无物矣。物由天主生，天主无所由生也”，① 也就是基督宗教信仰之中超越万物始终的永恒天主创造一切存在之物以后，万物方才根据天主所定规律开始繁衍滋生的核心创世之说所展现出来的线性时间观，自然与“夫儒曰生生，此具吾性之流行遍满，如环无端者言之也”② 所展现的环状时间观没有丝毫可以调和相容之处，对于笃信宇宙万物之化生消亡都是太极阴阳之间此消彼长的无穷交替，也就是根本不存在一个绝对的起始与终结的儒家来说，对外在于万物始终的天主一再发出“天主于世界未生时，为无为有”与“天主何人生”③ 的质疑也就不足为怪了。

另一方面，尽管利玛窦一再强调“上古儒学”与“释义儒学”的不同，然而以宋明程朱理学一脉在明朝儒家所占据的主流地位，一位具有情感意志乃至行动的位格上帝自是无异于邪说歪理，至于天学将所谓邪说歪理称之为天主奥秘启示的“不可思议”，更是被视为对“有理碍词穷处”无法自圆其说的“禁人思议”，“譬之向黄口小儿说暗室有鬼，不可窥瞷，瞷则祸人，稍有智者照之立破耳”④。其中对于主宰万物规律的独一天主“既降生三十三年，则百神无主，化工不久辍乎？天地万物不尽毁乎”以及“在天主宰一天主，降生复一天主，是二天主矣”⑤ 的困惑，正是对于基督宗教信仰的独一真主不但具有位格，甚至同时具有三个位格的无法理解与拒绝接受，至于“何以昔不降生，而今降生？今既降生，而后复不降生”⑥ 的质询则在一定程度上挑战了道成肉身作为提示了天主兼具父子位格的同一性与多元性，对基督宗教信仰可说一劳永逸之终极启示至高无上

---

① 利玛窦：《天主实义·第二篇》，见郑安德：《明末清初耶稣会思想文献汇编》（第 1 卷第 2 册）。

② 许大受：《圣朝佐辟》，收录于《破邪集》卷四，同前，285 页。

③ 同上，284 页。

④ 同上，284~285 页。

⑤ 戴起凤：《天学剖疑》，收录于《破邪集》卷五，同前，299 页。

⑥ 黄问道：《辟邪解》，收录于《破邪集》卷五，同前，304 页。

的定位，乃至于天主为了拯救罪人而舍身赴死之种种不可思议，则以习于历代圣人“五百岁一出”为“天道之常”的儒家历史观念自然地发出天主既为至尊独一的上帝，缘何“讵不能生圣人行天道以救之？何必自受难钉死也”① 的疑问，甚至对比逃过父母恶弟“焚廪、浚井等害”的舜帝与桓魋“伐其木将要而杀”的孔子等古代圣贤，狠狠嘲讽了亲自降世为人却遭到门徒出卖的天主“误用非人不知，被人诬陷莫解，冤极钉死罔脱，何以为天主？何异从井救人，而泥其身也”②，进一步质疑了天主之全知全能。

明朝儒家卫道人士对于天学思想不同于己之处一贯的全盘否定与贬损，与为了达到传教目的采取中国化策略汲纳儒学思想为己所用的西方传教士对于其中不符合基督宗教信仰教义的部分全然忽略甚至加以贬斥的做法可说是如出一辙，正是双方这种“彼是非我是，则彼是固非”的排外态度，使得在这一场对话之中所传达给彼此的观点与意见，几乎成为一次次向空虚掷毫不受理的单向发言。

四、结　语

不得不说的是，基督宗教信仰者与明朝儒家卫道人士对于至尊真理为己所有的绝对自信确实同样不遑多让，正是在双方以绝对的自信向对话者所展现出来的强势姿态之下，使得在利玛窦等早期耶稣会士以怀柔姿态所采取的中国化策略以及与之交游的徐光启等明朝儒家士大夫以虚怀广纳西学的开明态度之中，中西不同文化之间初步展开的交汇与融通，最终僵化成为互不让步的激烈冲突，以后随着中国朝廷与罗马教廷介入而导致的全面禁教，中西文化交流更是一度陷入完全停滞的断层，直至 19 世纪中叶鸦片战争前后，西方列强以一种胜利者的姿态登陆中国，再度出现在已经完全处于弱势、也不再怀有无可动摇的儒家自信的中国人面前，至此，中国土地之上这一原本始于相等地位的中西文化交流，不可避免地成为近代中国文化“西方化”的一面倒局势。

---

① 戴起凤：《天学剖疑》，收录于《破邪集》卷五，同前，299 页。
② 同上。

在这种恃强凌弱的一面倒局势之中，基督宗教在中国人心目中被披上了负面的色彩，乃至于西方近代启蒙运动与科学革命的兴起，宗教在其最为备受重视与推崇的西方也开始了遭受白眼与敌视的命运，以至于自鸦片战争压倒性力量带来的首次冲击至维新变法以来逐渐视西方列强为效仿目标的中国新潮知识分子更是追循西方思想家的脚踪，将宗教视同洪水猛兽一般避之唯恐不及，“宗教是人民的鸦片”这句出于对中国影响极其深远的德国社会主义学家马克思之口的名言，一度成了饱受鸦片荼毒对其深恶痛绝的中国人抨击宗教的有力武器——尽管这句话的完整段落实际上是“宗教是被压迫生灵的叹息，是无情世界里的同情心，是没有灵魂的处境里的灵魂，它是人民的鸦片”，同时鸦片在马克思所处的 19 世纪主要的定位乃是镇痛剂。

时至今日，无论对于宗教的看法是正面还是负面，再也没有人能够否定宗教对于全球人类与文化的影响，并且这影响在今后还会不断持续下去，如何妥善处理不同宗教文化之间盘根错节的复杂关系，甚至可说是一个影响人类与世界和平与否的国际关系问题，宗教文化对话也因而具有了重大的现实与研究意义。我们不得不承认的是，历史似乎总是以不同的面目沿袭着相似的轨迹，今时今日基督宗教信仰在中国所带来的可说是一如明清之际中国人的经历，同样充满了各种各样的碰撞与冲突，乃至由于互不理解所发出的疑问与争端都是那么的似曾相识，这些诸般的争端对于不同文化之间的交流来说，的确是无可避免的过程，然而唯有正视那些在争端之中传达给彼此的观点与意见，不同文化之间才有可能真正地展开交流，从而加深对彼此之间的认识与理解，达致相互调和的可能。

参考文献：

［1］《圣经》（中文思高本），香港思高《圣经》协会授权，中国天主教教务委员会发行，1992.

［2］拉丁教父全集（*Patrologiae Cursus Completus. Series Latina*），雅克·保罗·米涅（Jacques Paul Migne）校 . Parisiis：Excudebat Migne，1841—1855.

［3］艾儒略 . 大西西泰利先生行迹 . 向达，校 . 北平：上智编译馆出版，民国三十六年（1947）.

［4］达基·宛杜里 . 利玛窦全集（第 3 册）. 利玛窦书信集（上）. 罗渔，译 . 台北：光启出版社 . 辅仁大学出版社，1986.

[5] 达基·宛杜里．利玛窦全集（第 4 册）．利玛窦书信集（下）．罗渔，译．台北：光启出版社，辅仁大学出版社，1986.

[6] 利玛窦，金尼阁．利玛窦中国札记．何高济，王遵仲，李申，译．北京：中华书局，1983.

[7] 梁漱溟．东西文化及其哲学．北京：商务印书馆，1999.

[8] 裴化行．利玛窦评传．管震湖，译．北京：商务印书馆，1993.

[9] 平川祐弘．利玛窦传．刘岸伟，徐一平，译．北京：光明日报出版社，1999.

[10] 沈定平．明清之际中西文化交流史——明季：趋同与辨异．北京：商务印书馆，2012.

[11] 孙尚扬．明末天主教与儒学的互动．北京：宗教文化出版社，2013.

[12] 徐昌治撰．圣朝破邪集．见大藏经补编（第 28 册）．蓝吉富主编，台北：华宇出版社，1986.

[13] 郑安德．明末清初耶稣会思想文献汇编（第 1 卷第 2 册）．北京：北京大学宗教研究所，2003.

作者单位：北京大学哲学系

联系方式：jzherwong@ 163. com

宗教经典中的理性

——以《圣经》与《道德经》为例

□乔卞云

在宗教信仰者看来，其经典中的信仰是重要的，且信仰的逻辑来自对启示的回应。这可能是与无神论者争论的焦点，大多无神论者认为信仰是人无法以理性给予合理解释的一种说辞，比如政治因素，是统治阶层用以维护其权力而灌输的观念。但随着意识形态的不断发展，经文被作为人类不可否认的现象而加以探讨研究进入学术层面，从单元研究到多元进而比较，从15、16世纪以来便出现广义的宗教经典比较研究。基督教尤其为主导者，因在当时欧洲殖民扩张背景下，涌现了大量的传教士，他们堪称这一领域的开拓者。另外，基督信仰本身也经历了文艺复兴的冲击，逐渐走向两个极端。一是更加维护传统信仰，认为经文本身就是神之言，应以绝对的服从去接受。另一是不再被动地接受传统式的信仰，理性的发展导致开始以批判的方式去研读经文，因而出现了四次对历史的耶稣寻求的运动。虽然并没有什么可推荐的结果，但这两种态度对待对比学自然结果不同，前者是走向排他主义，后者逐渐走向了自由神学，对于比较的方式比较开放。不过宗教比较学也是纷繁复杂，因为从现象学的角度看，各个宗教存在普世性、历史性、现实性、多元性、地域性、民族性等特性，再者每一宗教所涉及的神学、宇宙学、伦理学、人学等内容，如此广泛，自然可以展开一庞大的对比学。

比较本身不是最终的目的，目的不仅是改变宗教间的相互关系和不断尝试打开新的思路和情感去深入阅读、更好地领悟各自宗教的本质，更重要的，当宗教经典被认为是属于全人类的文化宝藏，比较可深入理解以便更深地挖掘经文本身所蕴藏的智慧。从起初传教士们学习所在的民族文化只为更好地宣传自我宗教（耶稣会在这一点上一直较其他传教士们开放)，到最近几十年，学术界所取得的越来越多的成果，如像许志伟①所提的几种对话，从独白式的宗教对话到“工具式”的对话，再到“叙事式”的宗教对话。其中，近来所尝试的对比经学，笔者认为是基于这种叙事式对话的具体操作。因为，第一，经文最直接地表达各自宗教的独特性。第二，平等的对话同样也是基于各自的经文，各自回到源头，避免了先前已设的观点，以阐释经文为主而非宣扬。第三，通过文本的对比阅读开拓更宽广的视野去丰富自我，更深地挖掘各自经文的内涵与智慧。目前在中国这方面的纯学术探索走得一直比较前卫，与信仰背景下的探讨还不是那么“对话”。这种现象更源于宗教本身所处的背景，在中国，信仰背景下的学术起步晚，具备的条件不充分，所以更愿意以欣赏和聆听的态度去看待、去接纳，因为学术上的成果的确可以弥补宗教探索所不及的。但是来自宗教的开放态度和以谦虚的心去参与对话的时候，他的信仰阅读、灵修精神和实践性在对比经学上是否会有一些独特的见解？可否也弥补一些纯学术上的探讨？这样是否更遵守经文本身所蕴含的动态？笔者主要对基督宗教和道教的经典中的启示因素做一些初探。如何更客观地看待启示，它是否真的违反理性？它的特殊性何在？启示与信仰的互动性如何？

一、经典本身中的信仰与理智

当经学不再局限在信仰范围被客观研究时，更加体现经文的普世价值。但是，长期以来备受争议的理性与信仰之间的关系，比较经学的探索更为直接。在进入这个争议之前，我们有必要强调不管比较宗教学也好，还是比较神学也好，其基础事实上都是以经文做为实体而展开的理论进而发展的思想体系的对比。把比较经学作为一门学科则更加强调文本的对比阅读，这种更直接的方式看起来更为客观，但本着回归源头的态度，那势必要对写成经文的作者以及背景有所顾及才能读起来更加生动、鲜活。

进入文本阅读要考虑其中所蕴含的动力，这个动力首先来自作者，定位作者就是很有张力的事情。从俗世的纯学术的角度看，任何一部经文都

---

① 许志伟：《宗教对话的需要与形式》，见何光沪、许志伟：《儒释道与基督教》，北京，社会科学文献出版社，1998。

是人的作品，是作者自我的理性、情感、信仰、文化、表达欲望等的综合之作。但是，从历史与文学角度讲，如果没有人生的深刻经验，没有丰富的想象，没有对融合着想象的经验进行反思、整理，是无法有成文的经出现的。因此毋宁说成文的经是作者（不管是集体还是个人）以历史世界、生活为实体的综合理解表达，而且经典所展示的特殊性表达在这种理解的表达不只局限于历史本身，还要寻求历史与世界的渊源。对于历史之外的寻求事实上更说明人对自我认识的渴望，而认识这个行为本身需要在对比参照下才能完成。人是时空人，但他并不满足以时空参照来认识自我，因为这样的参照事实上不吻合人的本性，一个能想象时空之外的人却去参照时空内去定位自我，这本身就缩小范围，局限了人。人寻求认识使一切存在的背后的存在的这种本能本身表达了自我该立于谁或什么面前来定位自我，这一新空间的探索说明人的先验与超验性。宗教经典是反映人这一能力的特殊地方，任何经文都有人通灵、悟灵的描述，是基于信仰前提的对一种神性启示的回应。

基督宗教经典《圣经》，不管是哪种文学类型，神话也好，诗歌也罢，历史描述都是作者们基于信仰的视角着笔，而且也一再强调信仰逻辑并不是一般理解的信仰，因为作者们通过经文的叙述不仅认真地描述与剖析经文中所述人物在具体事件中与神的关系，而且也在不断重申、纠正、深入地完善自我的信仰，严肃地以自我经验和一个集体经验传递这个鲜活的神。以《圣经》中亚巴郎的故事为例，他能够被冠以信仰之父的原因是他相信了天主对他的许诺，而这一许诺在人眼里是不可能的事，此后经历了漫长的等待与曲折的人生，他逐渐进入天主对他的计划。经文中没有掩盖他的软弱、他的有限，正是通过这样的描述传递是神在主导着整个事件、整个历史。所以以信仰为主线表达了作者本身的一种服从态度，他既是自由主动的，又是怀着虔敬或使命的心态忠实地去表达信仰。这个信仰所涉及的不是有没有神的问题，而是在承认有神存在的前提下不仅对怎样的神进行描述，而且也是基于对这个绝对超然神的信仰前提下，对世界、历史、人、智慧进行解释。

以这种特殊的信仰逻辑为主线也可被理解为是把信仰作为预设的命题的发展，因为任何思考行为不可能是漫无边际的思考，换句话说，不存在纯粹的思维。笛卡尔的“我思故我在”提供的最基本的结论是思考行为本身是与思考的主体相联系的。这一联系说明不存在无主体的思考，也同样不存在没有命题的思考，而且任何思维命题的预设不是单纯的臆想，他首先表达对历史世界、生活的综合感觉，然后展开无尽的理解渴望。这样的无纯粹理性的思辨吻合了阿奎那的先验论，① 他认为好的理性只能是毫无保留的渴望，并由此而神秘地预知那作为礼物而接受的东西，以此介入信仰的行为的话，能够对未知或无法以常规思维达到结果给以预设的结果去信仰，这个预设就是来自冥冥的赐予。如果说阿奎那的理性路线是下到上的思维路径，对经验世界的超越而向上升腾，表明人的本质特征即人在世界中又能超越此世，那么，这样的渴望的开放也可从 K. Ranher（拉内）统一整合的逻辑去看待，他认为人的认知通常通过一个具体的，但马上意识到具体背后的整体背景——普遍存在，更进一步去探讨使普遍存在的存在。基于这个逻辑回归到经文的主线——信仰神的主宰或冥冥中对超越经验的感悟，只有基于这种先验的预设和超验能力的自然表达才能进一步采取理性行动，换句话说，经文主线来自先验与超验的沟通，从而加以表达。

先验为超越现实经验，超验具有超然性，二者沟通使表达成为可能，这是作者的极大理性自由的冒险。敢于介入完全的他者去解释可经验世界的背后的原因，而且自己对这个完全他者只是冥冥感悟进而毫无保留地渴望无限地深入。当把自己交托让这位完全他者占据绝对的主位来解释一切时，给世界、人以全新智慧性视野，这就是经文不同于普通的文学书籍，但是反过来想，如果这位完全他者只是作者单纯想象的一位，那么作者只是借用他者的口气继续停留在内在经验来解释世界万物的本源，如此的话不可能有全新的视野来突破，更不可能如此地挑战人，去无限挖掘他的内涵。

经文作者这个理性自由冒险行为就像所有探险游戏一样，既是一个严肃的理性行为，同时也是自由好奇完全地投入（情感方面），以及无尽渴望的无限追寻（也可以人的超验来表达）。也只有如此才能挑战自身全面的极限，因为当涉及一超越经验外的范畴，无法表达却渴望表达，这种矛盾奇怪的感觉就是阿奎那所说的作者已经到达了那个目标——启示，或者

① A. Geschée, “Dieu”, *Dieu Pour Penser III*, Paris, Cerf, 2001, p. 22.

更好地说是他达到准备接纳最佳的状态。对于作者来说这个不确定的状态既包括理性也包括启示，并超越二者的区别。因为此时既是主动又是被动，主动地去享受这种敞开自我而领悟的全新感觉，但理性提醒不能沉溺于这种单纯享受，寻求表达的责任也可表达为对接纳的展示。这也吻合了人的基本属性，其思维、情感以及无尽的渴望都是他的存在模式，而且这种模式不会停留在自我状态，他的表达的欲望，借用保罗·蒂里希（Paul Tillich，1886—1965）的存在勇气的逻辑①说明表达自我全部投入所得结论是人的勇气，但反过来这种勇气是来自深层的被触动，深层的那份愉悦的享受的表达。所以文本的呈现表达不是单纯的人的自我表达，更有被触动，享受其中的经验以及对这份经验的理智认可。任何宗教经典启示因素可在这个动态中找到答案，或者更好地说是经文彰显它如此的价值源于启示，这样解释了经文中以信仰为主线的可能性，更具体说信仰和回应启示是主线。

以老子的《道德经》为例，能够提及道以及道的存在，是对经验世界的超越而设定命题或者表达的信仰。他确信天下若失了道，则不论仁、义、礼、法，无物可以补救，因为大道废弃了，才大讲仁义；丧失了大道，才强调德行；所谓礼、法，是礼乱的先兆。有了道，最好的战马用来种地；失了道，怀驹的母马也要上战场。所以唯有顺从大道，才是最高的道德形态，秉持上古之道，才能把握现今之事。因为唯有道，有恩典供给

---

① 从人的对自我的真实存在而体验到的三种焦虑：对人在自我肯定的威胁产生对命运和死亡的焦虑（表现在欧洲古代文化——奴隶社会总结时期），对人在道德上自我肯定的威胁产生对罪责和永罚的焦虑（源自中世纪文化终结——基督文化的统治，爱国主义和民族主义以及因等级森严的社会结构形态，还出现了特定阶层的文学作品和文学现象）。人在精神上自我肯定的威胁使之产生对空虚和无意义的焦虑（现代文化危机）。这些焦虑使人容易陷入绝望的境况，处于这样境况的时候却又能感觉到自己真实的存在。这种真实存在的感受使他从心灵深处和精神渊源中全力探求永恒生命的存在，即新存在。这种勇于探索、不屈服于这种威胁和希望解脱自身的焦虑也表达了人存在的勇气。人若找到其生存所依的这种“存在”，会从绝望中走出。参见保罗·蒂里希著，成穷、王作虹译：《存在的勇气》，贵阳，贵州人民出版社，2009。

人美善之心，又有能力成全其美善之心；不顺从大道的，是早已注定要灭亡。[①] 我们看到老子能够将天上与人间、感性世界与超越世界融汇来思考，因为他能介入这个经验与超验的相互贯通的"道"来看待，而且更重要的是自我最佳状态的开放与接纳态度，在他看来，大道像水，只注入地处居下的地方，所以见素抱朴、少思寡欲，[②] 唯此方可领受大道的照临。

以失道或持道来释天下德态不足以满足人渴望更远，既然触到了那个目标，他又是无形的权威让理性与信仰在其结构享受的同时又不断地提升理性与信仰。这种循环式的且不断超越最终能以成文的经问世，在其中传递而非精准地描述那一先验概念与超验体。而成文的语言文字起到的是一个载体或符号的作用，其本身具有超验性，给我们展开的是文字之上的内涵，所以有欲语却未能语出的矛盾表达，尤其涉及这个目标本身时更是如此。因而老子虽能根据可经验的世界指出现实状态的原因源自"道"，但提到道本身这一绝对的超验只能以否定的方式来表达："道可道，非常道。名可名，非常名""视之不见名曰夷；听之不闻名曰稀；搏之不得名曰微。此三者，不可致诘，故混而为一。"[③] 同样，《圣经》中所提的主的名字雅威"YHWH"也很有代表意义。

若稍作比较，道是老子本人以一个接纳者而领悟表达的名，而雅威是梅瑟要求天主的记号，天主自我的回答"我将来在就是将来在"或"我是那个是"。所以前者是一种描述：道是或怎样，而后者则是直接的自我怎样的描述。但是相似的地方，不管前者来自人作者的领悟表达还是后者的直接启示，二者都不是限定的描述。老子以"夷""稀""微"来形容道的宽、广、深本身就是一个开放且动态的描述，而且还是具有实效的宽、广、深，因为道的存在涉及天地万物的存在，关乎着上古与现今，维系着人世间的美善之序，关联着人的内心与外行的和谐，且永无穷尽。同

① 《道德经》第18、21、38、5、1、14、41、55章。

② 《道德经》第19章。

③ 《道德经》第1、14章。

样，雅威本身的含义也表达着他的动态，他是生活的主也是使生活的主，① 通过整个宇宙的和谐、美善、无尽的创造力来表达，尤其是人类历史。再者《道德经》中的道与《圣经》中的雅威二者的非限定的描述并非描述本身，更强调的是他们的外延力，或彰显力，也就是说道或雅威的彰显需要通过具体的宇宙、历史、人的生活来显示。这种必须通过媒介的展示恰恰说明了启示与人的先验性的可能，因为雅威与道的绝对超验不是静止不变的，他的动态与活力的彰显与宇宙历史紧密相关，所以任何一部经文都不是单独论一绝对的超验体，同时也在谈宇宙、谈人。因而启示的智慧所在找到一种解释：超越能启示出来，且能被接纳的智慧，有成文的智慧，即经的出现。

这也正是经文为经典的地方，介入一完全他者来解释万物及其秩序源泉的问题，同时在一个内在的关系在里面。也就是说只有这位完全他者与宇宙万物有实质的内容，以互相属于甚至依赖的关系才能使无限的渴望逐渐在寻求中有了内容，且内容的成型与逐渐的丰富离不开想象的作用。但为想象不陷入臆想或乌托邦的幻想，必须是一个严肃的想象。就像是介入人先验与完全他者的超验之间的这个地带的思想，他既躲避了纯理性的监督以防回归到历史现实的禁锢中，却又能发挥走向一历史性的形而上学。不过不是纯哲学式的形而上，因为就像上面提到，之所以能涉及一超越经验外的范畴，事实上人的先验离不开这严肃的想象。在这个地带的想象其实既是理性与感性的极致发挥，又是阿奎那所说的此时的作者的先验所到达的那种矛盾奇怪的感觉，即与目标—启示相遇，同时这个相遇带人再次回到被感觉的现实再加以解释，所以有创造的神话式的描述，有历史事件的记载。这样也说明不存在自我的历史事件，任何一历史事件只有经过被感觉、被思考、被语言的讲述和文字记载的综合过程才能成为历史事件流

---

① 基于此，一些现代的神学家（德国的犹太哲学神学家 Martin Buter，瑞士的 K. Barth、法国神学家 K. Ranher，J. Moigne，比利时神学家 A. Geshée 等），特别发展有关神的你与人的我的神学思想与神学性的人观，表达了如此的天主是一个位格性的神，与人建立或生活的你我关系，当回应与神的这份你我关系的同时，更进入生命的深处去认识自我，展开无尽的探索，这个认识与探索本身就是人找到深层的生活生命的活力。

传下来，因而《圣经》中的历史事件是被启示光照后信仰眼光下的事件，同样老子视野下的历史社会现实与人的现实是基于道来看待的。另外这也说明人是在不脱离他的时空来严肃想象与启示相遇，且与完全他者的关系具有实质内容，这一内容能够拓展的人不仅无限地向超验开放（历史不禁锢自我，永远向未来开放），而且更积极投入当下并继续更深地渴望寻求。

具体到与完全他者的关系，《圣经》中处处都可找到神人相互依赖，可用“的”与“为”来描述这位神：从借助一些形象（天主或上帝是以色列民的磐石、光、道路）到一具有位格、主体的雅威的描述，上帝或天主是以色列民的战士，是以色列民的天主或上帝，他的一切都是为人。也只有这样依赖于人的神才能有人的先验，[①] 而且随着历史的进程，这个相互属于的关系更加丰富深入，在《新约》中，这个关系变现为内在，“我是葡萄树，你们是枝条”（若 15：5），基督是头，他的教会是身体。如此的关系表明完全他者的绝对超验不是不可探及的超验，而是他的主动能力，且只有通过他这样的主动介入的能力，人的先验与超验才能想通。《道德经》中的道，虽也无法命名，但其与万物的属于关系也表达非常明显：“道可道，非常道。名可名，非常名。无名天地之始。有名万物之母。”（《道德经》第 1 章）；道是人的德行生活的原因以及最终目的——与道合一，“知其雄，守其雌，为天下溪。为天下溪，常德不离，复归于婴儿。知其白，守其黑，为天下式。为天下式，常德不忒，复归于无极。知其荣，守其辱，为天下谷。为天下谷，常德乃足，复归于朴。朴散则为器，圣人用之则为官长。故大制不割。”（《道德经》第 28 章）。道与万物的关系进而体现在道为形上，自然的存在以及动态的生存是道的形下体现，特别是与人的关系不仅体现在使其存在，而且人的生存的动态中：“道生之，德畜之，物形之，势成之。是以万物莫不尊道，而贵德。道之尊，德之贵，夫莫之命而常自然。故道生之，德畜之。长之育之。亭之毒之。养之覆之。生而不有，为而不恃，长而不宰。是谓玄德。”（《道德经》第 51 章）

总之，经文中介入的完全他者与人息息相关的关系不仅表达在文本

---

① 从神学的角度论，人的先验表达了人的超验性。

中，同样也表达在作者与这位完全他者。换句话说，经文有双重的主线在内，在《圣经》中我们看到既有文本中故事情节中人物的信仰与不信仰，也有作者本人的信仰的传递：“天主竟这样爱了世界，甚至赐下他的独生子”（若3：16）。道德经中阐述的普遍人与道的关系，以及老子本人与道的关系。所以本着对比的态度进入文本阅读，作者主动与被动已经表达了成文时的理性与信仰的相互交融，因而进入文本自然需要二者的想通。当然这里的信仰阅读不是信仰的皈依，更是基于对于文本本身所携带的效能的尊重。

二、研读中的理性与信仰

> 如果一个文本赞扬一位神，并且试图使阅读者与那位神建立关系，那么，传统之外的宗教的阅读者就必须认真对待这些文本蕴含的动力，而不要试图说这一文本是安全且无效。他们将不得不尊重其他传统文本的效能。①

弗兰西斯·克鲁尼教授的提示给予读任何宗教经文所要遵守的最基本一条规则。因为经文内本身所蕴含的动力要求阅读者需要遵守基本的态度才能进入它内在的活力。虽然经学从学术的角度来出发，其宗旨是为了阐述经文而非宣扬，但是经文本身的动力就带有一种宣扬，自然地阅读文本也是在阅读作者的思想、情感先验的综合“境界”。是这一境界作为主线贯穿整个文本使文本不局限在文字叙述内，阅读文本从来不是一个狭隘的阅读，它本身带有思维、感性以及有更多渴望的延伸。所以阅读是一个综合的智慧行为，单纯的理性的阅读可以从文体明白这条主线的结构安排等，但很难碰撞到文本传递信仰本身带来的震撼。

其实经文本身也在传递着一种阅读的方法，或毋宁说默观的态度，这种默观可以说是真正的自我思考行为。因为单纯俗世学术式的研究总是通过强调理性的自我权威，但这种权威是来自遵守任何真理展示在方法论上

① 弗兰西斯·克鲁尼著，聂建松等译：《比较神学：跨越宗教边界的深度学习》，69页，北京，宗教文化出版社，2014。

所具有的权威，也就是说虽然以理性为主，可事实上已经是客观的决断。这样的决断，没有达到真正的自我思考，一个真正的自我思考的行为，具体到一个阅读的态度可以从以下三个方面去看待。

第一，从哲学角度尤其是对形上的思考，人作为主体，一个真正的自我思考是使用自身的理性的能力，在进入一个具体的思维行为中，要时刻反思自我是否选择了一个出发点去思考。具体到阅读宗教经典的行为，经典本身已经是在一个预设的命题下作者自愿地阐述形上观（或宗教超验观）、宇宙观、世界观、人生观等，也就是说基本遵守了一个真正自我思考的行为，因为作者没有强调自我理性的权威。同时他的预设命题就像上边所提到的不是不着边际的臆想，是经过严肃思维的结果。自然阅读者作为一个主体，进入阅读，他也要时时询问自我：我是否走出自我，真的把经文所述作为作者的智慧的综合表达，让他的表达作为我预设的命题开始共同冒险？之所以用“冒险”这个词，是因为作者的冒险之作可能对一个阅读者是不科学的，甚至是天真的（阅读期间），也可能是真的愉悦的冒险，从其中的描述得到全方位享受，甚至惊叹在阅读中所领悟的与自我内心深处的困惑所碰撞，以至于不得不佩服在经文中得到的启示。但这一切都不能为马上的定论，不管是认为不科学也好，震撼也罢，这需要长期、不断深入的开放阅读，因为如果快速地得出结论，那么读者与经文之间的动态活力不存在。这样解释了为什么不仅宗教经典能够经久不衰的传承下来，而且神话故事的文本虽然描绘经不起现实生活的推敲，但它所蕴含的智慧却总让人回味无穷。

第二，既然不能马上得出结论，这是一个人扎根在人类文化前提下的阅读，先人能基于可经验的拓宽到超验的，能遵守一个始终自我思考的原则。即不把自我的理性权威当作标准，而是在理性中寻求真理的最高检验标准，尤其在对可经验之外，需要严肃想象预设一规则，这一规则吻合理性的普遍原则去开辟一个全新的视野。就像《圣经》中描述的高天不可能自有，大地也不能自生，所以有这样的信仰表达“高天称述天主的光荣，穹苍宣扬他手的化工”（咏 19）。“天下有始，以为天下母。既得其母，以知其子。既知其子，复守其母，没身不殆。塞其兑，闭其门，终身不勤。开其兑，济其事，终身不救。见其小曰明，守柔曰强。用其光，复归其明，无遗身殃。是为习常。”（《道德经》第 52 章）

这样的预设的确是严肃的想象，但又不是单纯的想象。因为从形下到形上的路径，即万物源头的寻求时，还有对天地万物本身彰显的智慧的默观。这样可经验到的智慧反映了更高超的智慧，这高超应该是一切智慧的宗源。这样的预设已经转向了服从与赞叹的态度，因为通过主体性原则整合（思考者基于不违背理性的普遍原则，又对自我说服）成了信仰的确定，而且这样的信仰的确定具有立法效能，也吻合形上学模式。因而当人进入这样一条以信仰为主线的经文，为阅读者已经提供了智慧阅读的路径。但他的自我阅读也需是一个自我思考的过程，因为他必须清醒地自主进入这个信仰命题来综合地工作自我。换句话说，经文作者传递的确定信仰能否为阅读者所认可，作者的信仰的立法效能能否在阅读者身上也起到效能，以及作者的智慧的综合模式能为阅读者所认可，这需要经过长久深度的综合练习才能得到验证，否则的话尚未进入真正的思考就过早地下的结论无法进入经典中的动态。事实上宗教部经典能如此长久挑战人的智慧，能够经久不衰地被研读下去，这种长久的综合练习行为本身已经是立法效能的体现。因为一部宗教经典被定位经典，它自然延伸一经学的义务，游斌教授从俗世的角度给予经学的定义为“是人文学术的总称，将“学问、宗教、哲学、政治学、社会学、文学冶作一炉的广义的人生教育学，就是经学”①，而笔者认为从宗教经典本身所包含的动态来说，它既是人经过严肃思维而达到一种无法言语可又不得表达的境界，又是人极致的发挥，这种双重的效果所产生的结果——成文的经，其本身又是一种开放，也就是说，它的问世就是对所有人的要求，读者在阅读中所起的角色在尽一个时空人、社会人、文化人……进而宗教人的义务。提到宗教人，这是一种对人的拓宽的定位，因为每个人事实都需宗教般的信仰才使他虽然生活在时空内，但通过思维、想象能够超越，因而使人生具有意义。否则的话，人成了纯粹的时空下的奴隶，被动地生活。这样解释了为什么人需要童话、神话、科幻，进而宗教经典，而且宗教经典严肃地思维与想象有关人的最基本的问题：“人从哪里来?”“往哪儿去?”“人是谁?”“人生的意义”“万物的起源”等，所以成文的经是作者对这一切的兴趣与探索，同样留给读者在其阅读时既是了解内容，也是在思索其中的讲述，这

---

① 《比较神学：跨越宗教边界的深度学习》，1 页。

是做人的责任，人应尽一切可能追寻自我，认识自我以及所生活的这个空间。

再者，在其阅读中为什么不能给以确切的定论，这是一个信仰者的态度。因为信仰本身的逻辑要求人不断地跨越。即便有一个定论，但它不是一个绝对的定论，只能是另一个问题的开端，这是永远的动态过程。因为只有让人不关闭自我，彰显正能量的才是被认可的信仰。从俗世的层面讲，信仰的内容可以指有积极指导方向的理论，对于未来的美好的相信等，但是不管俗世层面的信仰还是超验层面，如果没有十足的虔诚和实践都是假的，是欺骗自我和欺骗他人的幌子。所以从人学的角度讲，一个没有信仰的人事实上是没有活出人性的人。若对自我的根源、未来、使命都不感兴趣，那实在是浪费生命。人不只是为食物而活，因而人生活在世界本身就是一种使命，为信仰而活，为信仰而奋斗才能彰显生命的活力，而活力的具体表达的地方就是不断地在实践中探索，这就是为什么信这样的理论或那样的宗教。经学所提供就是一个特殊极限的挑战，在每个定论给予的鼓励下继续向前，即便是否定的，因为不存在绝断的否定，所以这个开放的过程是人的全部属性。

当然进入作者这些动态不是阅读者纯粹的个人性的寻觅，一个几千年之后的阅读者，时空的距离，文化背景的不同是一客观原因，但不要忘记的是，人的先验与超验相通时，文字、政治、习俗等只是一种载体，通过这些能够传递而非精确地描述他的信仰，这样的传递本身是一个开放式的描述，所以经文本身蕴含着释经的活力：作者在经文中继续他严肃思考的旅程，例如在《圣经》中对完全他者的逐渐丰富的领悟过程，从雅威不可名者到主，再到天父，到天主子耶稣基督，这个深入过程同时也是人对自我身份以及使命的逐渐理解的过程。《道德经》不同于《圣经》（一部跨越了一千几百年的集体之作），表达为一个人独特的深刻领悟。短短五千言，从道的不可命性到与万物的关系，再到道在其中的动力，然后道的不可描述性与对其的识、悟、行、修，一直到与道的相融，整部经是娓娓道来，层层递进。自然留给读者在阅读中结合他自我当下的背景继续思考、理解，同时寻觅自我的综合表达。因而读者静下心去阅读，被这样的动态引导不仅品味其中的智慧如此博大深广，而且自然也会随之思考，所以读者在阅读时事实上也要进入了《圣经》的活力，这样也决定一个真正的读者不是为了阅读而阅读，而是关乎人自我、他人、家庭、社会、民族、宇宙的综合寻觅的责任。这样也决定阅读不仅仅是一个客观的阅读，这个责任被解答为释经，经文为我，为我这个时代表达什么。就像经典本身是在作者的境界中成文，已经带有主观的色彩，同样读者在其中也要找到自己的滋味，自我的领悟，但是这不是排他的解读，这就是在前面提到的必须是扎根在人类文化下的共融的解读。

第三，既然是一份义务，且是个体又是共融的，那么如何阅读进入经文文本中的活力，这也是几千年来研读经文者们所探讨的事情。只有尊重成文的综合因素才能真正地阅读。在早些时期，宗教经典主要被框在宗教团体下去研读，主要以培育信仰或灵性修养为主，但是需要申明的是，即便在宗教框架下的阅读，也是属于宗教团体内统治文化阶层的专属，不是人手都能有一本宗教的经典，所以也一度出现过偏激的释经法。随着普遍意识形态的提高，在研读中宗教自身也在不断地被培育，视野也在不断扩展，甚至反省到任何一宗教倘若自我绝对以至于否认其他宗教，或弃绝无神论者都不是正确的宗教。因为真正的宗教是因信仰而向真理无限开放的团体，所以梵蒂冈第二次大公会议特别提到与非基督徒的态度宣言，以尊重人的自由为前提。

但需要强调的一点，任何宗教本身不等于神，是基于对某一神或超验的力量的相信而形成的有组织体系的团体，这个基础给予宗教合法性。但是宗教团体作为人的组织，在其领悟其经典的道路上有逐渐深入的过程，同时也是反省、还原与修改的过程，因为研读经学本是很宽广的学科，且不说经典中对完全他者的描述，从语言学的角度以及灵修、信理、历史、道德等都是无尽的研究。《道德经》，两千多年了，对其研究越来越精细，细微到字词的研究，比如“道”“贤”“仁”，不仅在本土文化背景下去探讨，而且进行宗教经典间的比较研究，尤其与《圣经》的比较研究，比如道与 Logos 的对比，在神学上“贤”与“仁”对人在德行生活上的成长可否与《圣经》里的“风”或“圣神”做对比。这样推论引起一些经典学者们的兴趣，对此展开了新的探索空间。这样的目的既把经典当作人类共有的文化，又尊重彼此的差别，让彼此的差别去引导深入理解各自的经典，同时起到了对话的作用，这才是宗教间对话的目的，让宗教经典成为权威，聆听它的话，解读它的话。

再看《圣经》，一部经过千年以上的集体之作，对它的研究也在不断丰富。比如一些灵修学家基于释经学、神学、哲学、人文学、社会学等原则得出的圣神读经（Lectio Divina）①，到现在为止可以说是比较值得推荐的读经与释经的方法，因为它比较吻合成经的基本要素。因为既然信仰是经典的主线，自然需要在信仰者眼光下去阅读，这主要集中在四种意义上进行解读：（1）字面或历史上的意义（Literal，Historial）；（2）道德上的意义（Sens Moral）；（3）预想（Allegorical Christological）；（4）奥秘的意义（Mystical Anagorical）。

以上四种意义说明《圣经》本身传递的信仰事实是智慧的行为。因为他首先承认文本与阅读者之间的距离，而且也是重回现实生活中的重新理解，同时也展开再次无尽渴望的探索，最后承认文本中文源的超验的权威。这样意义的定位说明读者在阅读时已经是一个灵修的操练（不同于信徒的操练，这里更强调的是阅读者忠实阅读的态度），因而在读经时的一些基本规则为：

（1）不可预知性。既然《圣经》是基于启示的天人之作，是人的预设命题下且达于这奥秘的境界，是先验与超验的相通，但人的先验事实上也是来自天主绝对超验的动态效力。那么进入这样的阅读需要有不可预知的态度，也就是放弃先前已有的观念，在阅读中让文本向阅读者展示它的动态活力。

（2）定时而长期的练习。上边我们提到了阅读要避免的马上的定论，因为经文本身从来没有定论，它是一个无尽的渴望的开放。所以阅读者当进入这个无尽的渴望意味着进入经文的动态中，这是一个终身的阅读，每一次的重新阅读仍然要保持这种不可预知的态度才可能有新的发现。

（3）完全他者召唤的媒介。既然传递信仰是主线，而且不是作者的自我的传递，否则失去了它的权威，所以文本中文源事实上是传递或更好说是在召唤，那么阅读者在阅读时就是在做它综合的回应。

（4）应用在每日的生活中。这一综合的回应要转回现实生活中重新理解并成为指导的经典，即信仰具有见证性，或《圣经》中蕴含的智慧有其实际的意义。

---

① 参见 Michel Casey：《倾心静听》（*Lectio Divina*），河北信德社，2006。

三、总　结

对于宗教经典中的信仰与理性的问题，笔者试着阐述信仰与理性的相通不仅表达在成文的过程，而且也表达在阅读的过程，因而如何进入这种信仰与理性的相通是经学的一个基本问题，更是当下对比经学的首要态度，即便是从学术的角度，这种互相的张力与吸引本身是经学的辩证法。因为任何一部成文的经都以当时代的文化为载体去宣扬神的存在或对另一奥秘的主宰的感悟叙述，也就是说文本中的文源是经文之所以能在人文学的各个领域都有它智慧的、精辟的教导话语的权威原因。如此看来，如果只以普通理性的方式去阅读经文就丢掉了它成文的缘由和目的。而同样只以信仰的方式去阅读会走向另一天真的极端，忘记文化是经源的载体，而文化又是人在历史人生中发挥其全部属性的周到的接纳与表达，反过来人又是在历史中被文化陶冶与培育，因此一个 20 多个世纪之后的读经者，以他现在所生活的时代与接受的培育和经历很难单纯地回到数千年前的一个文本，所以信仰需要本地化，但这又是一个信仰与理性的综合过程。

作者单位：北京天主教神哲学院

联系方式：2840726681@ qq. com

四、神人以和：天主教本地化研究

从利玛窦的《天主实义》看有关基督论的问题

□李景玺

一、引　言

利玛窦（Matteo Ricci S. J.，1552—1610）是意大利耶稣会士。早年，他在意大利学习了法律、修辞学、数学、天文学和地理学等，这些学科为他日后的科学研究和传教工作带来了很大的帮助。为了传播基督的福音，他远渡重洋于明朝万历十年（1582 年）来华。通过介绍西方科学知识，来吸引中国士大夫阶层的关注，并以此作为打开传教事业局面的方法，从而开创了中西文化交流史上一个新时代。

利玛窦采用文化适应的传教策略（合儒—补儒—超儒），给中国人讲解天主教教义。在他认真研读中国经典著作之后，从中找出了很多切入点，并以文化比较的方式来阐明基督宗教思想在中国文化里的根据。利玛窦认为：儒家文化和天主教思想不但不矛盾，而且有很多相通的地方，同时，他采用“天主”一词来表达基督信仰中的“神”（God）。他贯彻“以文会友，以友辅仁，以仁传教”的方法来不断扩展传教工作，最终结出了丰硕的果实。利玛窦十分重视文字福传，经过两年的笔耕，他用中文撰写的《天主实义》于 1603 年出版，当时此书震惊了中国士大夫阶层。此书是一本关于宗教学、伦理学、人类学及神学方面的著作。此书内容丰富，推理严谨，可读性强。明代进士徐光启（Paul Xu，1562—1633）看到此书时爱不释手，字斟句酌，受益良多，随后领洗加入天主教。

本文不对利玛窦在科学方面的成就多着笔墨，而是关注《天主实义》中有关神学的问题。通过分析文本，探析利玛窦如何向中国士大夫阐述基督论？为什么当时他的神学教导引起了其他修会会士的反对？今天我们应如何看待利玛窦的传教策略及其神学表达？他的适应策略对今日本地化神学的建立和发展有何启发？

二、利玛窦生平及传教经历

（一）利玛窦生平简介

利玛窦（字西泰）于 1552 年 10 月 6 日出生在意大利玛尔凯省马切拉塔城。9 岁入耶稣会创办的小学读书，16 岁进入罗马耶稣会兴办的日耳曼公学学习法律，19 岁进入圣安德肋耶稣会初学院并加入耶稣会。1572 年，利玛窦开始在罗马公学院（后改名为额我略大学）学习神哲学，随后又师从德籍教授克拉维奥（C. Clavius）学习数学，克氏是伽利略的好朋友，并著有《几何纲要》。这本书也成为利玛窦后来与徐光启合译《几何原本》的蓝本。1577 年 5 月 18 日，罗马耶稣会总会派遣 14 位传教士分乘三艘帆船前往远东印度传教。利玛窦与罗明坚（Michele Ruggieri S. J.，1543—1607）两人同乘一艘帆船，于 1578 年 9 月抵达印度果阿（Goa）。由于当时航海条件非常恶劣，多半人死在航海途中，利玛窦虽未病倒，但已疲惫不堪，休养数月，方才复原。① 利玛窦在果阿继续攻读神学，并在当地修院教授拉丁文和希腊文。在他修完所有神学课程之后，于 1580 年 7 月 26 日晋铎（圣神父），接着开始了他期待已久的传教工作。

（二）利玛窦的传教经历

1582 年奉耶稣会远东传教区视察员范礼安神父（Alessandro Ualignano S. J.，1539—1606）之命，利玛窦经马六甲转往中国，首先到达澳门，学习汉语。1583 年，他和罗明坚离开澳门抵达广东肇庆筹建仙花寺（教堂）。教堂的门首悬挂着“仙花寺”匾额，而中堂则悬挂着“西方净土”匾额，同时供奉着圣母像，参观者络绎不绝。为了宣讲教理，利玛窦刻印

---

① 徐秋鑫编著，梅乘骏校对：《徐光启与利玛窦》，39 页，上海，天主教上海教区光启社，2007。

了第一本中文教理书《琦人十规》，目的是让人恭敬天主，孝敬父母，不贪财，不贪色，不损人利己，即天主十诫。不久，他又绘制了一幅《山海舆地全图》(又称《万国全图》)，并把它悬挂在仙花寺厅堂中。观看者能够清楚地从地图中看出：除了中国以外，世界上还有很多国家。利玛窦利用自己所学的地理知识和从欧洲带来的自鸣钟等新奇之物，来吸引中国学人们的兴趣，并趁机给他们宣讲天主教的基本教义。由于利玛窦在肇庆修建仙花寺（圣堂)，博得了当地官员和平民的好感，因此传教初步取得了成功。由于他名声远扬，因而有很多士大夫对他十分崇拜。瞿太素闻得利玛窦博学多才，便前往谒见，愿拜为师。他向利玛窦学习《同文算指》和《欧几里得几何学》。在学习数学的同时，利玛窦也给他讲解天主教的教义。瞿太素认为，利氏关于教义的阐发非常在理，他细心研读教理，后来领洗入教，成为天主教徒。

利玛窦初到中国时，身穿僧服。后来怕被别人误认为是佛教僧侣，便向范礼安神父请示改换服饰。1594 年 11 月，范礼安允准利玛窦可以蓄发留胡须，戴方巾，改穿儒服，并以秀才礼应对。从此，士大夫都以儒礼对待利玛窦，而且成为好朋友。利玛窦为了适应环境，努力钻研儒学，聘华人为师，深入地学习中国的经典著作。他很有语言天赋，不但能够用比较流利的汉语在教堂讲道，而且能够书写短文，时人莫不赞也。从那时起，他就开始撰写《天主实义》，1595 年在南昌脱稿刻印。其实在此之前(1593 年)，他就开始把中国的经典著作四书译成拉丁文并以题名 *Tetrabbilion Sinese de Moribus* 在欧洲出版，因此利玛窦成为西方“中国学”的鼻祖（卓新平教授语)。1594 年初，澳门又派郭居静神父（Lazarus Cattaneo S. J. , 1560—1640）来韶州（韶关）襄助利玛窦治理教务，由于韶州已修建教堂，同时这里的传教事业发展平稳，因此利玛窦乘船北上。

1595 年中日在朝鲜的战事给利玛窦带来了一个进京的好机会。由于朝廷招用已退休的原兵部侍郎石兴北上入京待命。利玛窦以给石兴精神失常的儿子治病为由打算随从他赴京，后来石兴说，战争期间，大明帝国不允许外国人随便入京，但他答应带利氏去陪都南京。5 月 31 日，利玛窦随石兴来到南京。利氏非常高兴，因为他听说这里有一位他曾在广州相识的老熟人徐大任，现在任南京工部侍郎，利氏以前也赠送给他一个西洋贵重礼品天球仪，徐大任也曾几次帮助过利氏。于是，利玛窦决定带上礼物去拜访徐大任。可是，当利氏见到徐大任并告诉他要定居南京时，徐大任极力反对，并让利氏马上离开南京，因为他怕利氏给自己带来麻烦。利玛窦也知道自己来得不是时候，因为适逢日本进犯朝鲜，造成国内形势紧张，人心惶惶。当然没有人敢收留他，这也在情理之中。因此他不得不离开南京，重返南昌，择机再图北上。

在南昌期间，利玛窦结交当地官绅名仕，如名医王继楼、宗室建安王、名仕章本清等。由于利玛窦有着非常好的记忆力，能把中国的诗书很流利地顺背倒背，因此他们盛赞利氏的道德才学。当时江西巡抚陆万垓允准利玛窦在南昌城内购地并修建教堂。1595 年冬，利玛窦写成了他的中文处女作《交友论》并在南昌出版。虽然这本书只有 3500 字，但是它使利玛窦进一步赢得了中国人的信任，同时也成就了利玛窦。正如教宗若望·保禄二世在《利玛窦到北京四百周年国际学术研讨会》致辞中所说的："利玛窦成为现代科学在中国的发起人，现代汉语语言学和文学的源头，钟表匠的保护人，西洋艺术的传入人，让西方人认识中国的第一人，让福音喜讯与教会能在中国文化里降生的人。"① 由于利玛窦广交名绅学士，因此他在南昌的传教事业得以不断扩展。通过在肇庆、韶州和南昌的传教经验，利玛窦深深地感觉到，要使基督的福音在中国发扬光大，必须深入研究中国文化，了解民情，才能开展传教事业。

1598 年 6 月 25 日，利玛窦再次来到南京，他想随已经辞官回乡海南的原南京礼部尚书王忠铭一同去北京。因为王忠铭得到复官原职的命令，一个月后他去北京为皇帝庆贺诞辰（9 月 17 日生日）。可是由于中日在朝鲜的战争仍然处于胶着状态，南京气氛十分紧张，没有人敢公开接待外国人。利玛窦晚上待在小船里，白天偷偷拜访朋友。由于戒备森严，不可久居，逗留十日，利玛窦只好离开南京。1598 年 9 月，对中、朝发动战争的丰臣秀吉死了，临死前他命令日本军队撤出朝鲜。这样一来，困扰大明帝国多年的战争终于结束了，而且国内形势已趋平稳。利氏于 9 月 7 日抵达北京。可是，事情不是他所想象的那么顺利，王忠铭尚书入阁之事未能

① 萧潇：《〈交友论〉与利玛窦传教成果之间的关系及梵二会议精神下今天的福传》，见赵建敏主编：《天主教研究论辑》（第七辑），456~457 页，北京，宗教文化出版社，2010。

如愿，由他介绍的朝廷大员也没有一人愿意代为引见（皇帝），因此利氏不得不退居南京。1599 年 2 月，利玛窦第三次来到南京。由于没有战争阴云的笼罩，利玛窦感觉到现在南京城的气氛与他前两次来宁时迥然不同了。身居高位的礼部尚书王忠铭身着盛装官服，按照传统的礼仪破格接待了利玛窦，此事惊动了南京官场。后来在王忠铭尚书的帮助下，购买了几间工部空房作为安身之所。南京各部大员都很喜欢与利玛窦交往，尤其礼部侍郎叶向高与利氏交往甚密。在南京的新居内，利玛窦展示了他带来的各种贡品，吸引了当地的官员和名士络绎不绝地来观赏。他趁机给他们讲论西洋学术、外国风土人情，同时介绍天主教教义。

当时在南京城中有位对佛学深有研究的学者名叫李汝祯，官居南京大理寺卿。他对利玛窦所主张的“易佛补儒”不以为然，但他久仰利玛窦博学多才之大名，因此把利氏邀请到家里来参加辩论会。参加辩论会的宾客很多，其中有南京名僧三淮和尚（黄洪恩）。三淮和尚打开话题，谈论人性善恶的问题，宾客中多有应和者。有人主张人性本善，有人认为人性本恶，也有人主张善恶来自先天气质。利玛窦知道是李汝祯有意向他提出挑战，本想保持沉默，看到座客对他有鄙视之意，并笑问利氏对此有何看法。利玛窦先把不同见解详加分析，然后驳斥三淮和尚所主张的“人性不善不恶”。利氏这样说道：“万物皆上天所造，人性来自上天；上天为神明，是至高至善；人性与上天的性理既相同，人性何能不善？”① 此时三淮和尚引用佛经和老庄之言加以辩驳，利玛窦则引用六经来加以反驳。中国有句俗语“不打不相识”。在这次论学辩道中，利玛窦占了上风，折服了其他宾客，也因此博学多才之名传遍了南京士林。同时南京的教务兴旺，教友人数日益增多，利玛窦进京之心亦非常迫切。

1600 年 5 月 18 日，利玛窦与庞迪我神父（Didace de Pantoja S. J., 1571—1618）拿着南京礼部所发的路照，并带着贡品由运河北上。可是因着太监马堂的刁难与阻挡，几经周折，直到 1601 年 1 月 24 日两位神父才踏入北京城。虽然当时万历皇帝未能亲自接见利玛窦，但是他派人收下了利玛窦送给他的礼物。然后在宣武门东侧赐地一片，让利玛窦长期居住，后来利玛窦又在此修建圣堂，译经传教，凭他的才学和渊博的知识，与达

① 《徐光启与利玛窦》，48~49 页。

官交往，谈学论道。由于传教心切，积劳成疾，心力交瘁，一病不起，利玛窦于1610年5月11日离世，享年58岁，自此结束了他在华28年的传教生涯。他高尚的品德与渊博的知识让世人称赞与羡慕。利玛窦在离世之前的几个月，完成了颇有价值的《中国传教史》（即《利玛窦中国札记》），为今日史学研究留下了宝贵的财富。

二、《天主实义》的成书背景

1579年，罗明坚来到澳门，在1580—1582年，他参观广州四次，最后他被允许定居肇庆。1582年，罗明坚已经撰写了关于基督宗教信仰的简介。1583年，在两位中国人的帮助（文字梳理）下，罗明坚的《天主实录》① 已经完稿，在经过范礼安的批准之后，这本书于1584年11月在肇庆出版，这是欧洲人在中国出版的第一本书。按照意大利学者柯毅霖（Gianni Criveller）的看法，《天主实录》既属于“基督宗教要理本”，因为它对关于天主、创造、灵魂的问题发挥了富于理性的论证，同时，它又包含“基督宗教道理本”的成分，因为它提到信经中的许多教条、十诫、圣洗圣事等。另外，它还具有一定的科学成分，因为它介绍了星球体系。总之，这本书包含三种不同的思想：（1）理性论证（要理本）；（2）关于教条的介绍（道理本）；（3）关于欧洲天文学的科学报告。② 罗明坚当时印刷了1500册，传行中国、韩国、越南和菲律宾。

1588年，罗明坚返回欧洲，因为他想在罗马组织一个教宗大使团，可是这一计划没有成功。③ 由于《天主实录》的中文表达比较粗糙，而且作者自称和尚并且使用佛教用语，可是他又批评佛教。另外，虽然罗明坚

---

① 当时此书的标题为《新编西天竺国天主实录》。

② 利玛窦著，梅谦立注，谭杰校勘：《天主实义今注》，4~5页，北京，商务印书馆，2014。

③ 由于范礼安对罗明坚的语言能力有些怀疑，更相信原来和他在罗马求学的利玛窦，所以当罗明坚提出了教宗大使团的计划时，范礼安就趁此机会把他送回欧洲。利玛窦也认为罗明坚中文不好，年龄太大（当时45岁），他赞成范礼安的决定。范礼安不但没有把罗明坚召回，而且他从亚洲下达一些命令，不允许罗明坚在欧洲出版作品。参见《天主实义今注》，5~6页。

提出五伦五常，但他从未引用四书五经。因此，在《天主实录》出版了许多年之后，仍然无法吸引士大夫们的注意。

1593 年，范礼安要求利玛窦撰写一本新的“要理本”来代替罗明坚的《天主实录》，而且新书要引用中国经典来说服士大夫，并向他们提供哲学论证以作为信仰的预备。经过酝酿之后，利玛窦认为，他可以把《天主实录》作为参考，至于材料的取舍，必须慎重考虑。对于新版“教理本”，利玛窦大量引用《天主实录》中的哲学论证，但他删除了“教条部分”，而只剩下耶稣基督道成肉身之说。他使用《天主实录》中三十多个段落，占他新作《天主实义》的百分之五。至于传教士的身份问题，利玛窦想必须以神父来代替和尚。1594 年，经范礼安允准，利玛窦放弃僧服，改穿儒服。因为当时儒家文化的社会地位比较高，利玛窦想补充儒家，因此在新书《天主实义》里，利玛窦变成了一位“西士”。除了撰写《天主实义》（要理本）之外，利玛窦还编写了一本《天主教要》（道理本），于 1605 年完成，它补充了罗明坚《天主实录》中教条的部分，主要针对天主教团体内部使用。针对那些对科学感兴趣的人，利玛窦撰写了具有科学价值的《几何原本》。但不管怎么说，利玛窦的《天主实义》很明显受到罗明坚的《天主实录》这本书的影响，其中采用对话形式就是一例（西士与中士的对话）。

1579—1582 年，范礼安在日本撰写了《基督宗教的信仰要理本》（*Catechismus Christianae Fidei*），亦称为《日本要理本》（*Catechismus Japanesis*）。在范礼安看来，传教的第一阶段应该从哲学开始，因此在《日本要理本》中，范礼安将其分为哲学部分与教条部分两个部分。利玛窦遵循了范礼安的建议，把哲学与教条二者分开。因此，在撰写中文著作的时候，针对士大夫他写了《天主实义》，对基督信仰有兴趣的人，他写了《天主教要》。如果我们把利玛窦的《天主实义》和范礼安的《日本要理本》做一比较，会发现两本书在内容上多有相似之处。《天主实义》的前七篇对应于《日本要理本》的前五讲。而且，在《天主实义》中，有很多段落是利玛窦从《日本要理本》中翻译过来的。其实两本书有重叠并不足为奇，因为 1593 年当范礼安要求利玛窦重新撰写一本书来代替罗明坚的《天主实录》时，他非常希望利玛窦能参照《日本要理本》来写。利玛窦认为他的建议很合理，因此他不但仿照《日本要理本》的目次，而且还把此书中很有价值的拉丁文原文翻译成中文，纳入他的《天主实义》中。①

通过上面的分析与比较，我们不难看出：利玛窦“抄袭”了罗明坚《天主实录》和范礼安《日本要理本》中的很多部分。因此，我们可以这样说，利玛窦继承了在日本的耶稣会士和罗明坚的思想，但是很多学者并没有注意到这一点。不过，我们也不能否认利玛窦的创意。其思想来源于他个人敏锐的观察力和数十年与士大夫的交往经验。另外，利玛窦是奉范礼安之命来完成这样一部著作的。范礼安要求利玛窦首先把儒家经典翻译成拉丁文，这意味着利玛窦必须先学习四书五经，等到对它们有正确的把握之后，才能把四书五经的内容与天主教思想系统比较，通过深入研究之后，方可找出两种文化之间的共同点。否则，利玛窦根本无法完成范礼安托付给他“借用儒家经典来撰写新要理本”的任务。事实上，利玛窦出色地完成了《天主实义》这部不朽的经典著作。虽然范礼安有远见，但利玛窦的功劳在于落实此计划。范礼安在《日本要理本》中主要针对佛教，并指出佛教在思想方面的不足，而利玛窦在《天主实义》中主要针对儒家，他必须从儒家经典中挖掘一些值得肯定的东西，即真正的一神教思想。②

三、《天主实义》关于基督论的问题

利玛窦用了大约两年的时间来撰写《天主实义》。其三分之二的内容撰写于1594—1596年，也就是他居留在韶州和南昌期间，其余三分之一补充于南京和北京。从此书的标题来看，《天主实义》可以从两个方面去理解：(1) 要说明“天主”③ 的真正意义（实义=正确）；(2) 要阐明“天主”是实在的，不是虚无的（实=实在）。从内容方面来看，《天主实

① 《天主实义今注》，11~12页。

② 同上，24~25页。

③ 同上，34页。利玛窦使用“天主”350次，使用“上帝”94次，以表达他所信奉的信仰不是新的，而是中国古人原有的信仰。但“天主”一词不是利玛窦发明，而是从罗明坚继承而来的。

义》共分八篇。第一篇讲关于天主存在的（理性）证明；第二篇解释世人错认天主；第三篇讲论人的灵魂不死不灭和禽兽大有分别；第四篇讨论鬼魂的问题；第五篇讲关于轮回与勿杀生的反驳；第六篇主要讨论人死后必有天堂地狱的赏罚来报答世人所行的善恶；第七篇论人性善及基督宗教的修行；第八篇讨论西方的宗教习惯、教士的独身及耶稣基督的生活。如果我们认真研读《天主实义》，让人感觉到这部著作提到基督宗教神学方面的内容不太多，而且比较零散，大多内容在探讨哲学、人类学和宗教学方面。只有在第八篇利玛窦用简短的段落来介绍有关基督论的问题，下面我们就对此文本进行研究与分析。

为了给中国士大夫介绍基督论，利玛窦先为其讲解为什么人类需要基督的拯救，是因为人类的元祖父母违反了天主的诫命，走向堕落，被天主赶出乐园，因而我们人类都沾染了原罪。但是，天主并没有舍弃人类，反而大发慈悲，派遣他的儿子（耶稣基督）降生成人，来拯救人类。利玛窦究竟如何给中国人介绍原罪论与基督论？

（一）有关原罪论的表述

士大夫认为，世界已经处于和平安宁的状态，根本不需要传教士。利玛窦反驳到：当今正处于乱世之中，比以往的世代苦难更多，正是因为人们不信天主且崇拜偶像所致。“现在的贤者讲学，急求外表，而不讲究内里，故外表与内里终究都坏了。因为从来没有听说过，内里积了恶，而不很快就发现在外表的。也有儒家的人，随自己私人的智慧，附会二氏的见解论来世，好比乞丐求吃人家的余饭，紊乱了正学。不像贵邦（西方）的学者，都总归到一个始元。”① 士大夫也承认此乃混乱的世代，正是由于一些儒家人士受了佛教与道教的负面影响，并且表示中国需要基督宗教。士大夫接着询问说：“然吴频领大教，称天主无所不通，无所不能，其既为世人慈父，乌忍我儕久居暗晦，不忍本原大父，贸贸此道途？曷不自降世界亲引群迷，俾万国之子者明睹真父，了无二

① 利玛窦著，刘顺德译注：《天主实义》，212 页，台北，光启出版社，1966。

尚，岂不快哉？”①（第 574 号）这段话表达出士大夫对自己的生活感到迷茫，同时对天主怀着信赖之心。他们想：既然天主无所不通，无所不知，那么这位大慈父一定不忍心让他们长久地生活在昏暗中，并在人生的道路上彷徨。为什么天主不亲自降生到世界上来，亲自引导迷途的群众，使天下万国的人都能认识真父，绝对没有两个真天主。岂不痛快吗？利玛窦说：我早已希望先生问这问题。如果中华学道的人，常问这个道理，必定已经得到了解答。现在我想说明世界上治乱的原因，请先生听吧！利玛窦首先阐明天主起初创造世界和人的时候，认为一切都好，人生活得也很幸福。天主命令各类鸟兽都顺听人的指使，没有敢侵害人的，但也命令人听命侍奉天主。乱与灾害，都是因为人背理违反了天主的诫命而来的。人既然违背了天主，万物也就违背人了。因着这些自作自受，许多祸患就生出来了。

从上面答复中我们可清楚地看出，利玛窦并没有直接阐述天主耶稣的降生，而是先论述天主的创世（创世论），然后又引出人犯罪得罪天主的实事。下面这段话更精确地表达出原罪神学的核心教导：“世人之祖已败人类性根，则为其子孙者沿其遗累，不得成性之全，生而带疵，又多相率而习丑行，则有疑其性本不善，非关天主所出，亦不足为异也。人所已习可谓第二性，故其所为难分由性由习，虽然，性体自善不能因恶而灭，所以凡有发奋、迁善、转念可成，天主亦必佑之。”②（第 578 号）这段话的意思是：世人的元祖败坏了人类的性根，因此后代子孙都受了贻害，不能承受到完善的本性。生来带有缺点，又多互相效法丑行。于是有人怀疑人性本来就不是善的，也就不足为奇了，但并不是由天主而来。人的习惯，可以说是第二本性，所以究竟出于本性还是出于习惯也就难以分辨了。人的性体本是善的，不能因着作恶而消灭，因此凡是愿意发奋改恶迁善的，只要回心转念就可以成功，天主也必定加以保佑。我们可以清楚知悉：利玛窦想让士大夫了解基督宗教（天主教）对于人性本善的主张，最初天

① 利玛窦著，马爱德主编：《天主实义》，胡国桢、蓝克实译注，444 页，台北，光启出版社，1985。为了研究方便，后来才加上编号的，这里的编号为第 574 号，下同。

② 同上，446 页。

主创造人的时候，人性是善的，可是因着元祖犯罪，人性受到损害，因此人有作恶的可能。虽然人性有了瑕疵与缺点，但这不是从天主而来的。因此我们可以这样说，利玛窦所说的人性本善，是指人在原罪堕落之前的善。① 人只要愿意迷途知返，努力行善，天主一定会助佑人达到成全的地步。但不可否认，因着原罪的贻害，人容易作恶，难以行善，因为善已被削弱了。利玛窦也明确地指出了这一点，他说："但民善性既灭，又习乎丑，所以易溺于恶，难建于善耳。天主以父慈恤之，自古以来代使圣神继起，为之立极，逮夫淳樸渐漓，圣贤化去，从欲者日众，循理者日稀。"②（第 579 号）

从上面的对话可以看出：利玛窦首先肯定人性本善，因着元祖的犯罪，人性败坏，因此人类都染有原罪。因为人性受到贻害，所以人的善也被削弱了，人行善也不容易了，就像在逆水里行舟一样。利玛窦借用《圣经》的思想来阐释原罪具有普遍性。正如保禄宗徒所说的："故此，就如罪恶借着一人进入了世界，死亡借着罪恶也进入了世界，这样死亡就殃及了众人，因为众人都犯了罪。"（罗 5：12）这段经文告诉我们：亚当的罪把人引到一个被控制、被奴役的势力当中，而且在人还没有自由决定以前，已经深深地受这股势力的牵制。因此，人一出生，就是在这股势力所控制、所奴役的世界里，无论人喜欢不喜欢，他都必须在这股恶势力的控制下生活。③ 但是我们会问：亚当的罪（原罪）和人后天所犯的罪（本罪）有什么关系呢？首先，亚当之罪把人引入位格化罪恶的势力当中；其次，虽然恶势力迫使人行恶，但是并不能勉强人犯罪，除非人自由赞成。可是实际上，人常常顺从恶势力的推动去犯罪。因此，我们可以这样说，亚当的罪和位格化的恶势力，往往是人犯罪的远因。④ 由于世风日下，社会风气、伦理道德每况愈下，随从私欲的人越来越多，因而行善的

---

① 于雯：《利玛窦与王阳明人性论与人生修养论比较》，见《天主教研究论辑》（第七辑），421 页。

② 《天主教研究论辑》（第七辑），446 页。

③ 佘山修院改编：《原罪论》，45 页，上海，天主教上海教区光启社，1995。

④ 《原罪论》，46 页。

人越来越少。这也是利玛窦从另一个视角阐明了原罪的社会性，从外在来阻止人去行善。由原罪的普遍性，引发救恩的普遍性——人需要基督的救赎，因此天主耶稣降生成人，来拯救人类和充满罪恶的世界。

（二）有关基督论的表述

虽然人类犯罪得罪天主，但天主并没有放弃人类，他怜悯众人，亲自降凡，把人类从罪恶中拯救出来。在表达基督的降生救赎行动时，利玛窦这样描述："于是大发慈悲，亲来救世，普觉群品，于一千六百有三年前，岁次庚申，当汉朝哀帝元寿二年冬至后三日，择贞女为母，无所交感，托胎降生，名号为耶稣——耶稣即谓救世也——躬自立训，弘化于西土三十三年复升归天。此天主实迹云。"①（第580号）这段有关耶稣基督降生的史实十分清楚：为了拯救人类，天主大发慈悲，亲自降生救世，饱尝人间疾苦，在一千六百零三年前，岁次庚申，在汉朝哀帝元寿二年，冬至后三日（12月25日），选择贞女作为母亲，没有交感，托胎降生，名字叫耶稣，意思是救世者。亲自立训，在西方教化三十三年，又再升天去，这就是天主的行实。② 我们可以清楚地看到：利玛窦在基督论方面的描述十分简短。他交代了耶稣降生的时间（在西方和在中国历史上的具体时间），不是来自男女的交媾，而是由童贞女诞生，耶稣在世传教三十三年，然后上升天庭。当士大夫听利玛窦讲述关于耶稣基督的降生救世之后，他们又询问到：如何证明耶稣是真人，又是真天主呢？假如是他自己说的，恐怕不足凭信，当时的人如何证明的？利玛窦用新、旧约二者之间的关系来阐述耶稣是人而天主。他进一步解释到：在旧约时代的先知们（古圣人）身上所发生的奇事以及《旧约》所预言的天主降生的意义与预订的时间，在世人的盼望中完成了。世人考察天主耶稣的作为，这些和古圣人所记载的完全吻合。也就是说，先知的预言和世人所看到的完全相符，因此我们应该对天主降生救世的奥迹全信无疑。③ 有关耶稣所显的奇能，利氏这样论述："验其所为，与古圣所记如合符节：其巡游诏谕于民，

① 利玛窦著，马爱德主编：《天主实义》，448页。

② 同上，215页。

③ 同上，216~217页。

聋者命听即听，盲者命视其视，哑者命言即言，跛者命行即行，死者命生即生，天地鬼神悉畏敬之，莫不听命也。既符古圣所志，既又增益前经，以传大教于世，传到之功已毕，自言期候，白日归天。”①（第589号）从这段话可以看出，利氏为了证明耶稣具有天主性的能力，说正如古圣人所记载的：耶稣使聋子听见，盲者复明，哑巴说话，跛子行走，死者复活，天地鬼神都敬畏他，并听从他的命令。这样既印证了先知们的预言是真实的，同时又增补了以前的经典。因此这伟大的教化，便流传到世界上来。当这传道的功业完成之后，就在自己预先说明的时候白日升天。利氏为了从历史性方面对耶稣的事迹加以确定，他这样说：“时有四圣录其在世行实及其教语，而贻之于列国，则四方万民群从之，而世守之。自此大西诸邦教化大行焉。”②（第590号）这段话有力地证实了当时耶稣的行实被四位圣史所记录，同时耶稣的教训传留到许多国家，并且拥有很多信徒。他们世代遵守耶稣的规诫，因此西欧许多国家教化大行。

从以上利玛窦对于基督论的论述中，我们不难看出，他只讲论耶稣的降生，耶稣在世33年的传教生活，耶稣升天以及耶稣是真人而真天主，但是利氏没有提到耶稣的死亡与复活。很明显，这样的基督论是一个不完整的基督论。我们知道天主教的核心信仰就是耶稣的死亡与复活，利玛窦曾在耶稣会受过严格的神学训练，他对基督论应该非常熟悉，但是他为什么对耶稣的死亡与复活避而不谈？笔者认为有以下原因：

（1）利玛窦于1600年去北京的途中发生了一件让他难忘的事。那年下半年，太监马堂在利玛窦的行李中发现了一个漂亮的、木质的、上面描绘有鲜血的、看起来活生生的耶稣在十字架上的受难像，利玛窦和庞迪我便成了太监马堂的阶下囚。马堂怀疑这是黑巫术，认为他们制造这邪物是为了杀死皇帝，创作这种艺术品的人不可能是善良的人。③ 从这次经验中，利玛窦深知：中国人对十字架很反感，认为是一种巫术，因此不能给中国人讲耶稣的苦难与死亡。

① 利玛窦著，马爱德主编：《天主实义》，452页。

② 同上，452页。

③ 柯毅霖著，王志成等译：《晚明基督论》，376~377页，成都，四川人民出版社，1999。

（2）利玛窦在中国数十年的传教经验告诉他，开始给华人传教时，不能提到十字架，因为他们不能接受。他们会问：救主耶稣为什么要被判处十字架的酷刑？就像杨光先所说的：耶稣只不过是西方一位被判处死刑的囚犯，十字架上的囚犯怎么能成为人类的救主？难道造反有理？由于怕中国人误解，所以利玛窦不提耶稣的死亡，也避免谈论耶稣的复活。

（3）利玛窦也没有谈到耶稣是天父之子，也没有提到三位一体（圣三论），他认为这些神学思想很复杂，中国人不容易明白，但他却在另一本书《天主教要》（1605）里谈及了。①

（4）利玛窦认为，给中国人传教应该先从天主的爱谈起，因此他对耶稣的降生救世谈论得比较多。等中国人对耶稣有所了解之后，才能慢慢地讲耶稣为爱世人，心甘情愿地死在十字架上，以便中国人易于接受。

（5）虽然利玛窦没有提到耶稣的苦难与圣死，但在利玛窦之后的其他耶稣会士在其著作中都谈到十字架神学，比如艾儒略（Giulio Aleni. S. J.，1582—1649）在其《天主降生引义》（1634）第十五章中这样写道："天主是至大的，但是他却要成为人，并且要遭受苦难。天主必须经历十字架的苦难，如何成为可能呢？"② 值得关注的是庞迪我的《受难始末》，在此书中他第一次详尽地叙述了耶稣的苦难和救赎奥迹。另外，在艾儒略来华前，罗如望（Jean de Rocha S. J.，1566—1623）于1620年出版了附有说明十五种奥秘的《诵念珠规程》，谈到了耶稣受难的形象。其实，耶稣的苦难和被钉十字架一直是耶稣会士出版的主题，同时耶稣会士在寻找适当的方式和手段来展示受难基督的形象。③ 罗如望首次创作的基督宗教艺术作品取得了良好的效果，他的作品标志着耶稣会士以中国风格将基督的信息本土化。在罗如望关于基督的画像中，基督具有中国人的特征，并处在典型的中国环境中，他的作品对艺术的本土化有着重要的意义。

由于耶稣会采用的传教方法不同，因而导致其他修会会士（本笃会、

---

① 《天主实义今注》，52页。

② 马雷凯（Roman Malek）：《耶稣基督的中国面容》（*The Chinese Face of Jesus Christ*），Vol. II，Sankt Augustin-Nettetal，2003，p. 765。

③ 《晚明基督论》，404页。

道明会和方济会）对利玛窦及其同伴产生误会。道明会反对耶稣会，他们指责耶稣会士没有勇气公开宣讲福音，而且没有正确地给中国人传播天主教教义。他们还有一个惊人的发现：在同一个教堂里竟然有两个圣坛：一个是献给救主的，上面有耶稣的画像，另一个是献给皇帝的，上面挂着天子的画像。所谓天子的画像只是一个牌子，上面写着七个字："陛下万岁万万岁"。其实，这个教堂是皇帝送给利玛窦的礼物，耶稣会士把写着祝皇帝长寿的木匾放在桌上以表示感谢皇帝。当然这些指责就变成了一种舆论，他们认为耶稣会在中国隐瞒基督的十字架，是偶像崇拜者，因为他们把异教的皇帝放在与圣子同等的地位。① 道明会士在街头手举十字架，公开宣讲十字架上的耶稣。他们这样大胆地举起十字架上的基督，本身就是对耶稣会士不敢公开显露十字架的有力回击（对抗）。耶稣会士行事比较谨慎，虽然他们同样充满了宣扬耶稣基督的热情，但他们更注重于思考如何才能更好地把十字架表现为一种拯救的象征。经验告诉耶稣会士，只要充分地、正确地表达了耶稣受难事件中救赎的含义，就能唤起中国人内心深处的情感。意大利学者柯毅霖认为，利玛窦在其《天主实义》第八篇有关基督论的叙述中，省略了受难和死亡，其目的是想逐步引导听众去发现基督。有关基督的知识，应该是个人不断追求真理所带来的自然结论。追求这种真理的人应首先有灵性的动机，只有这样的人们才准备接纳作为基督之奥秘的新事物。②

四、结　语

本文通过对利玛窦传教经历的研究和对《天主实义》写作背景的分析以及有关神学问题的探讨，分析了利玛窦的传教策略及对文化适应的正确把握。在利玛窦生活的年代，当时的神学模式是把教会放在天主拯救人类计划的中心。然而利玛窦却采用另一种模式，这种模式暗示着：天主通过自然启示、良心的律令、道的种子等来拯救世人，这充分显示出他很强的适应性。汉学家钟鸣旦认为，虽然当时的士大夫很赏识利玛窦，但是利氏还没有

① 《晚明基督论》，168 页。

② 同上，402~403 页。

达到本土化的阶段。尽管如此，我们也不能指责利玛窦，因为他远远地走在时代的前列。也正是利玛窦的适应策略才开辟了本土化的道路。①

利玛窦是一位杰出的耶稣会士，他是西方人在中国进行学术传教的奠基人。可以想象，他能够在一个十分封闭、认为唯有华夏文化为世界文明的中国站稳脚跟，并逐渐在士大夫中产生影响，是十分不容易的。当然这与利玛窦的传教策略有关，即顺应士大夫的社会环境。一方面，他认真学习中国语言，钻研中国经典著作，汲取中国文化以及习俗而归化中国人；另一方面，他利用西方科学技术引起士大夫的好奇，以结交达官贵人，其目的是利用西方科学技术和中国的古代经典，小心翼翼地传播天主教教义。②

众所周知，在利玛窦时代，中西文化发生过重要的碰撞，但这种碰撞解释了两种文化间所有友好交流所特有的内容。耶稣会士虽然不能克服在华传教时遇到的所有挑战，可是他们在中西方两个世界相遇。笔者认为，这两种文明的相遇将继续进行。利玛窦及耶稣会士已经发现本土化和对话是相遇的上好道路。利玛窦开启了文化相遇之门，他超越了种种限制，使这种相遇在友谊的旗帜下进行。

虽然利玛窦在《天主实义》中表达了一种“不完整”的基督论，但是我们必须了解他所处的时代背景以及他的策略。他想把基督描述成个人追求宗教真理旅程的最后结果，因此大部分重要的基督论奥秘是献给那些决心坚持新信仰的人。我们也不能因利玛窦在基督论的表达中缺少了基督的十字架，而否认他对耶稣基督的赤诚信仰。总之，利玛窦的经验对中西文化交流及本地化神学思想的建设以及当代福传都具有十分重要的启发性。

作者单位：陕西天主教神哲学院

联系方式：franzlijingxi@ hotmail. com

---

① 《晚明基督论》，403 页。

② 马雷凯（Roman Malek）：《西学与基督宗教在中国》“Western Learning and Chritianity in China,” *The Contribution and Impact of Johann Adam Schall von Bell, S. J.* （*1592—1666*），Vol. 2，Sankt Augustin-Nettatal，1998，p. 728。

文艺复兴与中国晚明

——试析庞迪我《七克》之西学来源

□王喜亮

一、引　言

从利玛窦时代开始，明清耶稣会士就陆续有介绍欧洲科学及思想的中文作品问世，这些或译或述的作品拓展了当时中国人对于世界地理及学问研究的认知，同时也是传教士与中国士林对话沟通的文本媒介，并由此逐渐奠定了天主教在中国本土立足的受众基础。明清传教士著作的总量十分庞大，晚明时期耶稣会士金尼阁从欧洲返华，与之俱来的就有所谓“来华七千部”之说。① 这类著作在当时多以“西书”称之，并已有许多文人士大夫尝试对此进行“会通”，尽管有时也招致激烈反对与批评。类似于早期汉传佛教之“译经”，明清“西书”大多是中西合作的产物，由传教士口授中国文人笔录，或传教士自撰而中国人为之润色。由于来华传教士都是在欧洲的教育和思想背景中熏染而成，故其作品主要反映了当时欧洲的学术旨趣，并在中国的处境中进行了“调适性”的应对。从利玛窦向晚明文士介绍欧洲学问开始，带有文艺复兴时代特征的“西书”便在中国士林中间散播，其范围囊括了天文、地理、数学、几何、军事、医药、

① 方豪：《明季西书七千部流入中国考》，见《方豪六十自定稿》（上），39~54页，台北，学生书局，1969；方豪：《中国天主教史人物传》（上），179~184页，北京，中华书局，1988。

文学、哲学、神学诸方面的研究，成为明清学术脉络中不可或缺的一环。①

西班牙籍来华耶稣会士庞迪我（Didace de Pantoja，1571—1618）在明末清初中西文化交流史上具有非常重要的地位，他不仅是晚明来华的天主教先驱之一，同时也是利玛窦“适应”政策的重要后继者。1610 年利玛窦去世之后，庞迪我与熊三拔联名上疏大明皇帝请赐葬地，为中国天主教事业做出了重要贡献。② 1616 年“南京教案”爆发，庞迪我作为主要涉案人员最终被驱逐出境，于 1618 年病逝于澳门。庞迪我这位“最伟大的西班牙汉学家”③ 传世的著作不多，主要有《七克》《庞子遗诠》《天主实义续篇》《辨揭》等，④ 其中《七克》以洋洋七卷九万余言的篇幅，成为他一生中最主要的著作。本文选取《七克》作为主要文本，尝试分析其中蕴含的文艺复兴时期的神哲学思想，探究其中属于欧洲学术系统的思想来源，以及文艺复兴会通中国晚明的文本证据。《七克》这部堪与《天主实义》媲美的重要著作大约成稿于 1604 年，1614 年初刻于北京，其中中国士人为《七克》作的序跋便有六篇之多，⑤ 可见它的重要性及流

① Nicolas Standaert, “The Transmission of Renaissance Culture in Seventeenth-Century China,” In *Renaissance Studies* Vol. 17, No. 3, pp. 367-391. 在此文中钟鸣旦将文艺复兴文化在中国的介绍主要划分为三期：第一期以利玛窦为代表进行了选择性的介绍（1582—1610），第二期以龙华民和金尼阁为代表，尝试做更为系统性的翻译（约 1620—约 1630），第三期宫廷传教士在第二期的基础上接续译介亚里士多德哲学，但最终以失败告终（1640—1683）。

② 费赖之（Louis Pfister, S. J.）著，梅乘骐、梅乘骏译：《明清间在华耶稣会士列传：1552—1773》（*Notices biographiques et bibliographiques sur les jésuites de l'ancienne mission de Chine*, 1552—1773），82 ~ 87 页，上海，天主教上海教区光启社，1997；张铠：《庞迪我与中国》，197 ~ 205 页，郑州，大象出版社，2009。

③ 《中国天主教史人物传》（上），141 页。

④ 参叶农、罗诗雅：《与巨人同行——西班牙籍耶稣会士庞迪我及其中文著作》，载《世界宗教研究》，2015（6）。

⑤ 不同版本的《七克》在序跋上存在一些差异。参阅陈拓：《求其友声：明末清初汉文天主教文献序跋中的中西互动》，68 ~ 87 页，复旦大学硕士学位论文，2016。

行程度。①

对于《七克》的研究，学界多聚焦于其中的道德箴言及修养论上，②对其中的西学来源未予深究。本文对《七克》文本的研究试图揭示，《七克》的思想来源不仅包括《圣经》，还有古希腊罗马名哲言行、中世纪经院哲学、天主教圣人传记等，带有强烈的欧洲文艺复兴时期的特征。

二、《圣经》经文及故事的采用

欧洲特兰托大公会议（Council of Trent，1545—1563）对于《圣经》翻译持谨慎态度，从而导致《圣经》在明清之际迟迟没有完整的中文译本。③ 较为完整的中文译本迟至贺清泰（Louis de Poirot，1735—1814）的

---

① 关于《七克》之流传及影响，参阅邹振环：《晚明汉文西学经典：编译、诠释、流传与影响》，129～144 页，上海，复旦大学出版社，2011；张先清：《庄起元及其“读〈七克〉西书有感”诗——兼谈〈七克〉一书在明清知识界的流传及影响》，见氏著《小历史：明清之际的文化相遇》，20～32 页，北京，商务印书馆，2015。

② 对《七克》的研究主要有林中泽：《晚明中西性伦理的相遇——以利玛窦〈天主实义〉和庞迪我〈七克〉为中心》，广州，广东教育出版社，2003；何俊：《西学与晚明思想的裂变》，上海，上海人民出版社，1999；韩思艺：《从罪过之辩到克罪改过之道——以〈七克〉与〈人谱〉为中心》，北京，中国社会科学出版社，2012；韩思艺：《克罪灵修与改过工夫的会通：以〈七克〉与〈人谱〉为中心》，载《宗教学研究》，2014（4）；孙琥塘：《“天学”与“儒学”——从〈七克〉看中西宗教文化的求同存异》，见《天主教研究论辑》（第九辑），298～307 页，北京，宗教文化出版社，2012；朱幼文：《“道德战”与文化会通——析庞迪我的〈七克〉》，载《华东师范大学学报》（哲学社会科学版），2001（2）；《析庞迪我的〈七克〉》，载《宗教学研究》2002（1）；Robert Richmond Ellis，“Representations of China and Europe in the Writings of Diego de Pantoja：Accommodating the East or Privileging the West?” *Western Visions of the Far East in a Transpacific Age*，1522—1657，ed. Christina H. Lee，Burlington：Ashgate Publishing Company，2012，pp. 101-115。

③ Nicolas Standaert，*Handbook of Christianity in China*. Leiden；Boston：Brill，2001，pp. 620-624.

《古新圣经》出现才算基本告成,① 这与近代基督新教大力翻译《圣经》的做法有所不同。庞迪我时期的官方《圣经》是武加大译本（sixto-clementine Vulgate，1592），尽管《圣经》在当时未见翻译，但早在1604年，利玛窦就已将一套八卷本精装的普兰丁版《圣经》（Plantin Polyglot）带入华土，并使得当时的中国人对其质量和装帧大为惊叹。② 其他一些与《圣经》相关的译著在晚明也时有刊行，如《天主教要》《圣经约录》等就已简单介绍了《主祷文》、十诫、七圣事等基本教理，其后艾儒略（Giulio Aleni，1582—1649）则通过《天主降生引义》（1634）、《天主降生言行纪略》（1635）、《天主降生出像经解》（1637）一系列著作更为系统地阐述了《圣经》福音书中关于耶稣基督的生平与事迹，而阳玛诺（Manuel Dias，1574—1659）的《圣经直解》（1636—1642）更是以十四卷的庞大篇幅成为明清之际最具代表性的中文《圣经》注释译本。③

庞迪我撰写《七克》主要针对的是人身上的“七宗罪”（Seven Deadly Sins）：“骄傲”“嫉妒”“悭吝”“忿怒”“迷饮食”“迷色”“懈惰于善”，并分别提出了对治七罪的“七德”：“谦让”“仁爱人”“舍财”“含忍”“淡泊”“绝欲”“勤于天主之事”。为提高证道的权威性及说服力，庞迪我大量择取了《圣经》中的智慧之言及耶稣的讲道，使得《圣经》成为《七克》一书中最重要的思想来源。《七克》属于典型的欧洲中世纪“主题证道辞”（Thematic Sermon），不仅从《圣经》中寻章摘句，而且征引古代教父的名言警语，也杂采著名异教贤哲的言行，每一主题都可视为是一篇证道辞，“总主题一经提出，证道者继而会将之区隔成若干

① 《古新圣经》在贺清泰生前未予刊行，当代出版见李奭学、郑海娟编：《古新圣经残稿》，北京，中华书局，2014。研究参阅李奭学：《明清西学六论》，178~278页，杭州，浙江大学出版社，2016。

② 利玛窦著，文铮译，梅欧金（Eugenio Menegon）校：《耶稣会与天主教进入中国史》，352~353页，北京，商务印书馆，2014。

③ Nicolas Standaert, “The Bible in Early Seventeenth-Century China,” *Bible in Modern China: The Literary and Intellectual Impact*, eds. Irene Eber, Sze-kar Wan & Knut Malf, Sankt Augustin: Institut Monumenta Serica, 1999, pp. 31-54.

相关的部分，其下再细分成许多子目”①。在《七克》中，庞迪我分别使用了“经”“圣经”“天主经”三种词汇来指涉《圣经》原典，而最频繁采用“经曰”“经云”的形式来表明对《圣经》原文的征引，大部分属于意译。《七克》通篇征引《圣经》经文约有两百处，尤其偏好征引《旧约》智慧书中的《箴言》（*Proverbs*）及《德训篇》（*Ecclesiasticus*），其次是福音书，少部分征引了先知书及使徒书信。仅卷二“平妬”中《仁爱人》一章，就明确征引了《圣经》共21处：《申命纪》（*Deuteronomy*）1次，《箴言》4次，《德训篇》5次，福音书5次，《罗马书》（*Romans*）2次，《格林多前书》（*1 Corinthians*）3次，《若望一书》（*1 John*）1次。②这种高密度且跳跃性极大的经文使用方式，暗示出庞迪我也许不是凭借自己的记忆力来查阅《圣经》，而很可能使用了某种主题汇编型的手册（handbook）。

除了经文警语的征引，《七克》也时有对《圣经》故事的挪用，但庞迪我并不交代它的《圣经》来源。实际上，庞迪我将《圣经》中的四个故事整编进了《七克》，其中三个来自《旧约》，另一个化用了《新约》中耶稣的讲道。《旧约》中的三个故事分别关于求智慧的撒罗满王（Solomon）③、受苦的约伯（Job）④、先知达尼尔（Daniel）被烈火考验的三个朋友⑤。《七克》三次提到撒罗满⑥，其中两次引用其箴言，另一处则介绍了他向上帝求智慧的故事：

> 撒落满，西国大王也，钦奉天主最纯最敏。天主遣天神谓曰：“随尔所祷，我悉从尔。”王曰：“予小子年幼识薄，国民众多，恐不

① 李奭学：《中国晚明与欧洲文学：明末耶稣会古典型证道故事考诠》，40页，北京，三联书店，2010。

② 吴相湘主编：《天学初函》，817~834页，台北，学生书局，1965。

③ 《旧约·列王纪上》3章5~14节、《旧约·编年纪下》1章7~12节。本文中《圣经》卷名及人名均采用思高译本，下同。

④ 《旧约·约伯传》1~3章。

⑤ 《旧约·达尼尔》3章。

⑥ 《七克》对撒罗满王的译名前后不统一，分别使用了撒辣满、撒落满、撒罗满三种称呼，实为同一人。

> 足膺此重任也。望主赐我良善心、明朗识，可辨别善恶当否，以抚此大众也。”天主大喜曰：“不求富寿复讐，特求治人之智。今如所求大智，令绝前绝后，莫与比者，此外复益尔所未求富寿荣名也。”①

这则故事出现在《七克》卷三“解贪”条目下，旨在对治世人于财富之无穷欲望。庞迪我释“贪吝”为“无度之财愿”，故克治之道首在遏制贪心。此故事的道德含义，就在于将世人对财富的欲望转化为对智慧的渴求，并最终合于天主之道，如庞迪我自己所言：“君子永贞，一心奉事天主，有余力，或以求财，必用正道，天主无不与之。财虽微，得之大安，享之大乐。”②《七克》对财富的看法颇有“预定论”的趋向，认为财富之获得实为天主所赐，因为天主意在借富人之手广施仁爱，故“吝”与“贪”实为同罪。为了将世人的“贪吝”转为仁慈，在卷三“论施舍德”一章，庞迪我化用了《玛窦福音》25 章 31~46 节中耶稣所讲“绵羊与山羊”的比喻：

> 天主审判人时，罚恶者曰：“我饥渴，不我食饮；裸，不我衣；旅，不我舍。今逝于永火，与鬼魔并受大苦。”恶者曰：“我主，何时若此而不尔救也？”帝曰：“不施贫者，是不施我也。”向善者曰：“我饥渴，食饮我；裸，衣我；旅，舍我。今与我升天域，与天神同受无量乐矣。”善者亦曰：“我主，何时若此而救尔乎？”主曰：“施于贫者，是施我也。”③

在《圣经》原典中，耶稣讲到最终审判之时天主将从万民中分别善恶，就像“牧人分开绵羊和山羊一样”（《玛窦福音》25：32）。比喻是耶稣讲道时常用的手法，这种手法只针对门徒以外的听众。比喻类似于禅机，它背后的真实意义只向一部分人敞开，听道者只有与讲道者心意契合，比喻的本旨才能得以传达，否则“他们看，却看不见；听，却听不

① 《天学初函》，865~866 页。

② 同上，866 页。

③ 同上，876~877 页。

见，也不了解”（《依撒意亚》6：9；《玛窦福音》13：13）。对于那些追随耶稣的人，天国的奥义已向他们阐明（《马尔谷福音》4：11），因此耶稣只向外邦人说比喻，旨在“分别为圣”。庞迪我在《七克》中引介耶稣的这个比喻时，将“绵羊”“山羊”这两个指代词隐去，直接以“善者”“恶者”加以区分，使得这个故事具有更加明显的道德意涵，而比喻背后强烈的“拣选”与“弥赛亚”（Messiah）意识则被剥离掉了。

类似的手法还体现在对《旧约》中义人约伯（Job）的叙事。《七克》将约伯的故事放在卷四《熄忿》中的“以忍德敌难”一章，介绍约伯说：“若白，中西国上古圣人也，尊贵富厚，当世无比”①，首先凸显出约伯的财富及社会地位。其次转到约伯所受的苦难，彰显约伯人生际遇的剧烈转变，并特意强调“受兹天刑，圣人恬然忍受，忧不见色，口无怨声，心无愠意”②。随后加入约伯妻子对其的指责，以及约伯本人的反驳与诚心坚持，“如是者十有四载，尤人怨天，未尝萌心出口”③。庞迪我略去了约伯与朋友的三轮对话，回避了“神正论”的拷问，只择取了《约伯传》的首尾，从而起到了以悲剧开场又以喜剧收场的效果。这则故事的实质就在于告诉世人：“先忍暂苦者，后必享永乐也”④，其背后的神学背景已被庞迪我抽离，从而使得故事本身具有一种世俗意义上的“劝善”功能。⑤

被巴比伦王拿步高（Nebuchadnezzar，亦作尼布甲尼撒）投入烈火中的先知达尼尔（但以理）的三个朋友，在主题上与“以忍德敌难”的约

① 《天学初函》，917 页。

② 同上。

③ 同上。

④ 同上，918 页。

⑤ 晚明儒者谢文洊（1616—1682）曾删改《七克》成《七克易》，将之置于案头作为克罪改过之参照。《七克》与晚明劝善运动之“呼应”关系，参阅吴震：《明末清初劝善运动思想研究》（修订版），383 ~ 395 页，上海，复旦大学出版社，2016；李奭学：《如何制造中国式的善书？——试窥赵韩〈榄言〉及其与明末西学的关系》，见氏著：《明清西学六论》，32 ~ 79 页；何俊：《西学与晚明思想的裂变》，266 ~ 310 页；韩思艺：《从罪过之辩到克罪改过之道——以〈七克〉与〈人谱〉为中心》，256 ~ 274 页；刘耘华：《谢文洊与西学》，载《中国比较文学》，2011（3）。

伯故事更相洽，但庞迪我将之置于卷七《策怠》。这个故事基本是对《旧约·达尼尔》第三章的一种概要转译，但故事结尾处有“王甚异之，自承其罪，遽毁其象设，皈依天主上帝，虔诚敬事，且命自今以后，属国臣民皆皈依奉敬之”① 等语，属于庞迪我的发挥添加。庞迪我讲述这个故事是为了说明“圣贤敌难之勇，修善之勤，忠于天主”，以此来对治世人对于修善的怠惰，而原本作为一个坚持信仰而忍受考验的历史故事，则转化成了锤炼灵魂的范例。

三、圣人传记及天主教神学

“基督的哲学”（Philosophia Christi）是伊拉斯谟的基督宗教人文主义（Christian humanism）的核心。伊拉斯谟相信，学习古代的人道（Humanitas）精神可以复兴基督宗教的虔敬，复兴之道首先在于校订古代文本，因为可靠的文本可以帮助读者提高古代语言方面的知识。文本校订从《圣经》开始，其次是古典著作，最后是教父作家的著作，而教父们正是古典著作与《圣经》之间的联结点。② 从这点上看，《七克》可以说是承继了伊拉斯谟的文艺复兴传统，其中引用了大量天主教圣人的言行，贯穿在《圣经》和许多异教哲学家的言行之间。

（一）圣人传记

圣人传记在天主教内部一直是经常使用的体裁，早期沙漠教父为后世圣人传记提供了源源不尽的素材来源，教父安东尼（St. Anthony，251—356）的传记故事还曾深深打动过奥古斯丁。③ 天主教传统中的圣人“以他们生活的榜样和传下来的作品，以及他们‘今天’的祈祷，参与活生

---

① 《天学初函》，1063 页。

② 鲁道夫·普法伊费尔著（Rudolf Pfeiffer），张弢译：《古典学术史：1300—1850 年》（*History of Classical Scholarship From 1300—1850*），99 页，北京，北京大学出版社，2015。

③ 奥古斯丁著，周士良译：《忏悔录》，147 页，北京，商务印书馆，1963。

生的祈祷传统"[①]，他们不仅是信徒心中的道德生活典范，而且是默想灵修时在天主面前的代祷者。正是通过圣人的言行，信徒获得了一份可靠的"天路"指南，而且通过默想圣人的所言所行，使得圣人和耶稣基督的灵参与到了信徒的属灵生活之中。明末清初时期，圣人传记在传教士中文著作中出现得非常频繁，而《七克》是大量采用这种题材的先例。在《七克》之后，高一志（Alfonso Vagnone，1568—1640）撰写了《天主圣教圣人行实》（1629）[②]，分"宗徒"（Apostles）、"司教"（Teachers of the Church）、"致命"（Martyrs）、"显修"（Confessors）、"隐修"（Religious）、"童身"（Virgins）、"守节"（Women）等七大类，共收录74位圣人的传记，其后在《圣母行实》（1631）[③]中又撰述了圣母玛利亚的生平及升天事迹。汤若望与王徵合译的《崇一堂日记随笔》（1638）[④]则收录了许多沙漠教父的言行，它的底本是《沙漠圣父传》（*Vitae Patrum*）。[⑤]此外，阳玛诺的《圣若瑟行实》、龙华民（Niccolò Longobardo，1565—1654）的《圣若撒法始末》等亦是明末清初时期重要

---

① 《天主教要理》，610页，香港，公教真理学会，1996。

② 1888年土山湾印书馆重刻该书第一卷，题为《宗徒列传》，编入《道原精粹》第七册；另见张西平、任大援、马西尼等主编：《梵蒂冈图书馆藏明清中西文化交流史文献丛刊》（第一辑第19～20册），郑州，大象出版社，2014。

③ 见《梵蒂冈图书馆藏明清中西文化交流史文献丛刊》（第一辑）第22册，《东传福音》（王美秀主编，合肥，黄山书社，2005年）第9册，《天主教东传文献三编》（吴相湘主编，台北，学生书局，1984）第3册。它的内容有可能译自西班牙阿隆索（Alonso de Villegas）的《圣母等传记》（*Nvovo Leggendario Della Vita di Maria Vergine m macolata Madre de Dio*, *Et Delli Santi Patriarchi*, *Et Profeti Dell' Antico Testamento*, *de' quali tratta*, *e fa mentione la Sacra Scrittura*），见金文兵：《高一志与明末西学东传研究》，69～70页，厦门，厦门大学出版社，2015；对《圣母行实》的研究参阅李奭学：《三面玛利亚——论高一志〈圣母行实〉里的圣母奇迹故事的跨国流变及其意义》，载《中国文哲研究集刊》，2009（34）。

④ 《天主教东传文献三编》（第2册），《东传福音》（第6册）。

⑤ 《明清西学六论》，137页。

的圣人传记作品。①

中世纪时，雅各伯（Jacobus de Voragine，1230—1298）的《圣传金库》（*Legenda aurea/The Golden Legend*：*Readings on the Saints*）是一本极为流行的圣人传记读物，也是影响耶稣会创始人罗耀拉（Ignatius of Loyola）精神世界的最重要的书籍。②《圣传金库》共收录约180位圣人的传记，包括使徒、教父、隐修士等，是传记作品的集大成者，而它与《七克》之间的关系非常紧密，很有可能是其文本来源之一。《七克》旁征博引了30余位天主教圣人的箴言及传记故事，最频繁引用者为奥古斯丁（St. Augustine 亦作“亚吾斯丁”）及额我略（St. Gregory The Great，亦作“厄勒卧略”），此外还包括“百尔纳”“罢西略”“意纳爵”“法兰济”等一批圣人，这些传记内容部分可见于《圣传金库》。《七克》与《圣传金库》之间的关联或可从几个传记故事中得以揭示。在卷六“贞德”一章，庞迪我叙述了女圣人“则祭理亚”的故事：

> 则祭理亚，西国圣女也，少时矢志终保童身。既而亲命嫁焉。初婚之夕，谓其婿曰：“我自幼誓存童身，天主赐我一天神严守之，尔欲坏我，必被戮矣。”婿曰：“我不见天神，不尔信也。”圣女曰：“尔欲见，当纯诚奉敬天主，归从圣教，涤除心愆，即见矣。”夫悉如其言，天主赐见焉。异其懿美，曰：“天神之尊，天主遣令下世以保护贞人，其重贞德甚矣。”遂与妇共约终身守贞也。③

---

① Nicolas Standaert, ed. *Handbook of Christianity in China*. pp. 618-620.

② 影响罗耀拉的最主要的两本书除《圣传金库》外，另一本是卢耳多夫（Ludolph of Saxony）的《基督传》（*Vita Jesu Christi / The Life of Christ*），参 Carlos M. N. Eire，*Reformations*：*The Early Modern World*（*1450—1650*），New Haven and London：Yale University Press，2016，p. 443。

③ 《天学初函》，1041 页。则祭理亚：Sancta Caecilia 或 St. Cecilia，公元4世纪著名贞女、殉道士，也是圣乐的赞助者，生平事迹可参 *Catholic Encyclopedia*，Vol. 3，1907，pp. 1202-1206。此故事见 Jacobus de Voragine，*The Golden Legend*：*Readings on the Saints*，William Granger Ryan，trans. Princeton and Oxford：Princeton University Press，2012，pp. 704-705。

在卷四“窘难益德”一章，庞迪我又引用了圣盎博罗削（St. Ambrose，340—397）的故事：

> 圣盎薄罗削行次，宿一豪家。主人自伐云：“生平安乐，不值微患。”圣人偕共从者辄去之，曰：“此人一生安乐，宜速避之，恐与俱受大患也。”去不百步，地忽裂，人与室俱陷，无遗迹矣。①

这两则轶事都可在《圣传金库》中找到故事原本，而圣盎博罗削的故事则不仅见于《七克》，高一志在《天主圣教圣人行实·卷二·盎博罗削圣人行实》中更详细地引述了这个故事。②《天主圣教圣人行实》其实是《圣传金库》的节译本，③ 其中的部分传记与《七克》多有重合，说明在中国明末清初时期，传教士形成了一个思想来源接近的话语团体。④至少在圣人传记写作方面，《圣传金库》是明清传教士共享的一个重要资源。圣方济各的故事可视为一个典型例子。为对治世人之傲，庞迪我在《七克》卷一特意讲述了圣人方济各（Francis of Assisi，1181—1226）的“谦德”：

> 圣法兰济一友最盛德，天主赐以神目，见天堂甚明，宝作甚多。一座尤高峻，光耀绝异。心奇之，思世人功德孰有称是座者。天神应曰：“此尊神之座，初以傲罪见屏。今天主豫定以酧法兰济之谦德

---

① 《天学初函》，943 页。圣盎博罗削 374—397 年任米兰主教，为 4 世纪最著名的拉丁教父，生平事迹可参见《现代天主教百科全书》，697～698 页，北京，宗教文化出版社，2012，或 *Catholic Encyclopedia*，1907，Vol. 1，pp. 1035～1045。此处故事见 Jacobus de Voragine，*The Golden Legend*：*Readings on the Saints*，p. 233。

② 《梵蒂冈图书馆藏明清中西文化交流史文献丛刊》（第一辑）第 20 册，26 页。

③ 《明清西学六论》，135 页。

④ 梅谦立：《晚明的西方修辞学和话语团体的形成——以〈达道纪言〉（1636 年）为例》，见许立伟主编：《基督教思想评论》（第七辑），257～270，上海，上海人民出版社，2008。

也。”友不敢宣，欲一试圣德。一日与同行，问曰：“夫子自视何如？”答曰：“吾为世人最恶者。”友艴然曰：“世间恶者甚重，夫子乃作是言，无乃不诚乎？”曰：“世间最恶者，苟得天主怜恤宠眷佑助之如我乎，其殚力为善，尽心爱慕天主，必胜我。我乃如此而已，岂不甚恶于彼哉？”友喟然叹曰：“我昔所见，今证其实矣。”①

圣方济各是方济各会的创始人，《七克》共8次提到他的名字。除表现“谦德”以外，在卷六“坊淫”一章，庞迪我再次表彰了方济各对淫念的克制：

圣法兰济少时自矢守贞，一日不堪淫念，抟为雪丸，裸体置之，谓其身曰：“此大者尔妻也，小者尔子也，今而后，当劳勤育养之。”②

这两则故事均见于《圣传金库》中的方济各传记，而高一志在《天主圣教圣人行实》中又加以重述。③ 清初，西班牙方济各会士恩若瑟（Josephus Navarro）④ 为圣方济各专门写了一部传记作品《圣父方济各行实》，其中更细腻详实地表彰了圣方济各的“谦德”故事，⑤ 内容与《七克》及《天主圣教圣人行实》并无二致。

---

① 《天学初函》，777~778页。

② 同上，1022页。

③ Jacobus de Voragine, *The Golden Legend: Readings on the Saints*, p. 609、p. 610；《梵蒂冈图书馆藏明清中西文化交流史文献丛刊》（第一辑）第20册，306~307页，302~303页。

④ 恩若瑟，1686—1709年在华，1698年任省会长。参见崔维孝：《明清之际西班牙方济会在华传教研究（1579—1732）》，269页，北京，中华书局，2006；张先清：《明清之际方济各会在中国的传教》，见卓新平主编：《相遇与对话：明末清初中西文化交流国际学术研讨会文集》，243页，北京，宗教文化出版社，2003。

⑤ 《梵蒂冈图书馆藏明清中西文化交流史文献丛刊》（第一辑）第39册，391~393页。

（二）神学思想

“七宗罪”的思想并不直接来自《圣经》，而是经过早期教父的发展，原分为八种，至6世纪教宗额我略一世（Pope Gregory I，540—640）裁为七种，奠定了七罪的基本框架，13世纪时阿奎那袭用此一标准，但将“骄傲”列为七罪之首，而这也是《七克》将“伏傲”列为第一的思想基础。①《七克》的天主教神学思想部分通过引用教父及圣人的箴言来表达，如引用奥古斯丁：“我主！尔造我心于尔，非及归尔，不能安靖矣”②，采用的是《忏悔录》中的名言。③《七克》引用不同教父或圣人的箴言有几百处，说明庞迪我在写作中使用了一种汇编了各种教父箴言的手册，以满足修辞的需要。这种手册类似于伦巴第人彼得（Peter the Lombard，1096—1160）《箴言四书》（*Libri Quattuor Sententiarum*），该书是中世纪大学的神学课程中的重要教科书，阿奎那也曾为之撰写评注（*Commentum in quatuor libros Sententiarum magistri Petri Lombardi*），此外的

① 对“七宗罪”的研究参阅 Virginia Langum，*Medicine and the Seven Deadly Sins in Late Medieval Literature and Culture*，New York：Palgrave Macmillan，2016；Richard G. Newhauser & Susan J. Ridyard，eds.，*Sin in Medieval and Early Modern Culture*：*The Tradition of the Seven Deadly Sins*，York Medieval Press，2012；Richard Newhauser，ed.，*The Seven Deadly Sins*：*From Communities to Individuals*，Leiden；Boston：Brill，2007；Richard Newhauser，*The Early History of Creed*：*The Sin of Avarice in Early Medieval Thought and Literature*，Cambridge：Cambridge University Press，2004。

② 《天学初函》，1098页。

③ 奥古斯丁《忏悔录》第1卷1章：“主，你是伟大的，你应受一切赞美。……你鼓励他乐于颂赞你，因为你造我们是为了你，我们的心如不安息在你怀中，便不会安宁。”（周士良译，北京，商务印书馆，1963，3页）（Magnus es，domine，et laudabilis valde.……Tu excitas ut laudare te delectet，quia fecisti nos ad te et inquietum est cor nostrum donec requiescat in te.）

评注更是繁多。①《七克》的语言风格与托马斯·肯培斯（Thomas à Kempis，1380—1471）的《效法基督》（*De Imitatione Christi*）也非常接近，同样带有一种灵修风格，在克欲、谦卑、敬主等主题方面，可以看出二者之间存在相似的痕迹。② 庞迪我还可能参考了比特拉克（Petrarch，1304—1374）的《秘录》（*Secretum*），该书以对话的形式探讨了“七宗罪”的主题。③ 或者借鉴了同样关于此类主题的西班牙神父格拉纳达（Luis de Granada，1505—1588）撰写的《罪人指南》（*The Sinner's Guide*，1555），这部著作也极为有名。

《七克》与波爱修斯（Boethius，480—524）的《哲学的慰藉》（*De Consolatione Philosophiae*）有较为密切的联系。波爱修斯将亚里士多德哲学运用到了基督宗教教义的讨论，在整个拉丁中世纪，这本书极受欢迎，堪称是基本读物，阿奎那在《神学大全》（*Summa Theologia*）中也曾频繁引用其中的观点。④《哲学的慰藉》卷二、卷三对财富、荣誉、权势之虚幻性的分析是《七克》卷一、卷三的思想来源之一，波爱修斯通过解构世俗所谓“价值”之无意义来导向“真正的福乐”，即作为最高美善之上帝，这也是庞迪我在《七克》中的最终落脚点。《七克》末卷针对世人敏

---

① 约翰·马仁邦（John Marenbon）：《中世纪哲学：历史与哲学导论》（*Medieval Philosophy: An Historical and Philosophical Introduction*），吴天岳译，223页，北京，北京大学出版社，2015。《箴言四书》见 J. P. Migne, ed.，*Patrologia Latina*. Vol. 192。评注参阅 G. R. Evans, ed.，*Mediaeval Commentaries on the Sentences of Peter Lombard*，Leiden；Boston；Köln：Brill，2002。

② 《效法基督》的中译本在晚明时由阳玛诺译出，名《轻世金书》（*De Contemptu Mundi Aureus Liber*），因文字选用佶屈聱牙的《尚书》体，该书在当时流传不广。《轻世金书》见《东传福音》第5册（一九二三年土山湾重刊本）。

③ 鲁道夫·普法伊费尔（Rudolf Pfeiffer）：《古典学术史：1300—1850年》（*History of Classical Scholarship From 1300—1850*），13~14页。李奭学认为《七克》有可能参考了《道德集说》（*Fasciculus Morum*）或西班牙证道大师伊斯迪拉（Diego de Estella，1524—1578）的《浮世论》（*Tratado de la Vanidad del Mundo*）等，并自行添加了儒家节欲导情的思想，参氏著《明清西学六论》，46页。

④ 《中世纪哲学：历史与哲学导论》，38~50页。

于俗事而怠于敬事天主，从而提出修炼灵魂事业的“勤德”，并插入了关于天堂地狱及死后复活的论述（部分内容与其《庞子遗诠》雷同）①，因为庞迪我所言“懈怠”或“勤劳”都是以最终赏罚为目的，并非指向此世之福乐，这与《哲学的慰藉》卷三的讨论主题相同，而《七克》有一处似乎直接是对《哲学的慰藉》的翻译：

> 凡灵物所不慰乐者，有愿不遂、有所欲得弗能得也。既得，则慰乐，得弥大，乐弥广。迨既全得其性所欲得，含容之量丝毫悉满，冀望心丝毫悉遂，斯为全慰安、全福乐矣。若所得福乐虽大，此外尚有美好福乐可得可享，即觉所得尚有亏欠，欲兼得之，未获满足，所得安乐不谓纯全矣。②

波爱修斯的《哲学的慰藉》应该只是《七克》神学思想来源之一。在此难以确定庞迪我是否还使用了阿奎那的《神学大全》，因为晚明在华传教士能够参考的书籍比较有限，《神学大全》这类大型丛书在晚明中国出现的概率更是极小，而金尼阁从欧洲带来的“七千部”已经是在庞迪我《七克》出版多年之后的事情（1620）。③《神学大全》的中文译本始

---

① 比较《天学初函》1095~1111 页及《庞子遗诠》170~189 页。（钟鸣旦、杜鼎克主编：《耶稣会罗马档案馆明清天主教文献》第 2 册，台北，利氏学社，2002）。

② 《天学初函》，1095~1096 页。波爱修斯：《哲学的慰藉》：“所有人的思想，由于受到各式各样烦恼的困扰，因而有着各不相同的经历，然而却都在努力去达到追求福乐的同样目的，这福乐是那么的善，以至于一旦获得了，就别无所求了。它居于一切善之首，无论什么样的善，都尽包含于其中，而且，假如它还有所欠缺的话，它就不成其为一切善之首了，因为这样的话，它一定还有某样在它之外的东西也是令人向往的。因此，福乐很显然是一种被一切凡是善的东西所充满的境界。”（荣振华译，126~127 页，北京，商务印书馆，2012。）

③ 方豪：《明季西书七千部流入中国考》，见《方豪六十自定稿》（上），39~54 页，台北，学生书局，1969；《中国天主教史人物传》（上），179~184 页。

于利类思（Ludovico Buglio，1606—1682）的《超性学要》（1654—1678，节译本）①，而庞迪我在撰写《七克》时手边未必有一个欧语版本的《神学大全》。尽管如此，作为教内的基本神学教育，《神学大全》的思想框架应当是庞迪我所熟悉的，《七克》所论主题也基本没有超出《神学大全》的范围，在《神学大全》中可以找到《七克》绝大部分观点的思想来源。如，庞迪我在《七克》末卷论述了死者在最终“复活”时肉身具有的四种属性：

> 夫肉身复生，向后之事悉天主自造之事，事由天主自造者，莫不致精致备矣。于是今生所阙损，一切皆蒙补益，增减适中，气力状貌全获壮盛，端严美好。天主又以大能大德润饰之，其最大者有四：一曰无损。……一曰明光。……一曰神速。……一曰神透。②

虽然庞迪我称这四种属性是“《圣经》所记大概如此”，但实际上这种描述并不出自《圣经》而是《神学大全》，阿奎那在“补编”第82—85题中讨论了这些主题。③ 总体而言，《七克》的主要思想仍是道德伦理，并不是基督论，所以庞迪我基本没有参考《神学大全》第一集及第三集的内容，而主要集中在第二集中关于人的道德行为方面的论述。阿奎那的另一部著作《论恶》（*On Malo/Disputed Questions on Evil*）与《七克》有更紧密的思想上的关联，该书在8~15题中分别详细地讨论了“七宗

---

① 利类思生平及著作参见费赖之：《明清间在华耶稣会士列传：1552—1773》，262~277页。《超性学要》已出版版本见钟鸣旦等编：《法国国家图书馆明清天主教文献》第2册（节本），台北，利氏学社，2009；《明清之际西学文本：50种重要文献汇编》第2册（节本）；《梵蒂冈图书馆藏明清中西文化交流史文献丛刊》（第一辑）第9~13册。

② 《天学初函》，1105页。

③ “无损”（Impassibilitas），“神光”（Claritas），“神速”（Agilitas），“神透”（Subtitas），参见周克勤总编辑：《神学大全·补编》，第17册，题82~85，190~245页，台南，中华道明会/碧岳学社，2008。

罪”的问题。①

四、古希腊罗马古典文化

文艺复兴时期，古代希腊罗马的文学及哲学著作再次勃兴，这一特点也体现在《七克》之中。在《圣经》及古代教父圣人们的言行之外，庞迪我不仅使用了《伊索寓言》，还征引了古代希腊及罗马的贤哲言行。

（一）伊索寓言

《伊索寓言》的首个中文译本是金尼阁（Nicolas Trigault，1577—1628）与张赓合译的《况义》（1625，西安）②，共译出故事22则，属于节译本。③ 在《况义》出版之前，利玛窦就已在《畸人十篇》中采用了《肚胀的狐狸》《孔雀足丑》《两猎犬》《狮子和狐狸》《两树木》《马和驴》等六则故事，是最早对《伊索寓言》的中文译介。在利玛窦之后，庞迪我也在《七克》中采用了《伊索寓言》故事，来起到发人深省的修

---

① Thomas Aquinas，*On Evil*，trans. Richard Regan，New York：Oxford University Press，2003，pp. 341-433.

② 《明清间在华耶稣会士列传：1552—1773》，136页。《况义》已出版版本见钟鸣旦、杜鼎克、蒙曦等主编：《法国国家图书馆明清天主教文献》第4册，台北，利氏学社，2009；黄兴涛、王国荣编：《明清之际西学文本：50种重要文献汇编》第1册，北京，中华书局，2013；庄际虹编：《伊索寓言古译四种合刊》，上海，上海大学出版社，2014。

③ 相关研究参阅杜慧敏：《论明清伊索寓言汉译本的“讹”现象》，上海师范大学硕士论文，2003；陈广媛：《试论“况义”的特点》，上海师范大学硕士论文，2009；贾景丽：《从文本旅行的视角看〈况义〉在明末的译介》（A Study of *Kuang Yi* in the Late Ming Dynasty from the Perspective of Textual Traveling），四川外国语大学硕士论文，2016；刘绍晨：《关于我国明末〈伊索寓言〉中译之底本的思考——以日译本的底本研究为线索》，载《外语学刊》，2008（2）；杜慧敏：《文学翻译中的文化冲撞——谈〈况义〉的翻译》，载《中国比较文学》，2005（4）；梅晓娟：《翻译目的与翻译策略的选择——论〈况义〉中的天主教化和中国化改写》，载《外语学刊》，2008（2）。

辞效果。《七克》共采用《伊索寓言》九个故事，在卷一“戒听誉”章采用了《大鸦和狐狸》，“戒好贵”章则采用了《树木与橄榄树》《孔雀足丑》两故事，卷二“戒谗言”章采用了《狮子、狼和狐》，“仁爱人”章则采用了《胃和脚》，并化用了《农夫的孩子们》，卷三“解贪”章采用了《贫人鬻酒》，卷四“以忍德敌难”章采用了《兔子和青蛙》，卷五“塞饕”章采用了《马和驴》。①

《孔雀足丑》的故事在晚明传教士著作中尤其受欢迎，不仅被利玛窦采用，也被庞迪我征引，并再次出现在金尼阁所译的《况义》之中。《况义》中有五个故事也见于《七克》，分别是第一则（《胃和脚》）、第八则（《狮子、狼和狐》）、第九则（《大鸦和狐狸》）、第二十一则（《雕工作像》）、第二十二则（《兔子和青蛙》）。《况义》中这几则寓言的文字与《七克》非常接近，表明金尼阁在译《况义》时很可能采用了庞迪我的《七克》译文。可举《况义》第二十一则为例：

> 雕者作二像，自信精绝，藏其一，一出示人。或曰此处当何似，辄易。又曰此处当何似，又辄【易】。或曰此处当增，辄增；当减，辄复减。已而视之，则成一怪形矣。见者惊问故，乃出藏像示之曰：此夫我独造者如是，此夫依尔共造者如是，今且谛视何若哉?！又曰：人心百千万异，必欲人人称美，则当合百千万异，得不成一怪?!②

这则故事出现在《七克》卷一的“戒好名”一章，原文为：

> 雕者玻璃隔，国工也，尝作二像，自信精绝，藏其一，出一示人。某曰此处当何似，輙易；某曰此处当何似，又輙易；某曰此处当增，輙增，当减，輙减。已视之则成一怪形矣。见者惊问故，乃出藏

① 戈宝权：《明代中译〈伊索寓言〉史话》，见氏著：《中外文学因缘：戈宝权比较文学论文集》，327~372页，上海，华东师范大学出版社，2013。故事原文分别见《天学初函》752~753页、765页、784页、809~810页、819~820页、867页、921页、949页。

② 《法国国家图书馆明清天主教文献》第4册，323页。

> 像示之曰："此夫我独造者如是，此夫尔共造者如是。"人心百千万异，我欲人人称美，则合百千万异，安得不成一怪乎？①

这则故事在《况义》和《七克》中的文字重合度极高，其他几则故事亦是如此，显然并非巧合，而应当是金尼阁有意为之。作为译介《伊索寓言》的先行者，《七克》的译文并未湮没不闻，及至金尼阁翻译《况义》时，再次被其袭取，使得在欧洲流行的《伊索寓言》故事，经过晚明耶稣会士的再三传译，得以在中国赓续不绝，成为一份共同的文化遗产。

（二）古希腊罗马名人言行

古代希腊罗马的经典著作是中世纪欧洲修士们的必修课程，属于"七艺"（Seven Liberal Arts）学习的基础内容。这种古典知识的传授贯穿整个中世纪的大学教育，并在文艺复兴时期再度勃兴。古典修辞为达到使人心悦诚服的目的，会经常使用"典型"（Exemplum）人物，刻画出某种"典型"特征，不仅取材于历史人物，还包括神话故事及英雄传说。② 源自欧洲的这种教育背景，使得明清之际来华传教士爱使用简短而有力的文字来讲述古代某位贤哲的故事，其背后隐含着某种发人深省的道德针砭或行为劝诫，这种"克雷亚"（Chria/Chreia）体裁颇类似于中国古典小说《世说新语》，故事内容虽然未必是信史，但修辞手法却极高明。③ "克雷亚"体裁的写作需要大量征引古代名人的言行，而搜集汇编此类言行的"类书"则自然会被普遍使用，普鲁塔克（Plutarch，46—120）的著作正符合此种需要。文艺复兴时期将大量希腊著作翻译为拉丁文的重要人物是

---

① 《天学初函》，747 页。

② 恩斯特·R. 库尔提乌斯（Ernst Robert Curtius）著，林振华译：《欧洲文学与拉丁中世纪》（*European Literature and the Latin Middle Ages*），67～68 页，杭州，浙江大学出版社，2017。

③ 李奭学比拟中国《世说新语》而将"克雷亚"译为"世说"，"借以展现'克雷亚'哲思常寓，每能裨益风规与发扬名教的文类特色"。见氏著：《中国晚明与欧洲文学：明末耶稣会古典型证道故事考诠》，135 页。

意大利人莱奥纳多·布鲁尼（Leonardo Bruni，1370？—1444），正是由于他对《希腊罗马名人传》（*Parallel Lives*）、《道德论丛》（*Moralia*）的翻译，使得普鲁塔克在其后的几个世纪之中受到持续的欢迎。① 普鲁塔克在晚明时被高一志称为“布路大各”，他在《达道纪言》（1636，绛州）② 中引用的频率最高，而《七克》中关于古希腊罗马人物的轶事，大部分也是来源于普鲁塔克的作品。

亚历山大王（Alexander the Great，356—323 BC）是晚明耶稣会士喜爱讲述的“典型”，利玛窦在《交友论》中重点描画他的“礼贤”及“慷慨”，将之塑造为君王之典范，其内容主要摘自莱申特（André de Resende，1498—1573）的《金言与示范故事集》（*Sententiae et Exempla*）。③《七克》刻画的亚历山大形象与利玛窦的《交友论》相似，在卷三，庞迪我借亚历山大战败讲述对财富“贪婪”会导致的恶果：

> 亚立山，西国大王也，与邻国王达略战，败之，藉其地，俘其财，士卒富于卤获。达略复战，亚立山败绩，曰：“士卒无财，莫我敌也；富于财，气不扬矣。”聚众俘焚之，复战灭之。④

庞迪我随后以“施舍”来对治“贪婪”，并转而讲述亚历山大的“慷慨”：

---

① 《古典学术史：1300—1850 年》（*History of Classical Scholarship From 1300—1850*），38 页。

② 《达道纪言》已出版版本可见《天主教东传文献三编》第 2 册、《东传福音》第 11 册、《明清之际西学文本：50 种重要文献汇编》第 2 册。注释本参见 Sher-shiueh Li（李奭学）& Thierry Meynard（梅谦立），*Jesuit Chreia in Late Ming China：Two Studies with an Annotated Translation of Alfonso Vagnone's Illustrations of the Grand Dao*，Bern；New York：Peter Lang，2014。

③ 朱维铮主编：《利玛窦中文著译集》，114 页，上海，复旦大学出版社，2001；《中国晚明与欧洲文学：明末耶稣会古典型证道故事考诠》，154 页；《明清西学六论》，82 页。

④ 《天学初函》，838 页。达略，即大流士三世（Darius III Codomannus），波斯帝国最后一位君主，前 336—前 331 年在位。

> 昔有国王甚吝，有求多物者，曰："已多，尔不得求。"有求少者，曰："已少，我不屑与。"悉不与焉，人俱恨之。亚立山，亦西国大王，恒谓："我乐为王，正乐得与人也。"或求以少物，王厚赐之，是人辞。王曰："我不视尔所求，惟视我所当予。"或问曰："所得尽予人，己所留何物乎?"王曰："留予人之乐耳。"国人俱爱服之。①

为了强调亚历山大"慷慨"之德，庞迪我在此特意铺排一反一正两个例子，凸显"人俱恨之"与"国人俱爱服之"的反差，起到慑服人心之效。这两则小故事来源于普鲁塔克的《道德论丛》，此外还参考了《希腊罗马名人传》中关于亚历山大部分的记载。② 不过，故事的文本来源也有可能是塞涅卡（色搦加，Seneca the Younger，4 BC—65 AD）的《论恩惠》（*De Beneficiis*），其中的记载更接近此处的叙述，而庞迪我在故事中隐去名姓的国王在塞涅卡记载中其实是安提柯（Antigonus I Monophthalmus，382—301 BC）。③ 除了作为"典型"人物的亚历山大，《七克》卷三还提到希腊名将"覆济"（Phocion，402—318 BC）：

> 覆济，西国富贵人也。有馈之黄白金数亿者，却不受。或惜曰："受之不自用，盍以遗子孙乎?"答曰："子孙循理节用，我所遗多矣；若咨欲浪用，兼彼亦不足，受之何益乎?"④

《七克》采用的"覆济"的故事并非孤例，高一志之后在其《达道纪言》中再次引用了这个故事：

---

① 《天学初函》，871~872 页。

② 普鲁塔克著，席代岳译：《希腊罗马名人传》第二册第十七篇第一章，第 1195 页及以下，长春，吉林出版集团有限责任公司，2009。

③ 塞涅卡：《论恩惠》第二卷十六章 1 节，见约翰 · M. 库珀（John M. Cooper）、J. F. 普罗科佩（J. F. Procope）编译，袁瑜琤译：《道德和政治论文集》（*Moral and Political Essays*），292~293 页，北京，北京大学出版社，2010。

④ 《天学初函》，857~858 页。故事来源见《希腊罗马名人传》第三册第十八篇第一章 30 节，1354 页。

或以多金献贤士弗齐玩，不受。又献之弗齐玩之子，亦不令受。问故，答曰："小子后幸成器，即吾所遗之资，将足给其用。倘为不肖，即以汝选之数，必亦不足给其侈。"①

二十余年后，清初传教士卫匡国（Martino Martini，1614—1661）在其《逑友篇》（1661，杭州）② 中又一次引述了"覆济"的故事，只是引用的部分稍有不同：

总王亚历山常馈其国之贤者，贤者问致馈之人曰："一国之人甚众，何为独馈我？"曰："以汝为贤者。"曰："既以我为贤，则无以馈视我矣。"③

三则故事虽然成书时间跨度较大，但内容的原型却都是来源于普鲁塔克的《希腊罗马名人传》。《七克》引用《希腊罗马名人传》中的著名人物还有老加图（加当，Cato Maior，234—149 BC），在"戒好贵"一章，庞迪我简明扼要地引述他的故事："加当者，功最大，未立像。或问故，对曰：'我愿人问加当何故不立像，不愿人问加当何故立像。'"④《达道纪言》则以更清淡的笔墨写道："人立奇功者，是人之像，何须不言之像以旌之？"⑤ 然而透过其中的文字，仍然可以对应出普鲁塔克的作品正是故事的主要文本来源。

① 《天主教东传文献三编》第 2 册，694 页。

② 《逑友篇》已出版版本见《天主教东传文献三编》第 1 册；《东传福音》第 2 册；《明清之际西学文本：50 种重要文献汇编》第 2 册；周振鹤主编：《明清之际西方传教士汉籍丛刊》（第一辑）第 1 册、第 29 册，南京，凤凰出版社，2013。

③ 《天主教东传文献三编》第 1 册，77 页。故事见《希腊罗马名人传》第三册第十八篇第一章 18 节，1344 页。亦见普鲁塔克著，席代岳译：《道德论丛》第一册第十五章 9 节，426 页，长春，吉林出版集团有限责任公司，2015。

④ 《天学初函》，768 页。故事来源见《希腊罗马名人传》第一册第九篇第二章 19 节，637 页。

⑤ 《天主教东传文献三编》第 2 册，679 页。

除了使用普鲁塔克的作品来讲述古代著名政治人物，庞迪我还讲述了著名哲学家的轶事，这部分的文本来源主要是第欧根尼·拉尔修（Diogenes Laertius）的《名哲言行录》（*Lives of the Eminent Philosophers*）。《七克》中提到的著名哲学家主要有毕达哥拉斯（“彼达卧辣氏”）、苏格拉底（“琐加德”）、柏拉图（“拔辣多”）、亚里士多德（“亚利斯多”）及第欧根尼（“弟阿热”或“弟阿热搦”，Diogenes of Sinope）等。庞迪我承袭了利玛窦在《天主实义》中对毕达哥拉斯的评价，将毕达哥拉斯视为佛教轮回学说的始作俑者。在卷五“塞饕”的后半部分，庞迪我插入了对轮回学说的批判，认为轮回变化学说是“厄勒祭亚国亚德纳城，有彼达卧辣氏者，始造为之，因而流传于世”①。庞迪我极为赞赏的哲人是苏格拉底，《七克》中径直称之为“古名士”，在“塞饕”中就引述了苏格拉底率直待客的故事：

> 琐加得延众宾，为具甚薄。或诮之。答曰：“人以是待我，我谓敬我；我以是待人，亦意人谓我敬己也。且彼客廉士，不谓不足矣；彼非廉者，我谓有余矣！”②

这则故事出现在《名哲言行录》中的苏格拉底传记，③ 不仅如此，在“以忍德敌难”一章，庞迪我同样引述的是《名哲言行录》中苏格拉底临死前的对话：

> 琐加德，古名士也。国王忌之甚，命杀之。将死，或叹曰：“无罪而

---

① 《天学初函》，982页。“厄勒祭亚”，音译自拉丁文 Graeca，即希腊（Greek）。毕达哥拉斯的生平事迹参阅《名哲言行录》第八卷第一章。利玛窦在《天主实义》第五篇中说道：“古者吾西域有士，名曰闭他卧剌，其豪杰过人，而质朴有所未尽，常痛细民为恶无忌，则乘己闻名，为奇论以禁之。”参见梅谦立：《〈天主实义〉今注》，145页，北京，商务印书馆，2014。

② 《天学初函》，963页。

③ 第欧根尼·拉尔修，徐开来、溥林译：《名哲言行录》第二卷第五章34节，83页，桂林，广西师范大学出版社，2010。

> 被杀，正可悲。”琐加德闻之曰：“我被杀不足乎？尚愿以罪杀我乎？”①

但在《七克》的另一处，庞迪我则隐去了苏格拉底的姓名：

> 古有贤，绝富喜贫，一日入大市，见贵物甚多，曰：“今我所不须，若此多乎！”②

苏格拉底之所以被频繁作为“典型”来使用，正是由于他的“名士”风度，体现在他的率直和坚忍的品性，包括不生贪心、克制饕餮、忍受患难，以及抑制愤怒——“愈怒，言愈寡，声愈微”③，这些品德都与《七克》“解贪”“熄忿”“塞饕”的主旨相符。同样出自《名哲言行录》的另一“典型”是第欧根尼：

> 弟阿热搦，西国贤士，早年慕道，绝世富而喜贫。一日，向水滨自浣蔬。亚利斯弟见之，曰：“子有大德大智，能与我事王，可大富贵，何至自浣蔬？”对曰：“子能与我知足，一试匮乏之乐，可大贫贱，何至以谀言欺王？”④

在“以忍德敌难”一章，又引述了他的另一故事：“弟阿热，一人讥

---

① 《天学初函》，919 页。文本来源见《名哲言行录》第二卷第五章 34 节，83 页。

② 《天学初函》，863 页。文本来源见《名哲言行录》第二卷第五章 24 节，79 页。

③ 《天学初函》，891 页。塞涅卡《论愤怒》第三卷 13 章 3 节：“在苏格拉底那里，愤怒的征兆是声音压得很低，而且倾向于沉默不语，这样的表现正说明他在遏制他自己。”见《道德和政治论文集》第 131 页，另参见《道德论丛》第二册第三十三章 4 节，1020 页。

④ 《天学初函》，864 页。故事来源见《名哲言行录》，279 页。对话的主角之一在《名哲言行录》的记载中是柏拉图，而不是“亚利斯弟”（Aristippus of Cyrene）。这则故事中的主角之一时有变化，关于它的流变可参见李奭学《中国晚明与欧洲文学：明末耶稣会古典型证道故事考诠》，151~152 页。

之，答曰：‘尔讥我，我不任尔讥。’”① 《七克》中的第欧根尼形象与苏格拉底十分相似，庞迪我侧重表现的都是他们对于财富不生贪心，以及在外部的窘难面前如何保持心平气和。这种类型的言行故事承接的是古代斯多亚学派的哲学传统，即聚焦于克服情感上的剧烈波动，从而培养出一种不易受外界影响的内心上的宁静。斯多亚派学说深刻影响了早期罗马哲学，并一直延伸到文艺复兴时期。影响庞迪我《七克》思想的重要斯多亚派哲学家是古罗马的塞涅卡，在《七克》中他的箴言共出现 26 处，频率与教内作家额我略及奥古斯丁相当。塞涅卡在教内享有很高的声誉，他的对话录及戏剧从早期教父时期直至文艺复兴都对基督宗教产生过影响。② 前引《七克》中安提柯及亚历山大二人的正反故事均出现在塞涅卡的《论恩惠》（*De Beneficiis*），而卷三“论施舍德”一节中讨论施舍的对象、方式、礼节等均与《论恩惠》一脉相承。安提柯轶事再次出现在卷四“以忍德敌难”一章：

> 闍弟吾诺，西国名王也。有两人大诽谤之，王伺闻之曰：“稍远之，恐王闻之。”谤者甚感其不怒，而转誉之。③

这则轶事来自塞涅卡的对话录《论愤怒》（*De Ira*）。此外，塞涅卡的《论愤怒》、《论怜悯》（*De Clementia*）构成了卷四《熄忿》中除基督宗教神学之外的重要思想来源，庞迪我不仅引述了其中苏格拉底、柏拉图对愤怒的克制，还引述了恺撒的故事：

---

① 《天学初函》，909 页。《名哲言行录》第六卷第二章 54 节：“一个人对他（第欧根尼）说：‘许多人在嘲笑你。’他答道：‘但我没有被笑倒。’”（277 页）此故事也见于普鲁塔克《道德论丛》第二册第三十三章 12 节，1033 页。按照文意，此处当是“尔讥我，我任尔讥”，“不”字应是衍文。

② Shadi Bartsch & Alessandro Schiesaro, eds., *The Cambridge Companion to Seneca*, New York: Cambridge University Press, 2015, pp. 266-302.

③ 《天学初函》，927 页。这则故事见于塞涅卡《论愤怒》第三卷 22 章 2 节，《道德和政治论文集》，142~143 页。

> 则撒尔，大西诸国宗王也。有大臣名薄量，王一日幸其第，薄量飨之。其盘盂俱玻瓈水晶之属，光彩陆离。役吏趋走倾跌，坏一器。薄量甚怒，命投其人池中为鱼所食。犯者脱赴大王前跽请救。王悉闻前故，命役者捧宝器以来，偏阅之。既见，一一破毁之，且命平鱼池。谪薄量曰："上帝生万物为人，故勿论大小尊卑，是人，则非天壤间宝物可比。尔爱物于人上，不识重轻，甚愚也。以微物害人命，大罪也。今破尔器，以杜尔狂端。"①

《七克》卷二以"仁爱"来对治嫉妒，并区分出"天主之爱"与"仁人之爱"，而"仁人之爱"实为"天主之爱"的一种效仿。"仁爱"即为"友爱"，庞迪我采用的是《格林多前书》（1 *Corinthians*）中诸体同受苦乐的说法，② 认为"世之人犹一全身"，"一体苦乐，诸体与俱苦乐"③。这种说法与张载《西铭》的"民胞物与"思想有所相通，而尤切近于王阳明的《拔本塞源论》④，《七克》所言世人如一体而各司其职的说法更是与之如出一辙。但《七克》受到儒学的影响仍属有限，它的主要来源仍是中世纪神学及希罗哲学传统。在"仁爱人"部分，庞迪我掺入的友爱论主要来自于西塞罗的《论友谊》（*De Amicitia*），讨论了择友的方式以及友爱所需的品德，它更深远的思想来源可追溯至亚里士多德的《尼各马可伦理学》（*Nicomachean Ethics*），它与利玛窦的《交友论》也有许多相通之处。庞迪我明确征引了西塞罗《论友谊》中的话："无友爱之

---

① 《天学初函》，892~893 页。"则撒尔"，即 Caesar。这则故事发生在奥古斯都与费迪乌斯·朴立奥（Vedius Pollio）之间，事见塞涅卡《论愤怒》第三卷 40 章 2~4 节，《道德和政治论文集》，162~163 页。此故事亦见于《达道纪言·君臣》，见《天主教东传文献三编》第 2 册，675 页。

② 《新约·格林多前书》12 章 12~26 节。

③ 《天学初函》，824 页。

④ 陈荣捷：《王阳明〈传习录〉详注集评》第 142 条，155~157 页，重庆，重庆出版社，2017。

德，于人犹无目于世”①，但隐去了西塞罗的名姓而以“古贤”代之。这句话在晚明颇为有名，因为它不仅出现在《七克》，此前还出现在《交友论》，而高一志在《达道纪言》中再次征引了它。② 西塞罗对《七克》的影响还体现在卷七“策怠”中的一则小故事：

> 或问一贤者：“天主何物？”贤者约谛思一日对之，既又约二日，次求四日，如是每倍之。问故。答曰：“此事愈思愈觉甚超人力，故难言也。”③

这个故事的原型出现在西塞罗的《论神性》（*De Natura Deorum*）。④ 利玛窦在其《天主实义》中征引过这个故事，而利玛窦的讲述又继承自更早时期罗明坚的《天主实录》。⑤ 庞迪我征引此故事来说明天主及天堂奥义之无穷，劝诫世人勿陷于懈怠而当精进于善。由此可以发现，希腊罗马哲学通过一种“隐微”的方式嵌入了《七克》的内在肌理之中，并以一种晚明士人并不明了的方式得以传播。

五、结　语

明清耶稣会士不仅是天主教的“使徒”，同时也是向中国传播欧洲科学的先驱，“宗教”与“科学”在他们身上是统一的。“西书”对中国明

---

① 《天学初函》，820 页。西塞罗《论友谊》：“你把友谊从生活中驱除出去就等于把太阳从天空中摘走，因为友谊是不朽的诸神赐予我们的最好、最令人愉悦的恩惠。”见氏著，徐奕春译：《论老年·论友谊·论责任》，64 页，北京，商务印书馆，1998。

② 利玛窦《交友论》第 79 条：“世无友，如天无日，如身无目矣。”见《利玛窦中文著译集》，113 页；高一志《达道纪言·朋友》：“亚里多德曰：无友者正如无目者也。古云：‘除友于世，与夫除日于天何异？’”见《天主教东传文献三编》第 2 册，727 页。

③ 《天学初函》，1092 页。

④ 西塞罗著，石敏敏译：《论神性》，28~29 页，北京，商务印书馆，2012。

⑤ 《〈天主实义〉今注》，87 页，注释 8。

清学术的发展与走向究竟产生何种影响，其范围与性质至今难以估定。从晚明以至清代，中国思想界在与“西学”的交流碰撞中，其主流最终吸纳的多为其中的“器物”层面，带有宗教思想背景的著作大多遭致批判扬弃。清代《四库全书》收录的十一种“西书”均为科学著作，而偏重哲理思想的另外十二种均仅列“存目”。① 对于明清传教士来说，这种学术旨趣的选择也许近于“买椟还珠”，然而其发展演变的内在理路仍然值得令人深思。尽管《七克》在明末清初时期已有较大影响，但以明清的学术传统视之，这种影响仍属有限，它里面的“西学”并不为时人所理解。《四库全书》存目提要评论说：“其言出于儒墨之间，就所论之一事言之，不为无理，而皆归本敬事天主以求。”② 以儒墨思想来“格义”《七克》不足以揭示它本身的丰富性，因为《七克》的思想来源主要仍属欧洲传统，本文主要概括为三种：《圣经》，天主教圣人传记及神学，古代希腊罗马贤哲言行。概而言之，《七克》的思想来源涵盖了两希传统（希伯来传统、希腊传统），其中又经过了文艺复兴的中介，最终跨越地域之间的隔阂而汇入中国的思想传统之中。问题在于，明清学术的主流系统最终何以未能吸收消化文艺复兴以来的神哲学思想，却只偏爱其中科学器物的部分？因此我们仍有必要继续探究那一时期耶稣会士携来的神哲学思想的基本面向，以期在明清之际中西跨文化研究中获得更细致的论据，而《七克》可以提供此种深入探究的文本基础。

作者单位：南昌大学人文学院

联系方式：15110160022@ fudan. edu. cn

---

① 收录的十一种著作为：《职方外纪》《坤舆图说》《泰西水法》《乾坤体义》《表度说》《简平仪说》《天问略》《天步真原》《同文算指》《几何原本》《奇器图说》。存目的十二种为：《西儒耳目资》《西方要纪》《辩学遗牍》《二十五言》《天主实义》《畸人十篇》《交友论》《七克》《西学凡》《灵言蠡勺》《空际格致》《寰有诠》。

② 《四库全书总目・卷一二五・子部・杂家类存目二》，1080 页，北京，中华书局，1965。

《斋克》与明末耶稣会士罗雅谷“守斋克己”思想初探

□崔军伟

罗雅谷，明末入华耶稣会士，1593 年（有生于 1590 年或 1592 年的说法）生于米兰一个贵族之家，1614 年（一说为 1616 年）加入耶稣会，1617 年授神职。1618 年，罗雅谷与金尼阁等传教士启程来华，1622 年到达澳门，1624 年入山西绛州传教，1630 年奉召入京协助汤若望修订历法，1638 年 4 月 26 日病逝于北京。罗雅谷著述丰硕，尤长于数学和天文历算，并以其在这方面的贡献受到世人关注。然而，罗氏在华期间撰写的汉语神学著述及其中蕴含的神学思想却长期淹没于历史长河。直到近年，始有学者关注罗氏的汉语神学著述，揭示罗雅谷的神学福传思想。① 本文关注的是罗雅谷 1634 年（明崇祯七年）用汉语撰写的一部神学著述《斋克》②，并尝试从该文本出发对罗雅谷的“守斋克己”思想做初步探讨。

一、罗雅谷论“守斋克己”之意义

罗雅谷在《斋克》一书“总论”中首先指出，“斋”与“克”是异

---

① 上海大学肖清和博士《〈哀矜行诠〉与明末天主教积善思想》一文，从罗雅谷撰述的汉文著述《哀矜行诠》入手，探讨晚明时期天主教对于积善修德思想的理解与实践。

② 本文所引用《斋克》版本为法国国家图书馆数字图书馆项目 Gallica 所收录版本（编号 CHINOIS7341）。钟鸣旦、杜鼎克、蒙曦主编，2009 年台北利氏学社出版的《法国国家图书馆明清天主教文献》第 19 册收录。

名同意，“斋克”即“克己、恒己、苦己”① 之意。

罗雅谷引圣葆禄言指出，人有旧人、新人之分。何谓旧人，“以其有元罪而顺曲性、纵邪情也”。何谓新人，“以得吾主圣佑能复直性、克邪情而从于正也”。斋克的功用即在于“灭旧而生新”。② 又引圣多玛斯言指出，“肉身之邪情，每繇丰养而生”，“食虽人所必须，然失之太过，小则戕身，大则获罪”。③ 罗雅谷引创世之初事迹曰：“大主爱人，初未尝以苦界之人”，因“人祖叛命”，不得已，“以苦楚罚之”。但大主仁慈，若人“肯苦修补过，必恕而宥之”。④ 罗雅谷举耶稣为例，指出耶稣在世时无刻不自苦其身，“力行斋德，以为众表”⑤。

罗雅谷引圣奥古斯丁言指出，“斋者，乃革恶免罪，减世间诸不善之根”。斋不仅是减饮食，“更须减除世乐”。⑥ 又引加西亚诺言曰：“克苦肉身而心匿未修，是犹马无辔、舟无楫”，毫无用途。引圣博伯纳言指出：“斋必少罪、寡言、减怒、绝私、不谤、不谗、不发虚愿，乃谓真斋焉。”

“斋避人知”⑦，要杜绝虚名。罗雅谷引圣加西亚诺言指出，“我虽斋，勿指人不斋为罪”，若认为不斋为罪，则“己必以为功”⑧，进而导致人精神虚空傲慢。

又引《圣经》曰：“远恶行善，可补性缺，可获心洁”，并进一步解释道：“远恶正所以行善，其功在于守戒，继之以克。”罗雅谷将“克”分为两类，其一是“全绝世乐”，如为主守贞，甚至为之失去性命。然“此功最大，非众人所能行”。克之第二类为“随事减损，不至任情而已”。对众人而言，“遇美花，视其色，嗅其香，无罪也”，如果“以此为主所畀，致谢而赞讼之，则亦有功”。但是，这样做终“不如为主克其目

---

① 《斋克》卷一“总论”，1 页。
② 同上。
③ 同上，2 页。
④ 同上，3 页。
⑤ 同上，4 页。
⑥ 同上，5 页。
⑦ 同上，6 页。
⑧ 同上。

与鼻，不视不嗅，功更大焉”。为什么这样说，罗雅谷进一步解释曰：“赞主之中，借以自求慊其欲”，则爱主之情不全不纯。真正能够做到克己者，必须“纯全为主，绝无分毫自欲自乐之意参与其中”①。

二、罗雅谷论“守斋克己”之神斋与形斋

（一）“守斋克己”首要在神斋

“神以摄情，神清行清，神浊行浊”，罗雅谷指出，神是形之源，“欲流之清，必澄其源”，故“守斋克己”首在神斋。

罗雅谷引圣加西亚诺言指出，凡修德者，“先务胜己，制内邪诸情”。若只是减少饮食，内心不能安宁清净，“特伪修耳”。因此，“守斋克己”应“先减神饕，次减形饕”。

那么何谓神饕？何谓形饕？罗雅谷解释云，所谓神饕即“喜谤、忿怒、嫉妬、虚傲、淫欲”②。罗雅谷称此为“五毒”，危害甚剧。其表现在“人苟心吞谤味，化为憎恶，其情最惨，虽骨肉至亲，视同仇雠，而他人无论矣；若饫忿怒，横于心中，不克融释，蕴为烈火，若焦若烧，太和一脉，销灼无余。嫉妬入于心，断仁根，刈爱德，如土石填腹，窒塞营络，诸疾丛生，神气涣索。虚傲在心，好名失实，渐成中满，不自知其弱，一食再食，终不获饱，必至裂腹而死；淫欲之味，沉溺更易，恋而不舍，则灵明昏而真理丧，如脏腑中邪，发大癫痫。凡此五味，实为五毒”。罗雅谷指出，“真斋之功，以克此为本，次减饮食”。③

（二）“守斋克己”之次在形斋

罗雅谷指出，“形为神役，亦为神护”④，形神顺理而动，才能达到内外和睦的效果。因此，首神斋，次形斋。

---

① 《斋克》卷一“总论”，11 页。
② 同上，11 页。
③ 同上，12 页。
④ 同上，13 页。

罗雅谷引圣伯尔纳言指出，“喉以喜饮食过多滋罪，故斋者以节俭补其罪”。不仅如此，“外之五司，均有喜过失中之病”，如“目喜视，必有不当视而视者；耳喜听，必有不当听而听者”。① 罗雅谷举上古圣童女则济理亚、圣王阿多、圣依腊良、圣本多、圣伯铎罗等修德圣贤之例言曰：“诸圣刑己之功，或鞭、或绳、或铁链，每以自挞其身，至于流血。又或缉骆驼等粗兽毛为衣衣之，又或以铁链绕身，又或以铅板自诫，又或累日夜不坐不寐不食。夏耐热，冬耐寒，总与爱身之情反。”罗雅谷论曰：“大概圣人入德之路，必以此为第一级。”② 但罗雅谷又指出，以上的修德之法是对圣人而言的，对于普通人，虽然不能完全仿效，也要努力去做，不可畏难。

为进一步阐明形斋的内容，罗雅谷将其细分为六个部分，即斋目、斋耳、斋言、斋笑、斋体、斋睡。

在“斋目”部分，罗雅谷举圣伯尔纳之例，“独居一室，匝岁不知其室顶之平与圆。每日诣堂，莫举明窗之数”。一日偕友外出，回来之后，朋友问圣伯尔纳是否喜欢道路两旁的湖泊美景，圣伯尔纳答曰：“我未之见也。”对于圣伯尔纳的行为，罗雅谷解释为圣人“心不外驰，故目亦无闲视”。③ 又举圣薄耳日亚之例，年幼时随同众人游猎，鹰犬捕获到猎物鹌鹑，众人皆悦，只有圣薄耳日亚“过目如空，不以得鸟为乐”，倒是以“克目所喜为功”。④ 相反，古修长罗莫亚尔铎检验其徒是否能够做到斋目，带其徒外出并与一位妇人交谈，后罗莫亚尔铎问其徒曰：“貌如何？”徒答曰：“美矣。”罗莫亚尔铎又问美妇人是不是小眼睛，徒答曰：“修长矣。”罗莫亚尔铎叹了口气说：“尔德下矣，目不能守，安能静尔心以诣上德之域？”⑤ 罗雅谷强调斋目之重要性云：“守目者，行德之网，所关非细。一时所见，久驻心中不能灭，邪魔辙伺其隙而引诱之。”⑥ 并进一步

① 《斋克》卷一“总论”，13 页。
② 同上，17 页。
③ 《斋克》卷二“斋目”，18 页。
④ 同上，19 页。
⑤ 同上。
⑥ 同上。

解释道：“凡人所不宜见，其心必蒙邪情，滋长罪根”。那么怎样斋目呢？罗雅谷认为斋目可难亦可易。何谓斋目极难？罗雅谷解释说：“目之视物，不卷不厌，无有限度。”人的一举一动都需要依赖眼睛，眼睛很重要，很难做到斋目。但是罗雅谷又做了进一步解释，他说人的眼睛有个特点，即眼睛可以“自任开闭”，“若门然，开则盗进，闭则盗退”。① 目能自主开合，在这个意义上，斋目也是容易做到的。

在“斋耳”部分，罗雅谷指出声从耳入，“耳不禁声乱听，殊多蛊惑”②，因此，修德需斋耳。斋耳不仅仅是不听污言谤言，还需不听浮言、戏言、闲言、乐音。因为声音入耳，耳不能不听，所以古圣以耳斋为首功。罗雅谷举圣玛则德笃行斋耳之例，他说圣玛则德“听谗言虚语即寐，闻道德语及善言，醒矣”。③

在“斋鼻”部分，罗雅谷指出，“鼻司嗅，可克者少”，然而也存在“喜芬芳、恶恶臭，恣欲不当”之情。罗雅谷举府侯之妃物溺济亚之例，“闺中供设，诸香必具，甚至盥濯亦香泉或天露，不知少克也”，因此遭到了惩罚，患疮疾，“脓血崩流，体备臭秽，于是侍女不前，至亲戒足”。④

在“斋言”部分，罗雅谷引圣伯尔纳言：“舌，弱肢也，而难遏止。言飞如烟，着物则重伤，甚且受焚焉。”因此，诚如宗徒圣雅伯所言，“不斋其舌，修道皆虚”。⑤ 根据内容，罗雅谷将言语分为良言、恶言、闲言三类。良言，即主前经言和论道劝人等言语。恶言，即虚誓诳侮、诟詈谮诽及一切不正不轨之言。若“非本分之言，又不适于用，徒费时失事者”⑥，谓之闲言。修德之士，首先是要断绝恶言。闲言似乎没有害处，但实际上闲言“有妨正业”，修德之人更应杜绝闲言，不乱讲话。罗雅谷引撒乐满言曰：“不知禁言者，如无城之都邑”，又引巴西略言曰：“无城之府不能拒敌人之攻劫，无默德之人不能当邪魔之诱惑”，“智者藏言于

① 《斋克》卷二“斋目”，20 页。

② 《斋克》卷二“斋耳”，21 页。

③ 同上，22 页。

④ 《斋克》卷二“斋鼻”，24 页。

⑤ 《斋克》卷二“斋言”，25 页。

⑥ 同上，26 页。

心，愚者露心于口”。①

在“斋笑”部分，罗雅谷指出，“口出有二，一言一笑”，笑若失当，其罪比不当言语还要严重，因此必须慎重对待。“事主者未离肉身，宜慎哭笑之时。”② 罗雅谷进一步解释道，“盖人心为田，诸德为种，以涕泪灌之，以谦德粪之，以苦行锄之，因主佑真光，照而熟之”③，只有这样，秋天才能有所收获。

在“斋体”部分，罗雅谷指出，“欲动者，足之本情”④，但是“足不他行，则目无他见，耳无他闻，不致心生乱绪也”。又引圣伯尔纳言曰：“人于四体，若过顺其情，必污内心。不亟遏之，是自焚其身而不知戢也。”并进一步解释云：“盖安佚之情，能染内外诸情，至令各司俱迷”，即使是那些“智者、义者、勇者、诸有学有识之士”，亦往往因是而降其志，因此，修德之人不可不“斋体”。

在“斋睡”部分，罗雅谷指出，“睡以息劳，人所不免”，但是“郭睡失时”，则会导致“心蒙神眩，幻梦滋多”，故圣人必斋睡。罗雅谷举圣多禄德阿的例子，圣多禄德阿“每寝息无多刻”，以夜继日，勤奋事主，手不停艺，“非贪也，乃以所入之值施济病贫，克己救人，一时而收两益”。⑤ 那么怎么做到“斋睡”，罗雅谷说，古有多日绝睡者，后修士以绝睡难，少睡易，“故恒定以二时为限，亦有二时办者，亦有三时者”。又引圣伯铎罗言曰：“惟倦欲寐，然后就寝，则寝即成寐，自觉神无妄营，庶免梦扰之患。”⑥

三、罗雅谷论“守斋克己”之节减饮食

节减饮食是斋克的主要内容。在“斋饮食”部分，罗雅谷指出“斋

---

① 《斋克》卷二“斋言”，30 页。
② 《斋克》卷二“斋笑”，32 页。
③ 同上，34 页。
④ 《斋克》卷二“斋体”，38 页。
⑤ 《斋克》卷二“斋睡”，40 页。
⑥ 同上，41 页。

饮食”要有类、有期、有时、有度。

所谓斋类，即分别食物之形类。圣教成规，斋分大斋和小斋，无论大斋小斋，“飞走肉食，均在所戒”①，只有水族除外。最先斋戒的是肉食，其次是蛋类和牛乳等。之所以要先戒肉食，罗雅谷解释，是因为“大荤之类，味最厚，气最浊，多食昏神”，故凡圣人，“清心事主，行克己之功，或全绝肉食，或间用之，亦不多也”。②

何谓“斋期”？“期者，一定不易之谓。”为什么要规定斋期，罗雅谷解释曰：“人有善恶勤懒，其于斋有顺有逆”，故“圣教定为斋期，欲人共遵守之”。③

何谓“斋时”？罗雅谷解释曰：“食乃进食之时也”，凡是大斋，“午方进食，晚惟用果饼一二，余时悉不得食”。④

何谓“斋度”，罗雅谷解释曰：“度为有限量之谓”，设定一个度量，众人照此而行。大斋之度，一日一膳，“抵晚则小食，如略取茶果之类足矣”。⑤ 罗雅谷进一步解释道，每日一食并不是对所有人的要求，一般人不能忍耐饥饿，可以在晚间小食一次，这也是可以的。此外，21 岁以下的年轻人和 63 岁以上的老人，以及病人、孕妇、乳母等，因身体原因，不宜忍耐饥饿者，可不守大斋。小斋可以一日三餐，只以戒肉食为度。

对于节减饮食以守斋，有人认为这对于身体健康不利，罗雅谷指出，斋克是为了修德，原本不是为了延寿，但是“一意专精，有益无损”⑥。罗雅谷举圣保禄为例，圣保禄 15 岁即潜修僻野，“衣木叶，饮清泉，弃室庐之安，忍寒暑之苦，年久益坚”⑦。还有谙当和其他许多修道之人，“克己行斋，俱以高年终”。罗雅谷指出，“多味滋疾之根也”，“疾之根多繇醉饱而生”，故“医家疗人疾，每以减食为先”，“斋之节食，益甚

① 《斋克》卷三“斋饮食”，1 页。
② 同上。
③ 同上，2 页。
④ 同上，7 页。
⑤ 同上。
⑥ 《斋克》卷四“斋不损寿”，12 页。
⑦ 同上。

大矣！”①

四、结 语

明末耶稣会士来华是为了天主教福传事业，利玛窦、汤若望、南怀仁和今天我们在这里讨论的罗雅谷等人远离家乡，漂洋过海，历尽千难万险来华后，用天文、历法、机械、测绘等科学技术和精美的绘画艺术作为先导，在天主教教义和儒家学说之间寻找共同点，以适合中国习俗的方式传教，努力为天主教在华福传事业打开局面。他们带来的科学技术推动了中国古代科技，特别是天文历法和地图测绘等科技领域的进步，并以此在历史上留下令人瞩目的光辉。但是，今天我们研究明末来华天主教传教士，不仅要关注他们的科学成就，更多的是要关注他们来华后的福传事业，因为以往我们对于后者关注的太少。

罗雅谷用汉语文言撰写《斋克》一书，借以传播天主教的守斋克己传统。在著述中，罗雅谷用生动的语言和大量活泼的事例阐释了“守斋克己”的积极意义和实践方法。虽然现在还没有找到具体的史料证实《斋克》一书对中国信徒生活的实际影响，但是只要是通读过《斋克》一书，就会被罗雅谷的生动语言所吸引。《斋克》一书反映了明末入华传教士为天主教福传事业所做出的努力。

作者单位：河南科技大学
联系方式：cuijunwei520@ 126. com

① 《斋克》卷四“斋不损寿”，12 页。

天主教徒信仰本地化探微①

——重庆南川天主教徒汪祖文墓地考

□陈欣雨

一、重庆南川天主教传入史

南川天主教隶属于重庆教区，在历史上属于四川代牧区。明末崇祯十三年（1640 年），意大利籍耶稣会士利类思（Ludovic Bugli，1606—1682）② 先入川传教，在东阁大学士刘宇亮（生卒年不详，1619 年中进士）③ 府上客堂内设祭坛，悬挂耶稣和圣母像，宣传要理，并为教徒施洗，建立了四川最早的天主教教堂。缘由刘宇亮“善待圣教，时加护佑，并劝利类思到四川传教，开化同乡人”④。第二年利类思邀请当时在浙江杭州传教的葡萄牙耶稣会士安文思（Gabriel de Magalhães，1610—

---

① 此文为国家社科基金青年项目“清代来华传教士易学思想研究”（项目号：15CZX027）及北京市社科基金青年项目“西学东渐与‘利玛窦与外国传教士墓地’碑文研究”（16CZC016）阶段性成果。特此感谢美国旧金山大学利玛窦中西文化历史研究所的 Luce 博士后奖学金支持。

② 生平参见荣振华、方立中、热拉尔·穆赛、布里吉特·阿帕乌著，耿昇译：《16—20 世纪入华天主教传教士列传》，86~87 页，桂林，广西师范大学出版社，2010。

③ 刘宇亮，绵竹（今属四川德阳市）人。万历四十七年进士。官至内阁首辅。其传见于《明史》列传第一百四十一。参见（清）张廷玉等：《明史》，6536 页，北京，中华书局，1974。

④ 古洛东：《圣教入川记》，2 页，成都，四川人民出版社，1981。

1677)①来川传教。二人随后在成都、保宁（今阆中）、重庆三处发展教友。1641 年，利类思为三十人施洗，并教化他们前往四川各地传教。1644 年，随着张献忠（1606—1647）攻占成都，安文思和利类思被俘，然二人因长于天文、地理、算学等事，张献忠“深赞其才能，尤为敬重”②，封称二人“天学国师”③，本许诺“修建礼拜天主的大教堂，同时他赐给他们一所豪宅，神父们在宅内悬挂救世主的像，给一些人施洗礼”④，但并未实现。在明末混战中，四川地区的天主教堂不仅被毁坏，教友也死者大半。1660 年，徐光启孙女许太夫人（1607—1680，圣名甘第大 Candida）的长子许瓒曾（圣名巴西略 Baile）在任四川参政时，“承母意建堂于成都”⑤，并邀请耶稣会士穆格我（Claude Motel，1618—1671)⑥从陕西前往四川传教。随着耶稣会在华势力的消退，1701 年，罗马教廷传信部一方面将四川等地作为巴黎外方传教会的传教范围。⑦而当时作为四川宗座代牧的梁宏仁（一译梁弘仁，Artus de Lionne，

---

① 生平参见《16—20 世纪入华天主教传教士列传》，225~226 页。

② 《圣教入川记》，24 页。

③ 同上，21 页。

④ 安文思著，何高济译：《中国新史》，182 页，郑州，大象出版社，2004。

⑤ 顾卫民：《中国天主教编年史》，170 页，上海，上海书店出版社，2003。

⑥ 穆格我，字来真，法国人，1662 年被许巴西（Baile Hiu）召到重庆（四川），1664 年教案后于 1655 年 5 月被押解到北京。生平参见《16—20 世纪入华天主教传教士列传》，249 页。

⑦ 根据《1659—2004 年巴黎外方传教会会士列传》统计，在中国分布的巴黎外方传教会会士最多的即四川省（包括现今重庆在内），共 397 人。见《16—20 世纪入华天主教传教士列传》，784 页。

1655—1713)① 派巴黎外方传教会会士白日升（Jean Basset，1662—1707)② 和梁弘仁（一译巴吕埃，Jeans - Fraçis Martin de la Baluère，1668—1715)③ 前往四川传教。入川初期，受到了四川总督的保护，然而由于禁教运动愈演愈烈，被逐出四川。另一方面教廷又派遣使会士意大利人毕天祥（Ludovicus-Antonius Appiani，1663—1732)④ 和德国人穆天尺（Mgr. Jean Müllener，又名穆天池、穆肋勒、穆勒尼，1673—1742)⑤ 二人入川传教。尽管二人也被驱逐，但陆续潜回四川传教。特别是穆天尺，他于 1704 年 2 月 2 日在重庆府发愿，1715 年 9 月 15 日被任命为四川宗座代牧，直至 1742 年去世，在川传教长达 27 年之久。

---

① 在秦和平《清代中叶四川天主教传播方式之认识》中认为巴吕埃（Jeans-Fraçis Martin de la Baluère）即梁宏仁（Artus de Lionne），疑有误。（载《世界宗教研究》2002 年第 1 期第 69 页。）梁宏仁，法国人，1655 年出生于意大利罗马，其父亲是雨格·李奥纳（Hugues de Lionne），出任过法国驻意大利大使、路易十四的外交大臣。1681 年 3 月 25 日圣路易港乘船赴暹罗，并陪同暹罗使团回访法国。1696 年 10 月 20 日，教皇英诺森十二世（Innocent XII）任命他为罗莎利亚（Rosalie）主教和四川宗座代牧。1700 年 7 月 30 日，由嘉乐主教为其在福建福州祝圣。（《16—20 世纪入华天主教传教士列传》，798 页。）梁弘仁，法国人，1668 年 2 月 23 日出生于法国的布列塔尼地区的雷恩，其父亲让-福朗索瓦·德·拉·巴吕埃（Jeans-François de la Baluère）是路易十四的顾问。1698 年 3 月 10 日赴远东，在暹罗总修院担任教授，任教一段时间以后，于 1701 年到达中国的广州，受梁宏仁（Artus de Lionne）之命，和白日升一起前往四川传教。然而由于禁教运动的加剧，1707 年梁弘仁因不领票（康熙皇帝颁发给在华传教士的许可证）而被驱逐出四川。1708 年 3 月 2 日回到澳门居住。1710 年 6 月 8 日参加了教皇特使的葬礼。1713 年 2 月他受到葡萄牙的驱逐，被迫登上了前往马德拉斯（Madras）的船，到达本地治里（Pondichéry），随后又潜回澳门。1714 年又从澳门前往福建，随后潜入四川，1715 年 2 月到达成都，同年 11 月 2 日逝于成都，葬于凤凰山。（《16—20 世纪入华天主教传教士列传》，938 页。）

② 生平参见《16—20 世纪入华天主教传教士列传》，805 页。

③ 同上，939 页。

④ 生平参见《16—20 世纪入华天主教传教士列传》，549 页。

⑤ 同上。

而南川地区的天主教传入历史与穆天尺也有直接的关系。其实早在耶稣会士利类思、安文思时期，就有教徒前往保宁、重庆传以“虔救人灵。弃邪归正者甚多，领圣洗者亦复不少”①，且“设有经堂，为教友领圣事、诵经之处”②。而后穆格我“在重庆亦立有圣堂”③。但是都没有将天主教传入南川地区。到了1702年，正是由于穆天尺的努力，天主教才得以传入南川。穆天尺及其同伴先是四处寻访教友，“在重庆遇到教友十余人”④。主要就铜梁、长寿、江津、璧山、大足、涪州等地进行牧访。他不仅“教导他们如何向外人传教，并给新奉教者及望教者讲道，现在他们归化了许多外教人，建立了堂口”⑤，而且他是遣使会中“最早培养出3名华人司铎的传教士”⑥。随后穆天尺派杨斯德望（1668—1754）⑦以经商的形式到南川、彭水等地流动传教。杨斯德望本为重庆秀山县人，后移居彭水县多年，1704年在重庆华光楼圣堂⑧开始奉教，1702—1705年间，常常在涪州（今涪陵区）与彭水一带从事贸易活动，“在彭水、南川之间，离贵州界不远”⑨，故相继使得孙家、游家、袁家、蒋家等与及别姓多家皈依天主教。1720年，杨斯德望又奉穆天尺之命管理涪州山地、彭

---

① 《圣教入川记》，2页。

② 同上。

③ 同上，63页。

④ 同上，66页。

⑤ 戈约著，吴宗文译：《遣使会史》，75页，台北，华明书局，1978。

⑥ 《16—20世纪入华天主教传教士列传》，533页。

⑦ 杨斯德望卒于1754年，享寿86岁，可知他的生卒年。参见《圣教入川记》，92页。

⑧ 重庆鸡街口华光楼圣堂始建于1702年，“传教司铎初抵重庆市遇见教友不多，即在城内华光楼地方建有圣堂及住屋”。参见《圣教入川记》，70页。

⑨ 同上，92页。

水、南川之间的教务①，当时南川“但奉教仅孙、杨二姓，人数很少”②。到了1827年，在南川县城后街教徒们设立了天主教传教点。“道光七年(1827)，教徒集资在县城后街（今新建路）买民房作教堂，后迁县城西外以况家住宅作教堂”③，这可视为南川关于教堂的最早记载。到了1864年在县城杨泗桥设经堂，以作为祈祷、念经之所。直至1907年法籍神父甘品高神父（Bernard Cazaban，1873—1924）④ 在南川县治所隆化镇后街修建房屋，“筹办修建南川县第一座天主教堂，于1913年竣工揭幕，即由甘氏任神父”⑤。此后南川便有了正式的天主教堂，也正是由于他的努力，后来发展出南川水江甘家坝教堂。⑥ 目前，整个南川地区仅这两座教堂。

二、汪祖文墓地碑刻中的天主信仰

关于天主教徒墓葬规制，代理四川教务的巴黎外方传教会士马青山（Joachim Enjobert de Martillat，1706—1755）曾于1744年10月9日、1745年8月12日两次发布宗座代牧令，对天主教徒的丧葬礼仪进行了规定。“命

---

① 刘志伯、陈明南供稿：《天主教传入南川经过及现状》，见政协南川县委员会文史资料研究委员会编：《南川文史资料选辑》第一辑（内部资料），75页，1985。

② 四川省南川县志编纂委员会编：《南川县志》，654页，成都，四川人民出版社，1991。

③ 同上，654页。

④ 在荣振华一书中，将“南川”（Lantchouan）写成了“南充”（Nan tch'ong），甘品高于1901年6月23日晋铎，同年8月4日赴四川东部。数月之后，奉命负责南川会口。参见《16—20世纪入华天主教传教士列传》，832页。

⑤ 《南川文史资料选辑》，75页。

⑥ 1913年甘品高到水江乡传教，入教者达500多人，开设临时经堂，成立“宗教促进会”，兴办经书学校。直到1936年，经重庆教区真原堂批准，派法籍神父米加德，又称味增·米纳塞（Vincent Millacet，1906—1991）至水江建立甘家坝天主堂。包括附属房屋建筑面积约340平方米。“教徒唐从俭捐田40石，宗教徒集资买田200余石作教堂经费。”（见《南川县志》，654页。）米加德任第一任神父。关于米加德生平，参见《16—20世纪入华天主教传教士列传》，943页。

令教徒必须按天主教仪式进行葬礼，如有异教徒参加天主教徒的葬礼，务必要求他们不能做出具有迷信性质的礼节，允许在葬礼中使用纯世俗礼仪，如布置灵堂、为死者换裳、入殓、保存遗照和在某特定地点刻上死者的姓名和封号”①，而关于天主教徒墓地的规制，不甚明了。根据田野考察及对当地宗教局及文物管理单位的走访，在重庆地区依然保存完好的清代天主教徒墓地非常罕见，而在墓碑上存有大量文字记载的更是少之又少，故南川地区的汪祖文墓地更是具有重要的历史价值。

汪祖文（1816—1878）② 号郁周，祖籍湖广③，其墓地位于重庆南川水江镇中桥乡大坪村三组薛家坝。④ 墓地坐东北向西南，规模庞大，高 4.9 米，宽 5.83 米，纵深 10.9 米。墓冢从上方看呈十字形分布。而墓碑属于牌楼式建筑，有四柱三碑三檐，且分上、下两层，石刻精美，规制特别。

纵观墓碑，其主体文化为天主教信仰。天主教义中最重要的三德“信”“望”“爱”以最大的字号呈现在墓碑上。而墓碑正上方有“主赐永寂”“恒

---

① A. Launay. *Histoire des Missions de Chine*：*Mission du Se-Tchoan*. Vol 2，Paris：T. qui，1920，309.

② 根据走访当地汪氏后人，汪氏家谱字辈所列：“现在孔金光；明远祖贤良；文仁大学世；万代发增祥。”

③ 汪祖文祖从湖广移居于此，这涉及其天主教信仰起源问题，并无确切文献资料对此有所说明。但是根据现有材料推断，应该是在前往南川之前已为教友。首先关于川东地区的天主教信仰，尽管当时许瓒曾邀请穆格我发展教务，然而由于连年战乱饥荒和信仰根基尚浅，教徒发展始终有限；其次，因“湖广填四川”而入川的天主教徒，确乎存有。“大部分教友均系湖广来川移民，他们集中在以重庆为中心的区域”［秦和平：《清代四川天主教史拾遗》（一），载《西南民族学院学报》，1998（2）］。如永川刘姓（刘航琛）一家，“我家一支在湘时已信天主教。入川后，其他一支之人始知之，以为信奉洋人邪教，应逐于宗祠之外，以致不相往来”［秦和平：《清代中叶四川天主教传播方式之认识》，载《世界宗教研究》，2002（1）］。

④ 关于重庆地区的汪氏天主教信仰，璧山县汪家在嘉庆时开始奉圣教，自 1796—1806 年黄主教管理川东教务的时候，圣教始入该县。至于前时该县有无教友，无由追寻。（《圣教入川记》，78 页。）然而南川地区的天主教信仰缘由何时何处，已经无从知晓，但是延续至今，目前还有汪氏后人居住于此，多为天主教徒。

光照之”等字样。且在碑阳正中镌刻有“清故登仕郎显考汪，讳祖文，圣名伯多禄。故显妣汪母王氏，圣名玛利亚墓”。① 由此可知此墓为汪祖文及妻子王氏合葬之墓，二人皆为天主教徒。关于墓碑上镌刻文字信仰属性划分如下：

墓碑位置	天主教信仰	民间传统文化（儒、释、道三教）
上方正中	“主赐永寂”	
上方中碑	“恒光照之”	
上方中柱	“幻世浮云不足满人愿，天乡永福方能充善心”	
上方碑面左右对称	“信”“望”“爱”	“敬”
下方中柱	“精神虽已归天界，德泽犹然在世间”	
下方外柱		“立志修身获福地，劳心积德享佳城”
下方墓门左右对称	“善生”“福终”	
下方汪祖文墓门		“恩荣酹彼善人义”
下方王氏墓门	“偕主圣群共悦忻”	“福如东海，寿比南山”
下方左侧		墓志铭文

由此可见，整个墓碑中天主教信仰文化因素非常明显。信、望、爱三德彰显了天主教的核心教义，“恒习悔罪，信望爱天主”②。体现儒家道德主体性自觉的“敬”字是由直向天主的超性之德“信”“望”“爱”三德引领的，体现了墓主人的信仰倾向，甚至“敬”字也化身于天主教教义之中，“爱敬天主万物之上”③。而“主赐永寂”“恒光照之”等皆出自于天主教去世后祈祷文，通常用“主赐伊（等）永寂而恒光照之”等字样。

---

① 考、妣即对已故父母的敬称。“历代（或先祖）祖考妣而后可统称既定，通祀用之”。（参见刘琅声等修，韦麟书等撰：《礼仪》，见《重修南川县志》卷五之一，31 页。）关于圣名，根据四川巴县教友何容章及其夫人合葬墓上的记载以及走访南川水江镇天主教教友汪氏后人、唐氏后人转述，发现男性教徒圣名多为“伯多禄”，女性教徒圣名多为“玛利亚”。

② 陆安德、泰然甫：《善生福终正路》（卷下），罗马耶稣会档案馆汉籍 Japonica-Sinica I-175，57 页。

③ 同上。

“天乡永福方能充善心”“精神虽已归天界”中的“天乡”“天界”皆指天堂之所，这是天主教徒的最终归宿，“天堂是永福之所”①，“天堂乃永居之所”②，天主使得我们“免我们下地狱，赐升天堂享永福”③，故“若是劝人为善，救人灵魂更好”④；“改过迁善，赐我升天，得享永福望”。⑤“修道者后世必登天堂，受无穷之乐，免堕地狱，受不息之殃。”⑥ 而“善生”“福终”为天主教所倡，⑦ “善死得永福大事”⑧，最终达到“偕主圣群共悦忻”的境界。

而墓碑最为特别的是巧妙地将当地主流信仰佛教文化元素与天主教信仰相融合，具有“化佛为耶”的特色。⑨ 比如碑额顶部主体部分为一座类

---

① 陆安德、泰然甫：《善生福终正路》（卷上），罗马耶稣会档案馆汉籍 Japonica-Sinica I-175，1 页。

② 《善生福终正路》（卷下），56 页。

③ 同上，7 页。

④ 同上，56 页。

⑤ 同上，57 页。

⑥ 利玛窦：《天主实义今注》，梅谦立注，谭杰校勘，108 页，北京，商务印书馆，2014。

⑦ 此表达疑与陆安德、泰然甫著《善生福终正路》有关，其中有“善生之方”“福终之法”等描述。《善生福终正路》1651 年初刻，1794 年重刻，是一部传播耶稣教义的通俗读物，此书分上下两卷，卷一撰述修身、理家、祈祷、看经、听讲、解罪诸法；卷二撰述圣体、弥撒、受难诸说。终言福死之方。总体内容发挥了彼教教理，使人尊信天主，以求永福。Albert Chan, S. J. , *Chinese Books and Documents in the Jesuit Archives in Rome*, Armonk, N. Y. : M. E. Sharpe, 2002, p. 242。

⑧ 《善生福终正路》（卷下），56 页。

⑨ 关于佛耶对话，早在利玛窦就已经展开，他对佛教的态度多是批驳的，专以辟佛为事。在其《天主实义》书中对佛教的轮回六道、戒杀生等多有辩驳。而针对佛教的西方净土极乐世界和天堂的关系，在利玛窦看来佛教是借用了天主教的学说，“天主教，古教也。释氏西民，必窃闻其说矣。……释氏借天主天堂地狱之义，以传己私邪道”（朱维铮主编：《利玛窦中文著译集》，48~58 页，上海，复旦大学出版社，2001）。除利氏外，还有庞迪我的《七克》、艾儒略的《三山论学记》和杨廷筠的《代疑篇》等。而在墓碑上，可以看到天主教对佛教文化的利用改造，说明了天主教对当地传统文化的吸收。

似佛教标志的法轮造像，然而代表八正道的轮辐以及中间的“卍”字皆以十字架替代，从而形成了构造极为特别的十字架符号。而在碑面左右各有一座中式六角凉亭，上面皆有十字架，以此体现墓主人的信仰。而最能体现对佛教文化改造的是在墓碑左右上方的两幅象征天主教信仰的“接引图”。“接引图”本为佛教中菩萨接引亡者往生，前往净土世界之意。“‘引路菩萨’的性质与佛教水陆法会本身最重要的宗教性质即对亡灵的‘超度—接引’相一致的”①。而在这里，“接引图”被赋予了浓厚的天主教含义。左边为“天使接引汪祖文图”。天使身穿中式长袍且披着披风，长着翅膀、配戴光环站在祥云之上，右手牵着男主人汪祖文，左手指向左上方（寓意天堂）。汪祖文戴着便帽身穿中式长袍马褂，手持念珠在祥云之下瞻仰着天使。右边为“圣母接引王氏图”。身穿中式服饰的圣母踩在祥云之上，女主人王氏身穿凤冠霞帔，同样手持念珠虔诚地跪在圣母前。两幅图中接引人分别为圣母和天使。圣母在天主教信仰中被视为天下万民的主保，“为天下万民主保”②；“圣母为吾众之主保，无一人不需圣母保佑”③。而天使亦翻译为天神，即天主教的圣人。“后求圣母为善死主保，求护守天神，本名圣人，亦随意任求那位圣人，转求天主，赐我善死。”④因此当天主教徒的在世生命结束后，由圣母和天使接引他们前往天堂。值得一提的是，在墓碑中榜下方和凉亭左右皆凿有阶梯，在天主教信仰中，阶梯象征通往天堂之路。在《圣经》中有“耶和华殿的台阶”之称［《圣经·列王记（上）10：5》或《圣经·历代志（下）9：5》］。而意大利传教士潘国光（Frarcuis Brancati，1607—1671）著有《天阶》一文，展现了天主对宗徒的教诲，通过日常对天主的信奉而“达于上渐升于高明之境矣”⑤。

---

① 李欣苗：《毗卢寺壁画引路菩萨与水陆画的关系》，载《美术观察》，2005（6）。

② 《善生福终正路》（卷下），20页。

③ 同上，3页。

④ 同上，57页。

⑤ 潘国光：《天阶》，16页。法国国家图书馆，古郎（Maurice Courant）氏编目CHINOIS，6964号。

三、汪祖文墓地“汪氏墓志”中的儒家观念

一般天主教徒的墓碑，区别于传统的祭祖主旨。比如四川巴县教徒何容章墓（1818 年）所镌刻的碑文内容，主要体现天主教徒对生死的看法、人生意义的追求以及家族信教的过程。① 而汪祖文墓较之于不同的是，墓志铭中并没有凸显家族的天主教信仰，而是更着重对家族及墓主人现世之功的记述。墓碑左侧刻有“汪氏墓志”，全文 19 行，共计 394 字，内容整理如下：

汪氏墓志

冈峦之耸峙，河水之潆洄，烟云之权护，草木之峥嵘也。此福地也，必待福人受之。

南邑汪公，讳祖文，号郁周，祖籍湖广，徙南邑福里四甲汪家湾，至显祖明交，始迁福五甲水江石②。祖母李（氏），廿三夫故，曾割股瘵疾③，享寿九十有六。显考朋远，母氏杨（氏），生公焉，公，行一。醇谨老成，言语不苟，处世则谦卑逊顺，接人则宽厚温和，且精于货殖。权子母计，羡余，亿则屡中。历寒暑，经风霜，财亦恒足，故铢积寸累，不数年而家累万金。咸丰元年辛亥，买业薛家坝。同治三年甲子，移居于此。丙寅报捐国学，享受（寿）六十

---

① 《清代四川天主教史拾遗》（一）。

② 水江石，一名龙见场东路，偏北七十里，在治平山西北，鱼泉河流所经也。通涪陵之场坝平桥等处，属水江乡，场分两段，上老下新，相传修上流龙见桥时，淘石水中现水江石三字，易今。名铺户三百余家，贸易殷盛，设东二区团练办事处。（刘琅声等修，韦麟书等撰：《建置》，见《重修南川县志》卷二，20 页。）

③ 疑为“割股疗亲”，旧指孝子割舍自己腿上的肉来治疗父母的疾病。然而关于此行为的是非判断，历代褒贬不一。此行为是孝亲之诚还是博取名声，难以判定。“欲舍之，则久为世俗公认，不应淹没。欲扬之，则延误无穷。”（刘琅声等修，韦麟书等撰：《人物二》，《重修南川县志》卷十一之二，59 页）诸多学者对此有所研究。

有三。

元配王孺人，克尽妇道，中馈称能，赋性既见其幽閒，持身亦极其淑慎。固不特滫瀡洁繁，事亲以孝，锄园纺帻，持家以勤，无愧内助之贤也。

嗣君敏齐弓（躬）治，相承堂构，是继卓有父风，其孙亦济济成立，祖武克绳。

嗟乎！

世之为富者实繁有徒也，孰如公之白手兴家乎？

世之为商者不可胜数也，孰如公之以义为利乎？

且世之为后裔为云礽者，尽人皆然也，孰如公之子孝孙贤德，螽斯衍庆，麟趾呈祥乎？

是诚德之厚福之远，始获报如是也！

吾知卜奠于斯，则山水环绕，地脉效灵，其发祥福岂止于此哉？

南邑文生灼堂杨炳烈拜撰

根据墓志铭，主要就家族迁徙历史、汪祖文生平经历及其妻妇道德行进行叙述，特别是对汪祖文的谋断之才、经世惠民之能及家族荣誉进行颂扬。汪祖文祖上从湖广移居至重庆南川的汪家湾，然后在其祖父汪明交的时候搬至南川的水江石。对其祖母李氏多有描述，一是在她 23 岁（虚岁）时丈夫就去世，虽未提及是否再嫁，但按照传统儒家对妇女贞节的要求，应属未再嫁，在此强调她的妇德。二是她曾割股疗亲，足以见其孝行，“清代妇女通过割股来表达孝心，是中国儒学宗教化的结果”①。关于割股疗亲，《南川县志》中单独有“刲股表”一章，其中记载民间父母有疾病时很多人刲股以疗，“男女孝行割股者甚众”，罗列人物多达三十七人②，足以见在当时社会风气中的流行程度。而在《南川县志》“烈女”一章中，更是将此行为作为体现儒家孝道伦理的孝亲之风标尺之一，比如韦礼氏“割股以进，立愈”；刘陈氏“割股以平姑疾”③；等等。而对其

① 鲍嘉麟：《中国妇女史论集》，13 页，台北，稻香出版社，1995。

② 《人物二》，见《重修南川县志》卷十一之二，59 页。

③ 同上，74 页。

父汪朋远、其母杨氏二人并无论述，直接过渡到对汪祖文生平的介绍以及德行上的称颂。汪祖文淳厚谨慎、练达世事，体现了庄重恭敬、谦逊宽厚之风。在此基础上，又言及他“精于货殖”“亿则屡中”的从商才能，在这里引用孔子认为子贡“而货殖焉，亿则屡中”① 之评价，以此说明汪祖文勤务商业才能和立业之功。然而在其义利观上，墓志铭中又引用《大学》中“以义为利”② 作为对汪祖文信义待人的高度肯定。

而汪祖文于 1866 年捐官“国学”登仕郎③一事凸显出汪祖文“入仕”追求。捐官在清代非常兴盛，并已成为政府认可的方式，它和科举制度一同被视为入仕进阶。汪祖文作为商人，一生未事科举，并没有相应的学历支持,④ 捐官纳衔一方面需要大量的财富支撑，这说明他有雄厚的经济实力。另一方面表现出他对传统儒家入仕文化的追求，财官一体、名利双收是捐官入仕的直接世俗化体现，“有力者子弟相沿，争为垄断，无力者称贷而至”⑤。由此可以看到作为天主教徒的汪祖文，对儒家入仕文化表现出强烈的认同感。

此外，在墓志铭中也体现出对其妻子王氏的赞誉，认为王氏“克尽

---

① 朱熹：《论语集注》，见《四书章句集注》，127 页，北京，中华书局，1983。

② 同上，13 页。

③ “国学”登仕郎，属于文职隶吏部，清代属于正九品，月俸米石五斗。然实为虚衔，没有实权，更多的是一种身份荣誉的象征。《清史稿·选举志》记载了康熙、乾隆、雍正时期七十余例捐官的事实，特别是康熙十四年记载三年内“捐纳知县者五百余人”。（陈康祺《郎潜纪闻初笔》，26 页，北京，中华书局，1984。）清代官僚体系从上到下分至“九品十八阶”，不同出身人员纳捐的条件是不一样的，出身越低的人所需要支付的纳资会更高，目的是获取相应的社会地位。比如光绪时期，“已截取进士捐银 378 两，未截取进士捐银 522 两，已截取举人捐银 660 两，未截取举人捐银 810 两，未拣选举人捐银 954 两”。（《光绪朝捐纳则例》，43 页，台北，文海出版社影印，1982。）

④ 清代官员出身不同，包括进士、举人、贡生、监生、生员及没有接受正规学校教育的官员。

⑤ 冯桂芬：《校邠庐抗议》，转引自戴逸主编：《简明清史》，500 页，北京，人民出版社，1980。

妇道”，这更是符合儒家传统妇德观的一种体现。《礼记·大传》中称“其夫属乎子道者，妻皆妇道也”①。因此妻子对妇道的遵从即是在“本无昭穆于己亲，惟系夫尊卑”② 的宗法社会对夫权的认同和称颂。随后又称王氏“中馈称能”，即引用儒家启蒙经典《幼学琼林》中“苟《内则》之无忝，自中馈之称能”③ 一语，而“中馈”二字本取自于《易经》中《家人》卦六二爻的“无攸遂，在中馈，贞吉”④。以此说明王氏勤于饮食家务，以贤惠著称。在此基础上，又而“事亲以孝”出自于《孝经·开宗明义章》的“夫孝，始于事亲”⑤。以此阐明王氏的事亲孝道。最后引用《宋史·后妃传》中的“内助之贤”⑥ 来说明王氏的贤良淑德，妇人典范。而正由于传承良好的儒家家风，从而子孙得以荫庇，后人得以福佑。

四、南川天主教的本地化传教模式探微

汪祖文墓地看似个案，实则却反映了南川地区的传教历史沿陈。在汪祖文墓旁边，还有十二座汪氏后人墓，皆为天主教徒，在规制上均小于汪氏墓，由此更突出汪祖文墓地的重要性。通过汪氏墓地历史探寻和现状考察，引申出对南川天主教的本地化进程及模式的大致了解。作为天主教徒，汪祖文的奉教历史不甚清楚，但是从他的墓地可以看出在禁教时期南川天主教本地化的过程即天主教徒信仰自觉性凸显的过程。

其一，南川地区天主教的传教困境。在历史上天主教徒的状况并不容

---

① 郑玄注，孔颖达疏：《礼记正义》（中），见李学勤主编：《十三经注疏》（标点本），1003 页，北京，北京大学出版社，1999。

② 同上。

③ 程登吉编，张慧楠译注：《幼学琼林》（上、下册），99 页，北京，中华书局，2013。

④ 张立文：《帛书周易注译》，434 页，郑州，中州古籍出版社，2008。

⑤ 胡平生译注：《孝经译注》，1 页，北京，中华书局，2009。

⑥ （元）脱脱等撰：《宋史》，8606 页，北京，中华书局，1985。

乐观。一方面外籍神父紧缺，外籍传教士有开教之功，“利类思之开教四川”①，然而却很难深入四川边远地区。特别是禁教时期的政治环境所迫，外籍神父只有在穷乡僻壤的边远地区进行。而四川地势险峻，气候湿热，很多外籍神父入川后水土不服或者病故。“1619 至 1819 年间，成功入川的仅有 28 人。”② 到了 19 世纪，外籍神父寥寥无几，“圣教窘难之际，西士无多，所赖以施行圣事、坚固教友信德者，中士之力居多”③。故南川地区所进行传教事业的多为本地神父。在 1878 之前历任神父④有刘雅各白（任职时间 1864—1865 年）、廖若瑟（任职时间 1866—1868 年）、卜神父（任职时间 1869—1871 年）、宋玛窦（任职时间 1871—1872 年）、夏伊纳爵（任职时间 1873—1878 年）等五人。除了卜神父为法国人以外，其他皆为中国人。另一方面，本地天主教设施简陋。禁教期间，南川地区还没有正式的天主教堂，教徒们只能够在教徒家里进行弥撒和祷告等宗教活动，一直到 1827 年，才有天主教传教点，这也是导致清代南川地区传教活动无法全面开展的原因。

其二，天主教徒信仰的自觉性促进了天主教本地化的进程。由于南川地区在从天主教传入之初，神父的传播力量毕竟单薄，在传教模式上主要采取教徒流动式传教。受洗教徒以灵活的经商方式伴随着传教活动，这是天主教在四川传教活动中所探索出来本地化的传教模式，具有明显的通俗化和底层化特色。比如乾隆年间渠县杂货商李义顺向前往重庆贸易经商的董朝贵传授教理，“朝贵闻之，倾心悦服，遂信奉圣教”⑤。嘉庆年间安岳县王坤玉因为前往合川进行贩卖线毡生意而加入教会，等等。⑥ 具体到南川地区天主教活动更是如此，杨斯德望作为最早向南川地区传入天主教的

---

① 方豪：《中西交通史》（下），820 页，上海，上海世纪出版集团，2015。

② A. Launay, *Histoire des Missions de Chine*: *Mission du Se-Tchoan* Vol 2, Paris: T. qui, 1920, appendice 98.

③ 肖若瑟：《天主教传行中国考》，407 页，献县天主堂，1931。

④ 《天主教传入南川经过及现状》，参见《南川文史资料选辑》，76 页。

⑤ 《圣教入川记》，82 页。

⑥ 《清代中叶四川天主教传播方式之认识》。

教徒，即采取流动式的贸易活动来进行流动式传教。而墓地主人汪祖文，作为天主教徒，亦是从商数年。并且在信教形式上，大多数教徒是以户为单位的家庭式奉教。① 并且，这样的家庭、家族式奉教一直延续至今。②

其三，天主教徒将天主信仰和当地文化进行了“为我所用”的融合。天主教信仰在南川本地化过程中，必然要与当地传统信仰相遇。南川地区一方面主祀儒家孔子，“往时一邑祭奠祀孔子尤严”③。在汪祖文墓碑上，之所以“信”“望”“爱”“敬”并列视为立信仰主旨，也证实了儒家高于佛、道二教，统领着民间信仰。而另一方面，当地信仰一直都有儒、释、道“三教合一”的传统。在《重修南川县志》里认为儒、释、道三家自晋唐以来已经是并行之势，“孔老释之书穷究天人性命，颇有其相通相混者”④，故“后世民间三教并崇，就地皈依取其便，事萃神佛于一宇”⑤。儒家祭祀之庙与道教之宫、观、殿、阁和僧尼掌管之寺与庵在当地人看来并无差分，各处住守者“为僧或为尼，为道、为雇不复区别”⑥，只要是能为就近的人民提供祈福之所即可。特别是在对待佛、道二教上，从天主教攻诘佛教的传统，“欧之徒崇儒攻释老”⑦ 巧妙地转变成了化佛、

① 早在穆天尺时候，他就在四川很多地区发现了天主教家庭，比如“1712 年在铜梁有 14 户奉教家庭”，“1713 年在璧山只发现一户奉教家庭，同年还在大足发现 13 户奉教家庭”。[转引自韦羽：《清前朝德国传教士穆天尺四川活动述略》，载《阴山学刊》，2009（8）。]

② 通过对当地现居教友的走访发现，很多教友信教是通过家人或者老教友的传教。这说明在当地神父的功用并没有得以凸显，这和神父紧缺有很大的关系。比如目前南川地区两所教堂仅有刘文明神父一人负责，他不仅负责南川地区教堂，还负责巴南、綦江、万盛等地的教务工作，无法满足每个乡镇教堂的周日弥撒活动和日常管理。据水江甘家坝教堂管理员唐贵怀教友介绍，由于堂区神父无法保证每个周日的弥撒，故一般都是教友自发组织念诵《玫瑰经》，教友来教堂的次数也愈来愈少。

③ 刘琅声等修，韦麟书等撰：《礼仪》，见《重修南川县志》卷五之一，2 页。

④ 同上，26 页。

⑤ 同上，21 页。

⑥ 同上。

⑦ 同上，26 页。

道二教为天主教所用。比如在《重修南川县志》中当论及天主教时，认为天主教虽“天主福音别一宗教，无醮祭而有祷祈”①，然与佛、道二教在功能上有相似之处，“虔叩休咎吉凶皆属神道，故悉以类从焉”②。从某种程度上，南川地区天主教之所以不被排斥，甚至被放置于和佛、道相同的地位，这和前期天主教友自觉传教的努力分不开的。故在墓碑中，儒、释、道三家关于祈福的元素皆有体现，这也是与当地信仰风俗相一致的，比如刻有代表儒家文化的“立志修身”，道教的“福地”“佳城”，佛教的七宝莲花③、“劳心积德”，等等。此外，还有民间习俗的祈福象征，比如“福如东海，寿比南山”、十字架上的“福”“寿”字等，整个墓碑为儒、释、道、耶及民间崇拜多元信仰融合的典型。

故可以看到，汪祖文生活的时期整个南川地区已然呈现多元文化相融合的丧葬礼仪，以此在慎终追远、崇德报功的观念上祈福忏悔，前往安息之所。这样的宗教目的迎合了当地人趋吉避凶的心理，因此被广为接受。亦正是有这样的地域文化基础，归于天主教墓地的汪祖文墓才能够呈现出儒、释、道、耶多元文化相融的状态，或者说是用已广为人们所接受的儒、释、道文化符号来表现天主教的信仰。

作者单位：北京行政学院

联系方式：chenxinyu1986517@ 126. com

① 刘琅声等修，韦麟书等撰：《礼仪》，见《重修南川县志》卷五之一，21 页。

② 同上，26 页。

③ 莲花作为佛教化符号，其中之一的象征是西方极乐净土中所有往生者以莲花作为往生托胎标记。“其上辈者临……寿终时，无量寿佛与诸大众现其人前，即随彼往生其国，便与七宝莲花中自然化生，住不退转。”［（曹魏）康僧铠译：《佛说无量寿经》，见《大正新修大藏经》第 11 册，272 页。］

天主教生育观念的本地化

——基于《公教妇女》与《益世报》的比较研究

□赵秀丽

近代天主教生育观念的本地化既受到民族主义思潮的影响，又遭受到婚姻家庭伦理转型的挑战。日益严峻的民族危机强化了“强国保种”的民族意识，从而促进了近代生育观念的变迁。天主教生育观念由宗教教义的规约转化为对世俗社会的渗透，必须做出既不违背教义，又能被世俗社会接受的新阐释。然而，近代天主教生育观念的本地化处境极为复杂，涉及优生优育、儿童公育、妇女运动、家庭改良等广泛的又不能回避的话题。这种游离于宗教与世俗之间的阐释不仅呈现了天主教本地化的过程，而且也是天主教介入世俗社会的重要途径。笔者尝试以《公教妇女》和《益世报》作为宗教和世俗化阐释的两个文本，以比较研究的方法探讨天主教生育观念的本地化过程，推动相关研究的深入。

一、《公教妇女》对宗教原则的坚持

天主教生育观念源自于对《圣经》中有关婚姻规定的解读。生育观念包含生育和养育两部分内容，也是天主教婚姻家庭伦理的重要内容之一。在天主教看来，“天主造女人立婚姻”，女性的天职在于家庭，顺从丈夫，教养子女，是女性的“天赋职责”。这与中国传统“多子多福”“不孝有三，无后为大”的生育观念具有一致性，均体现了父权制的要求。为应对女权主义思潮的挑战，推动天主教的普世化传播，1919 年 11 月，罗马教廷颁布“夫至大”通谕，提出了建设本地化教会的使命。

1922 年，教廷派意大利人刚恒毅（Celso Costantini）① 为驻华宗座代表。刚恒毅来华，推动了天主教本地化的进程。

1933 年 12 月 31 日，教宗庇佑十一世颁布婚姻通牒，该通牒对天主教婚姻家庭伦理的阐释成为天主教婚姻家庭伦理本地化的重要依据。1934 年 3 月 20 日创刊的《公教妇女》（季刊）是中华公教妇女部的机关报。其创刊目的在于："希望能于现代国内妇女运动，和各种妇女问题上，用公教原则和精神，阐发公教的立场。不但希望公教妇女，对于各种妇女问题上能有正确之认识，且于教外妇女论坛上，也能尽介绍公教立场的职责。希望于混乱黑暗妇女运动思潮中，放出基督的光芒，使国内妇女界也得认识唯一的纯正妇女运动真精神。"② 除了规定公教妇女的婚姻生活之外，试图对近代妇女运动的导向施以影响，也是其重要的办刊目的之一。

天主教对妇女运动的主张体现了天主教婚姻家庭伦理的本地化原则，其集中表现即对"贤妻良母"主义的大力提倡。天主教以男女生理的差异为依据，提"贤妻良母"是女性"天赋"的职责也是女性的首要责任。为避免女权主义的诟病，天主教承认男女以承担"天赋"职责为前提下平等。作为"人"的一分子，男女是绝对的平等的，那么"男女的权利义务也是平等的"。因此男子要承担社会的责任和义务，女子也要承担家庭的责任和义务。究其思想的实质，依然没有摆脱"男主外，女主内"的窠臼。天主教也承认女性承担社会责任的必要，但是"妇女的其他地位和责任，都应在不妨碍贤妻良母的原则之下，才可以参加"。天主教的这一观点具有强烈的主观主义色彩，"真正的妇女运动合于妇女心理生活，合于妇女之所以为妇女者的妇女运动，只有我们在公教原则下《圣经》的教训中可以获得完满的解决"③。《公教妇女》对于"贤妻良母"的提倡以天主教的原则为基础，但又不能不面对妇女运动高涨的社会现实，在宗教与世俗的取舍中，最终服膺于宗教的原则，落入主观主义的陷阱。

---

① 刚恒毅，字高伟，1876 年生于意大利，16 岁入修道院并入罗马大学学习。1899 年升任神父。1922 年被教宗任命为第一位驻华宗座代表。1933 年离华，1935 年被任命为传信部秘书长，1952 年被册封为枢机，1958 年去世。

② 《公教妇女・卷头语》，第 1 卷，1934（1）。

③ 袁成斌：《妇女运动》，载《公教妇女》，第 1 卷，1934（1）。

母亲承担着生育和养育的主要任务，在家庭教养中发挥着举足轻重的作用。天主教强调主母的家庭地位，认为女性承担社会责任和实行节制生育是直接影响家庭，间接影响社会的行为。《公教妇女》杂志以1930年的教宗通牒为依据，指出了近代妇女运动的种种“弊端”。近代妇女的社会解放、经济解放、生理解放是“不合于正理，不合于女性的生理特征，实是破坏青年妇女的身份，推翻为母亲的地位，扰乱全家庭的安全。因之丈夫失妻，子女失母。家庭无精心照营之人。况且这种虚妄的自由，这种同丈夫不合理性的平等，为妇女本身是祸患”①。天主教反对任何“破坏家庭，扰乱社会”的妇女运动，认为对于违背女性“天职”的节制生育和儿童公育思潮是对家庭的极大破坏。天主教给予了女性在家庭中的主母地位，以在家庭中地位的提高来抹杀女性的社会地位，借此剥夺女性的公民身份，具有一定的欺骗性。

天主教生育观尤其强调婚姻的生育功能，反对节制生育。“生育是婚姻的自然结果，也是婚姻的重要目的之一。圣教会称之为婚姻之功效。天主在地堂中订立婚配时，亲向原祖父母说过，并因原祖父母，转向后世所有夫妻说：‘你们要繁殖传生，遍及普世。’”教宗庇佑十一世在婚姻通牒中进一步强调了婚姻的生育功效。“因天主全能的化功，及夫妇的合作所得的生育，实是天主美善强大的恩赐。也是婚配极美满的效果。”教宗通牒上反对以各种理由为借口的节育行为。“理由不论如何重大，决不能把根本反对本性的事做成与本性相合而为正当的事。婚姻的行为，按他的性质，既是专为生养儿女，所以凡施行这种行为，却使他失掉本来能力和功效的人，实是反对本性，而且做的是根本丑陋不堪的事。”② 天主教反对节制生育的立场符合传统生育观念，能够得到中国教徒的认可。由于中国传统生育观念的存续，天主教反对节制生育的主张在社会上也具有一定的可接受性。

天主教注重家庭生活，强调妇女的家庭地位和责任，坚决反对儿童公育，认为托儿所的设立，是剥夺了女性的天职和使命，不仅破坏家庭制度，而且也不利于儿童的教养。“组织托儿所，便是要破坏母性的爱，是

① 《教宗通牒上的妇女问题》，载《公教妇女》，第1卷，1934（2）。

② 武：《节育问题》，载《公教妇女》，第1卷，1934（2）。

要从慈母手中将新生婴儿夺出，交给毫不相干的人去照料。使人类不得享家庭天伦的乐趣。使之不得不机械化、孤僻化。”在天主教看来，托儿所的设立只能作为一种慈善事业，“为救济一部分实在不能受教育的儿童则可，若以之永远代替，或者普遍的代替家庭职务则不可”。①

综上所述，天主教主张“贤妻良母”主义，强调主母的地位和责任，反对节制生育和儿童公育，其立足点在于维护家庭的稳定。从社会建设看来，家庭是社会的基础，传统家庭的诸多不足之处需要改良。《公教妇女》以天主教的原则对妇女运动的阐释是本地化的重要尝试，也是宗教试图介入社会生活的重要途径。在天主教本地化的推进过程中，天主教生育观被融入了民族主义的情绪，体现了中国天主教徒的家国情怀和民族意识。“有健全的国民，才有健全的国家，因为一个健全的国民，进了一个不健全的家庭，就会变成不健全的。同时，一个不健全的国民，进了一个健全的家庭，他就会变为健全。有健全的主妇，才有健全的家庭，才有健全的国家。”儿童的教养问题不仅影响到家庭，而且也决定了民族的未来，正是从这一立场出发，天主教才强调母职的重要和不可替代。“一个未婚的女子，在家庭的地位虽不十分重要，可她影响到家庭的甚大。如果她是一个活泼温柔的女孩，那么她一定是父母的安慰者，弟妹的领导者，她的家庭一定是可爱的，有生气的。一个已婚的女子，在家庭的地位就更重要。对于丈夫的劝慰，儿女的教导、家务的调整，都是她的任务。尤其是儿童是国家的未来主人翁，为母亲的对于这班小朋友们的责任，更重而且多了。”②

公教妇女运动虽然具有一定的主观性和欺骗性，但相较于中国传统婚姻伦理，其承认女性在家庭中与男子平等的地位和责任，承认女性是“人”，应与男性平等的立场，颠覆了传统“男尊女卑”的观念，具有一定的进步性。近代妇女运动的影响局限于城市，在广大的农村地区，传统生育观念依然广为民众接受，天主教的妇女运动主张和生育观念更加符合

---

① 牛若望：《公教对于托儿所的意见》，载《公教妇女》，第 1 卷，1937（3）。

② 编者：《我们需要健全的家庭》，载《公教妇女》，第 2 卷，1935（4）。

中国乡村社会的现状。在乡村传教的过程中，天主教婚育观更能发挥潜移默化的作用。在乡村传教过程中，家族式信教较为普遍。这是天主教重视家庭的重要原因。在天主教家庭中，“子女刚一出生就要接受天主教的洗礼，以获得宗教身份的认同。以后，经过父母教育与家庭宗教环境的熏陶，子女自觉或不自觉地接受了父母的宗教信仰。父母的宗教信仰由子女一代代传承下去，逐渐演变成家族信仰”①。中国乡土社会注重血缘关系，关注家庭伦理和家族至上，家族式皈依是天主教传教的重要策略。因此，天主教强调母教的重要性也与其传教策略有一定的渊源关系。

二、《益世报》的世俗化阐释

宗教的教义主要规范教徒的生活，其对世俗生活的介入和影响必须通过世俗化的解读才能产生发挥改良社会风俗的作用。与《公教妇女》不同，《益世报》是天主教介入世俗社会的中介，通过报纸参与社会舆论，介入社会事务，参与社会改良既是雷鸣远的办报宗旨，也是其本地化传教策略的具体表达。《益世报》对天主教生育观的解读既具有宗教化的特点，又体现了世俗化的倾向。

（一）反对节制生育

节制生育思潮是维新变法以来“强国保种”理念的延续。《益世报》有关节制生育的论述主要集中在医学知识专栏和宗教文化专栏。在报纸的“社会切要问题”专栏中，天主教徒真民表达了天主教的基本立场。“婚配之宗旨，造律之大造规定之，而主要之宗旨要为人类之传布，盖造物主……凡子女衣食所需，生计立身之本又当倚赖父母。故生子又当教养之。此为婚配之主要宗向。”婚配的第个二目的在于“互助节欲”，“近有倡言节制生育以免经济之担荷以及种种之痛苦为饰言者，实亦违背性律，甚至有以不规则之方法为鼓吹者。此实名教之罪人。人类之蟊贼也”②。

① 李晓晨：《近代河北乡村天主教会研究》，277页，北京，人民出版社，2012。

② 真民：《离婚多妻之害之事实观》，载《益世报》，1927-05-13。

从医学的角度看，堕胎与避孕也是“反自然”的举动。“新医常识”专栏刊登的《避孕与堕胎》一文，从进化论、医学和法律的角度论述了其弊端。实施避孕的多是知识分子，“一个粗笨无知的人，多半不知避孕。倘若有知识的人，都避出孕来，那么，有知识的人的子孙必就次第减少。粗笨无知人们的后嗣，亦必日渐增多，数十年后的中国，还有什么盼望么”？要求堕胎的人，大概有两种，“一种是因为心理的作用，就是怕生疾病和身体痛苦，或为怕加增经济负担。一种是恐怕法律的制裁，若所生的子女，是私生子，恐怕法律所不许。家庭所责遣。故此非堕胎不可”①。但无论出于何种原因，堕胎都是危险的。《益世报》对节制生育的抵制既受天主教的影响，又符合传统生育观念，在中国社会具有一定的说服力。

1935年，在“宗教与文化”专栏中，编者表达了对避孕节育的担忧。“避孕节育的恶说，已传到我国而很时兴了。他因也有片面的，不确切的理由，节育、避孕究竟可以么？我们先不讲公教的立场，只从科学的眼光来说，也是不合理的。”② 马相伯在谈及节育时更是认为，“提倡节育为邪妄谬说，非天道非人道更非畜道”。马氏对节育的批判带有强烈的主观色彩和情绪化表达。他认为节育在美国只是为了解决妓女生育的问题，防止性病传播。中国男女为避免生育的痛苦和养育的负担，大力提倡，是盲从。而“山额夫人，扩大宣传，系无知男女之一”。上海各界对山额夫人表示欢迎，“是忘却吾国善良家庭之身份，欣然接受对妓女之问题，岂非自行侮辱耶”。③ 依据传统观念，人力资源是国家发展的基础。近代国力衰弱的原因不仅仅是因为土地集中在少数人手中，还在于“我国地大物博，辽阔之荒野，任其长草而不垦，丰富之矿产，任其深藏而不开。政府不提倡，人民无其力，形成今日职业恐慌。游民太多的结果”。近代中国面临的问题是人口不足，而不是人口过多。“辽宁三省，地广人稀，产物丰富。而囊昔曾禁人民赴三省开垦采矿。迄至今日，政府仍不开生产方法，至此大好河山，将尽沦于外人之手。宁不可叹。若再以节育方法，减

① 珍：《避孕与堕胎》，载《益世报》，第6版，1933-03-28。

② 《编者的话——关于节育》，载《益世报》，第4版，1935-01-11。

③ 《马相伯最近之言论：提倡节育为邪妄谬说，非天道非人道更非畜道》，载《益世报》，第4版，1936-03-05。

少人丁，是自促其灭亡之也。余尝闻父母望其子之多，国家望其民之多，俾能增加生产，兴家治国，未闻有以子多民多为虑者。”担忧人口众多而提倡节育是“杞人忧天”的想法。针对节育可以防止性病、遗传病的传播等观点，马相伯认为，患性病和传染病的，国家应禁止其结婚，但宣传节育，则为纵欲者利用，有“引人纵欲之危险，断不可行”。① 以宗教教义为依据，对节制生育的批判固然有失偏颇，带有强烈的主观色彩，但却也不乏对近代中国人口现状的考量。

随着民族危机的进一步加深，在百业凋敝的近代社会，战争、瘟疫使人口锐减，节制生育的主张并不符合近代中国的国情。天主教徒把节制生育视为比堕胎还隐蔽的又一大罪恶。“造物主造人，原要人类不断的传下，为这个缘故，所以生造男女，并且给他们传类的方法。男女一经正式合配，若照造物主的圣意，尽传类的本分，是很有功劳的。节育者乃只知道逞自己的欲性，妄用方法，阻挡传类的宗向，违背大造好生之德，此乃一大罪恶也。”② 除了违背性律之外，就节育的消极作用也显而易见。在重视家庭人伦的传统社会，节育会危及家庭的基础，从而影响到社会稳定，最终影响到民族前途。

1936 年，山额夫人再度来华，引起了社会各界的再度关注。提倡节制生育的学者，多以优生学为依据。优生学关系到民族的未来，是有识之士共同关注的议题。但由于优生知识的普及限于城市中的知识分子，因此实施节制生育的也多限于城市知识分子的家庭。然而要实现优生，达到种族强健的目的，必须使优良份子能够多生育。优良分子如果实施节育，对种族的繁衍和健康是不利的。在天主教看来，节育不仅违背性律，而且也违背道德，同时也伤及种族健康，是妨碍优生的行为。“国人对于这个问题，未曾把握正确的观点，不顾整个民族的实益，只图自己之娱乐，以偏畸之思想，麻醉一般纯洁青年男女，使他们莫知是从，而更造成他们对社会应负的罪恶。使国家民族走入没落衰弱之途，是果何为者？”③

---

① 《马相伯最近之言论：再谈节育》，载《益世报》，第 4 版，1936-03-07。

② 《政府当局应严加注意——无形刽子手：节育主义提倡者》，载《益世报》，第 4 版，1936-05-01。

③ 朱亦未：《漫谈节育（续）》，载《益世报》，第 4 版，1936-06-05。

“宗教与文化”专栏刊登的反对节育的文章表达了天主教反对节育的立场，是《益世报》报人群体参与社会舆论，影响舆论导向，应对女权主义思潮的举措。报纸反对节制生育的立场与传统生育观念具有一致性，在中国传统社会具有一定的思想基础，能够引起读者的共鸣。报纸媒体正是通过参与舆论建构这一运作机制，发挥对舆论的引导，达到参与社会改良的目的。

节制生育的提出无论在西方社会还是近代中国，都受到了保守主义思潮的抵制。尤其是传统中国以家族制度为根基，强调“多子多福”，节制生育在近代中国缺乏广泛的社会基础。新文化运动时期，各种社会思潮涌入，节制生育思潮作为优生的一个方面被引介到中国，但却并不符合中国的人口实际。虽然有部分新青年赞同节制生育，但却并未产生广泛的社会效应。节制生育并未像优生学那样在国族主义的话语下得到广泛的传播和宣扬，它只是优生学的附带品。在民族思潮占据主导的时代背景下，强国保种，实现民族复兴才是最切要的主题。

（二）关注儿童幸福

与儿童公育者主张“儿童国有”不同，天主教强调儿童的教养关系到国家的未来，但儿童又是家庭的重要分子，母亲承担着儿童教养的重要使命。离开了母教，不仅会影响到家庭的幸福，而且对儿童成长和国家前途均会产生不利的影响。《益世报》关心儿童教育，报道与儿童幸福相关的各项活动，更是开辟“小朋友”专栏，刊登儿童撰写的作文，介绍儿童养育的科学方法，为儿童教养事业作出了重要贡献。该报关注儿童成长的举措体现了优育的理念，体现了以天主教徒为核心的报人群体强烈的民族国家意识。

1930 年，继天津市卫生局、天津青年会举办之后，《益世报》发起儿童幸福运动。此次运动出版号外特刊予以宣传，并在天津青年会召开幸福运动会。除了聘请医学专家免费为儿童检验身体之外，还设置各种游艺活动，举办演讲，宣传儿童养育的科学常识。1930 年 10 月 17 日，报纸专门刊载“社论”，对儿童幸福运动的目的和意义做了诠释。指出，国家的强弱兴衰，全系于儿童。“积民成国，国如人身之全体，而民则全体中之血输细胞也。血输细胞，如不纯净活泼而坚实，决不能得健强之身体。国民体质，如不纯净活泼而坚实，决不得健强之国家。”在开埠通商的时代，“民族互峙，种种事业之竞争，文化之进展，无不赖有健强之体魄为之前驱”。因此儿童幸福运动的目的在于提高国民素质，强健体魄。

社论揭示了儿童教养存在的问题。“记者经多年之体察，深知我国儿童之夭折残疾，及虚怯衰弱，寸步需人，可以谓之准残疾者。其受病原因，完全在其父母。”在传统的教养方式成长中的儿童，父母关心的只是孩子的饥寒问题。“幸而不死，亦必疾病缠身。终生怯弱。”以科举为目标的教育体制，养成了读书人的文弱，“十岁内外之儿，令其终日坐于矮桌高凳之上，伏安咿唔，未至成人，已养成驼背拱肩之病”。读书越久，受病越深，难以担当重任。在记者看来，传统的教育模式不过是“戕贼儿童之生命，断送青年之幸福而已”。① 儿童幸福运动通过宣传新的教养理念和模式，作为儿童养育的参考，为国民素质的提高奠定基础。

随着西方教育学、心理学等理论的输入，中国传统的教养模式的弊端日渐暴露。1930 年 10 月，《益世报》开辟“小朋友”专栏，注重宣传新的教养方式，该刊“不止于登载些小朋友的作品、读物就为止，还要注意到小朋友在家庭里的情形，不止于叫小朋友们注意到我们这个刊物，还要希望小朋友们的父母，因为爱护他们的子女亦注意到这个刊物”。受天津市儿童教养举措的影响，该专栏主要承担两方面的工作：“一面常登些儿童卫生常识，一面讨论家庭教育问题。”② “小朋友”专栏的设立具有开拓性，从刊登的儿童作文和读者来信可以看出，该栏的创办得到了读者的认可和积极参与，对促进儿童成长，倡导科学的育儿理念发挥了积极作用。

除了开辟《小朋友》专栏外，《益世报》“妇女周刊”自创办以来，也较为关注儿童的教养问题。“妇女周刊”表达了儿童年应关注乡村儿童的观点。在农村的儿童，“他们在简陋的乡村里，找不出一个较有组织的学校来，在家庭方面，因为父母忙于操作，也得不到一点教益，而事实上，他的父母，确也不能帮助任何一点。在其他方面，那乡间的儿童是更不用提了。农村的破产，求一饱而不可得，哪里有多余的钱，给他们购置玩具呢”。城市儿童仅仅是全国儿童的一小部分。因此“要注意儿童问

① 社论：《儿童幸福运动》，载《益世报》，第 1 版，1930-10-17。
② 云：《本刊的新纪元》，载《益世报・小朋友》，第 11 版，1930-10-26。

题，应当以乡村的儿童为前提”。[①] 受经费的限制，乡村儿童即便不能与城市儿童享受同等的待遇，但至少应当为农村儿童谋一点幸福，谋一条出路。“妇女周刊”对乡村儿童的关注体现了普世价值，犀利地指出了儿童年的局限性。

受儿童年的影响，1934 年，儿童问题引起了社会各界的广泛关注。九一八事变之后，民族危机日益严峻，“国人随时感觉亡国的恐怖”。民族复兴再度成为核心的议题。“教育部当局感觉到这一点，认为复兴民族，诚然要改良政治，发展经济，普及教育。但想到民族的前途这些似乎已成为一个次要条件，根本问题还在充实民族的生活力，培养健全的未来中华民族主人翁。”儿童年的最大目标在于儿童教育的改良。单纯的儿童教育改良是不够的，还要做婴儿和优生运动，谋求整个民族的延长。值得一提的是，这篇社论表达了赞同儿童公育的立场。在儿童私育制度之下，谋求补救的方法。主要方法有二：其一，“由政府提倡育婴教育，予女子以充分保姆训练”。其二，“由社会私人或社会团体在各地创立完善的儿童寄托所，初步的目标在代育劳动妇女或自由职业妇女的婴孩，次及于有产阶级的儿童。直接有助于贫苦妇女，间接即予民族前途莫大利益”。[②] 如上所述，儿童公育的理论基础在于“儿童国有”。儿童幸福年的设立，是国家介入儿童养育事业的尝试，也是“儿童国有”理念的表达，对于转变儿童私育的教育理念具有政治意义。

1934 年，为推动儿童教育事业，国民政府将每年 4 月 4 日定为儿童节。1934 年 4 月 8 日，在《益世报》“儿童运动特刊”中刊登的《在儿童节警告全国成年的人们》一文中，作者赵焕筠总结了儿童节的意义，表达了“儿童国有”的理念。“儿童节所给我们的意义，虽是非常重大，但若简单的说起来，可以分做两方面：在一方面，它是要使成人们认清儿童的价值和地位，要明了儿童是社会的、国家的，而不是父母的、家庭的。因而更可以尊重儿童的人格，保护儿童的权利。在另一方面，它是要使儿童本身认清自己的价值和地位，要明了自己也有独立的人格，对于社会、

① 敏：《儿童年》，载《益世报 · 妇女周刊》，1934（61）。

② 社论：《由儿童年想到育婴和优生》，载《益世报》，第 1 版，1934-03-16。

国家，都有应负的责任和使命，因而更可以发扬志气，努力前进，做一个健全的好国民。”① 为唤起民众对儿童教养的关注，国民政府将 1934、1935 年定为儿童年，提倡科学的教养方法，注重提高儿童素质。

儿童教养离不开母亲。虽然儿童是国家未来的公民，但儿童教养又被视为家庭的事务。“真正有保障儿童身心健康，以及为儿童谋幸福，和使儿童完成肉体精神及社会能力的，还是要做母亲的负大多半的责任。因为国家与社会，只能给儿童们以好机会，而做母亲的，都是要负教育之责的。”② 天津市教育厅厅长郑道儒在青年会演讲时也指出，父母教育的目标是“直接着教父母，间接着教儿童”③。为推动儿童教养的进行，普及科学的教养知识，1935 年 2 月，天津青年会召集父母运动大会。依据科学的经验，编印通俗的教材，通过宣传、机会、演讲的方法，传授给父母，推动家庭教育的科学化和近代化。

在国民政府推动下，1935 年，各大城市纷纷举办了儿童节的纪念活动，在社会上产生了积极的影响，对于推动教养理念的转变具有重要意义。众所周知，儿童节的举办多集中在城市，中国大多数的儿童还是不能够享受到儿童年带来的福利。“在农村里的儿童，从一生下来，就没有一天是可以享受半点时代的生活的。”城市的儿童虽然可以享受时代的生活，但普通的在城市生活的儿童，“不但没有学到半点时代的知识，更被都市造成了许多罪恶。譬如养成不诚实的习惯，偷窃，卑鄙”。④ 由此可见，儿童年带给儿童的福利，仅限于城市上层的儿童，儿童教养的普及工作远远没有实现，其效果也可见一斑。

自设立儿童年以后，国民政府在中央及各地设立儿童年实施委员会，推动儿童工作的进行，“开慈幼之风气，树百年之基业”⑤。如前所述，儿

① 赵焕筠：《在儿童节警告全国成年的人们》，载《益世报》，“儿童运动特刊”，第 3 版，1934-04-08。

② 胡思源：《儿童年与做母亲的责任》，载《益世报・妇女周刊》，1935（113）。

③ 教厅长郑道儒在青年会讲演：《什么是父母教育？直接着教父母间接着教儿童》，载《益世报》，第 4 版，1935-02-25。

④ 敏：《今日的儿童》，载《益世报・妇女周刊》，1935（121）。

⑤ 社论：《儿童年之意义》，载《益世报》，第 1 版，1935-08-01。

童教养涉及国家和民族的未来。随着优生学的兴起，无论在西方还是在近代中国，儿童的教养问题逐渐得到政府的重视。“二百年来，或为国家政策所推动，或为人道所驱使，或为学者所主张，教育儿童，已为政府之要职，尊重儿童，已成教育之定论。”自晚清实施新学制，儿童教养逐渐由家庭转移至社会。由于国力衰弱，经费不足，全国学龄儿童入学率较低。国民政府自1935年以后，逐渐增加经费，在各地设立简易小学，开始推行义务教育。儿童年的推动以义务教育实施为助力，无论在政策方面还是教育普及方面，都发挥了一定的积极作用。儿童教养问题的核心并不在物质的丰裕，“而在教养之细心”。“我国近年以来，母教衰落，大家妇女，每每只顾享乐，千金之子之教养，悉委之于三五元雇来之佣仆。”① 普及儿童教养的理念尤为重要，儿童教养过程中，父母起着至关重要的作用。

天主教对儿童教养问题的关注与《益世报》的世俗化表达并不一致。前者是宗教的，后者是世俗的。天主教关注儿童教育多从传教的宗教立场出发，强调母亲在家庭传教过程中的作用。《益世报》是天主教介入世俗事务的中介，其读者群体多为非教徒。《益世报》对儿童教养的阐释立足于世俗社会，并未表现出强烈的宗教意识。儿童教育关系到国家民族的命运。儿童教养观念的转变是强烈的民族意识推动的结果，体现了报人对民族命运和前途的忧虑。《益世报》通过创办副刊、普及教育常识的举措，在一定程度上改变着知识分子的育儿理念，对于儿童教养模式的转型具有积极意义。

三、结　论

综上所述，传统生育观念因不合乎时代的需要，其弊端日渐暴露。近代教育学、心理学学科的发展，为儿童教育提供了科学的依据，传统教养模式面临着时代的挑战。在民族主义思潮日渐高涨的时代，强国保种成为时代的要求，国力的强盛、民族的未来系于儿童。普及儿童教育，提高儿童素质不仅为政府注重，而且也得到了教育界的认同。天主教生育观念在与中国传统生育观念融合的过程中，均强调家庭教育的重要性。与传统观

① 社论：《儿童年之意义》，载《益世报》，第1版，1935-08-01。

念不同的是，天主教注重家庭建设，其对儿童问题的关注以传教为旨归。囿于传教的需要，其效果仅限于公教家庭，因而其发挥的作用有限。

节制生育和儿童公育均是从社会层面或国家层面干预生育制度的尝试，不仅是对天主教生育观念的挑战，而且也与中国传统生育观相冲突。伴随着旧家庭的解体和女权运动的发展，女权主义者将节制生育和儿童公育视为妇女解放运动的重要手段，得到了城市新青年的认同，但却在社会上引起了广泛的讨论。有鉴于中国近代社会卫生条件的限制和经费的限制，节制生育和儿童公育的主张并未上升到国家政策层面，但儿童公育的提出进一步推动了儿童教养理念的转变，“儿童国有”成为义务教育的理论基础，推动了近代儿童教育的转型。

天主教反对节制生育和儿童公育，原因在于二者违背了天主教的“性律”，对家庭传教也极为不利。这一立场对《益世报》有一定的影响。《益世报》以近代人口现状为依据，反对节制生育，更具有说服力。这一立场与中国传统“多子多福”的生育观一致，代表了传统知识分子的基本立场。儿童公育的提出与其说是提供了一种教养方法，倒不如说提供了一种教育理念。在近代中国，由于诸多条件的限制，“儿童公育”具有空想性，是不可能实施的。但“儿童国有”的理念却成为儿童教养模式转变的理论基础。儿童是未来的国民，其素质高低直接影响着国家的前途和命脉，是国力竞争的核心因素。这一理念是民族主义情绪的表达，在天主教看来也是无可非议的。《益世报》对儿童教育的关注既是受天主教的影响，也是天主教本土化的必然选择。

作者单位：山东建筑大学马克思主义学院
联系方式：zhaoxiouli@ sina. com

图像与隐喻：白汉洛天主教堂彩绘壁画研究①

□魏乐平　□何新闻

滇西北多民族地区的天主教教堂彩绘壁画以传播天主教文化为核心，其图像蕴含丰富的本土宗教内涵与文化特征，是多民族地区天主教本土化的体现。滇西北多民族地区天主教堂彩绘壁画既有典型天主教堂壁画特征，同时具有鲜明当地民族工艺特色，其中以贡山怒族自治州白汉洛天主教堂彩绘壁画尤为突出。白汉洛教堂采取了西方天主教与本地宗教因素相融合、教堂壁画与本地彩绘并取的绘制。在题材选取上既有传统的《圣经》故事，又有脍炙人口的本地神话故事。在创作手法上既吸收了教堂壁画注重色彩变化和光线明暗的技法，又保留了滇西北彩绘色彩浓重、线条凌厉的特点，为探究天主教艺术在中国西北部乃至中亚地区传播提供了重要的启示（图1、图2）。

图1　教堂正立面

图2　教堂正门

①　本文为笔者主持2014年教育部人文社科课题“图像与隐喻：滇西北多民族地区天主教堂壁画的视觉人类学研究”（项目编号14YJA760038）阶段成果之一。

一、天主教在滇西北传播的历史沿革

白汉洛天主教堂彩绘壁画融汇多个地域及不同宗教文化艺术得益于独特的地理位置与悠久的历史。云南西北部（又称滇西北）位于云南澜沧江、怒江、金沙江三江并流区域，这里高山林立、峡谷纵横，历史上几经战乱，多个少数民族迁徙至此定居。早在唐代，吐蕃王朝就曾派兵在此囤粮驻守，并与南昭国联手抗击大唐帝国。长期战乱、频繁的民间交往使滇西北地区成为多宗教、多民族汇聚交融的文化大熔炉。19 世纪中叶，西方传教士沿着澜沧江南下，在滇西北少数民族地区先后修建了十多座天主教堂。早期教堂建筑与当地建筑在视觉上差异较大，加上天主教当地宗教组织之间的矛盾不断激化，最终引发了系列流血冲突，导致了茨菇、德钦等地的天主教堂相继被焚毁。①

宗教冲突结束后，传教士开始在滇西北建造白汉洛等一批新的天主教堂。这些教堂进一步改变了以往的模式，外观上采用与当地住屋建筑近似的风格建造，在建筑材料上采取当地容易获取的物料，获得当地民众普遍认可。彩绘壁画采取天主教教义与当地神话相结合，题材上既有《圣经》故事，又有本地神话传说；技法上既有西方壁画精髓，又有地方浓厚的民族彩绘特色。白汉洛教堂、茨中教堂等相继建立，标志着兼具中西方宗教艺术特征的滇西北天主教堂彩绘文化开始形成。

二、天主教堂彩绘壁画的艺术形式

白汉洛教堂位于云南省怒江傈僳族自治州北部贡山县白汉洛村，教堂大门的建筑结构与古牌楼式样类似，饰以六抹格扇。教堂建筑正立面门廊

---

① 多次流血冲突包括 1887 年德钦县阿墩子教堂被焚、传教士被逐事件，1905 年维西县慈姑教堂等被焚和多名传教士被杀，1905 年白汉洛教堂被焚、传教士被逐事件。（参见刘鼎寅等：《云南天主教史》，358~363 页，昆明，云南大学出版社，2005。）

采取白族传统民居三叠水模式建造，屋顶飞檐，一高二低。① 教堂中厅顶层为白族民间式样方形阁楼，左右两侧立柱从教堂顶部阁楼直达地面。装饰上，正面门枋由半圆花格窗构成，绘有丰富的彩绘壁画纹样。教堂正立面彩绘壁画的图案用动物胶、矿石与植物混合的特殊颜料绘制而成，颜色鲜艳浓重。整个墙面以粉白为底，采用墨线勾勒出花草、几何图案等纹样，并敷以大面积的石青、石绿等颜料，笔简意周，耐人寻味。

白汉洛天主教堂正立面壁画源于藏传佛教和当地原始宗教传统纹样，以花卉和几何图案为主。正门、窗户和立柱则以花青、石绿作主色调，饰以藏蓝、浅蓝、朱红等线条。教堂大门两侧立柱绘制两个身着青衣、双手合十的修女；教堂大门正上方饰以大幅莲花线描图并装饰有云纹、卷草纹、条纹等几何纹样（图 3、图 4）。

图 3　教堂正立面圆拱

图 4　教堂正立面人像

① 单军、吴艳、冯晓波：《滇西北偏远地区多民族聚居地天主教堂比较研究》，载《华中建筑》，2012（6）。

在色彩运用方面，白汉洛天主教堂彩绘注重冷暖色对比，图案纹样以冷色调为主。教堂正门以石青、石绿、藏蓝等色彩为主色，并搭配朱砂、土红等颜色，营造既肃穆又贴近自然的宗教气氛。从整体造型看，教堂天花为圆拱形，其上绘制有六列方格图案。圆形天花彩绘采用透视手法，由远到近营造出了强烈的空间感。从彩绘布局看，天花彩绘以天主教徽为视觉中心配合当地植物图案绘制。徽标以十字架、圣母圣心、“JHS”、“X”与“P”等圣号为主，并配合当地藏族、怒族、纳西族等的传统图案组合而成，呈现主题鲜明、相得益彰、颇为震撼的艺术效果。圆形单元内以白粉为底、重彩描绘天主教徽标、花草、瓜果及动物等纹样，画面中红绿、黄蓝等冷暖色调对比强烈，笔触多以写意和象征手法描绘（图 5、图 6、图 7）。

图 5　教堂护栏彩绘局部

图 6　教堂天花彩绘局部

图7　教堂内部天花彩绘

多民族地区天主教堂壁画与周边藏传佛教庙宇均具备一定的视觉教化功能。白汉洛村寨位于高山峡谷，交通不便，以往朝廷难以直接治理，采取政教合一的治理方式维持日常事务。宗教场所的彩绘壁画借助自然崇拜、祖先崇拜、民间巫术等的传统手段维系社区、教化村民，还记载了丰富的大自然与本地传统文化信息，是维护民族文化与宗教信仰的重要载体。从教堂天花彩绘的图案来看，教堂壁画采用藏族、怒族与纳西族等民族的传统纹样对教友进行潜移默化教诲。教堂彩绘壁画在藏传佛教传统纹样中吸收了双鱼、宝瓶、莲花等吉祥八宝图案，在崖神崇拜、洞穴崇拜的怒族图案中吸纳了岩石、石斛等植物纹样；在以农耕为主的纳西族的纹样中借鉴其对花草、果蔬等的精巧描绘。①

白汉洛天主教堂天花彩绘把天主教徽标与当地民间传统图案结合的创作手法，还与20世纪初天主教教会在华推广“天主教艺术中国化”，以密切相关。据文献记载，天主教在滇西北遭到多次教堂被焚毁的挫折后，开始反思在中国传播天主教的各种失误，随后在滇西北的边缘地区推广“天主教艺术中国化”，以避免进一步的流血冲突。1922年教宗庇护十一世派遣刚恒毅为驻华宗座代表，他明确指出：“本籍的艺术家，当然知道天主教会伟大的艺术传统，但是不可死板地临摹前人所描绘的人物形象。艺术家应该说明天主教画像的精神、认识教会的思想，然后用其本国的形

① 高志英：《多视角下丙中洛多元宗教的并存与交融》，载《西北民族研究》，2013（3）。

象语言把这精神和思想表达出来。”① 白汉洛教堂天花彩绘体现教堂壁画不仅要体现天主教精神，而且还要顾及多民族地区传统文化的创作思路，是滇西北天主教吸收系列流血冲突之教训后的反思与本土化运动的回应。

除了教堂天花彩绘，教堂立柱顶端与构件绘画同样体现了传教士把天主教精神与当地传统文化相融合的手法。教堂的立柱顶端与构件处的绘画均被精心地绘上莲花、唐草等纹样。根据现场拍摄照片与笔者从德钦县档案局获得的传教士笔记相对照，可以证实传教士曾精心探究藏传佛教图形符号。传教士对藏传佛教的莲花、唐草、回纹等有详细记录，均可在白汉洛教堂壁画中找到对应纹样（图 8、图 9）。

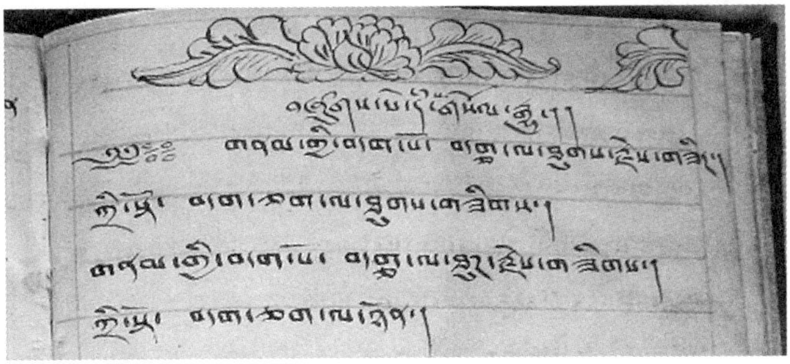

图 8　传教士笔记中手绘的莲花纹样

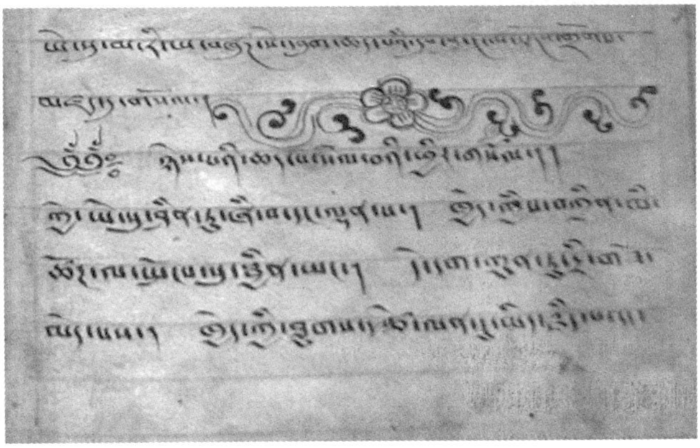

图 9　传教士笔记中手绘的卷草纹样

---

① 陈耀林编：《中国天主教艺术》（内部流通），河北信德室，95~97 页。

细致观察白汉洛教堂彩绘壁画还可以发现，当时画匠对传统云纹、回纹、十字纹等几何纹样作了不少演变，特别是对回纹采取了横竖直线绘制与螺旋弧线绘制等变化手法，使表现手法显得格外丰富。这既是传教士将西方艺术与本地传统艺术融会贯通的创作手法，又再现了早期天主教——景教在中国传播的本土化痕迹①（图 10、图 11）。

图 10　横竖直线绘制的回纹

图 11　螺旋弧线绘制的回纹

① 顾为民：《基督宗教艺术在华发展史》，73～75 页，上海，上海书店出版社，2005。

三、天主教堂彩绘壁画的文化隐喻

作为天主教教义传播的重要载体，教堂彩绘壁画不但色彩艳丽，同时还蕴含着丰富的文化隐喻。歌德曾经指出：“艺术是立足于一种宗教感上的，它有着既深且固的虔诚。正因为这样，艺术才乐于与宗教携手而行。”① 白汉洛教堂的彩绘壁画把天主教教徽图案配上当地传统纹样，在视觉上隐晦融合，并形成了意念上的强烈对比，体现了传教士把天主教精神理念与当地宗教文化有机融合的创作意图（图 12、图 13）。

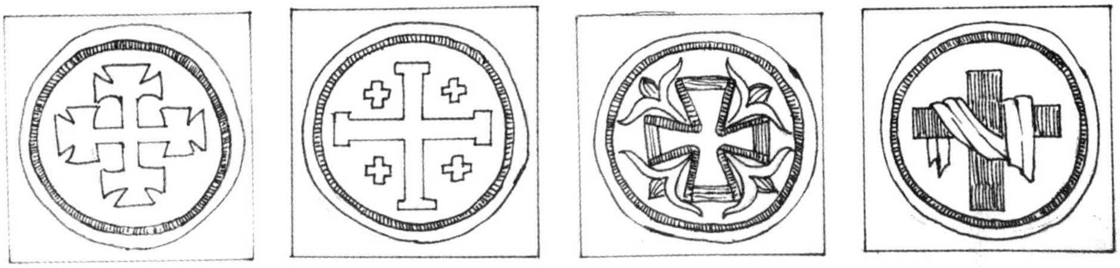

图 12　教堂天主教徽标纹样

图 13　教堂的花草果蔬纹样

首先，教堂彩绘壁画体现了天主教艺术在中国本土化的过程。彩绘壁画记载了丰富的天主教艺术及其与本土艺术相交融的演变过程。其壁画既传递了天主教教义，又展现了多民族地区民众审美爱好，形成独特的滇西北天主教堂彩绘壁画艺术。把白汉洛与滇西北其他几个教堂横向对照，

① 歌德：《歌德格言和感想录》，92 页，北京，中国社会科学出版社，1982。

可以发现这个时期天主教堂彩绘壁画艺术已经改变了传统陈规俗套的创作模式，开始自身衍变与解构以满足天主教在不同少数民族地区传教布道的需要。

其次，教堂彩绘壁画是不同宗教、两种地域文化与多种民族文化融合与再创作。白汉洛教堂的彩绘壁画既有西方壁画注重色彩明暗、透视比例及几何结构的表现手法，又有本地民族富有张力的线描彩绘，色彩浓重又充满活力，二者融为一体、相得益彰。彩绘既有西方天主教教堂艺术的透视技法、色彩对比，又有当地传统湿式彩绘、纯色块涂抹等手法。天主教堂彩绘壁画本土化体现了东西方文化艺术的交融贯通，也意味着其具有不断拓展的可能。

最后，在以前，教堂彩绘壁画具有利用宗教视觉艺术进行村民教化的功能。怒族原始宗教、藏族藏传佛教等宗教图案在教堂彩绘壁画上的大量采用，彩绘壁画所蕴含的文化内涵与历史表达极为丰富，一方面传递了当地传统文化的重要信息，另一方面也体现了民间图像在维系当地权力、传统信仰中的重要作用。

四、结　论

白汉洛天主教教堂彩绘与壁画充分展现了东西方文化的有机结合。它既是东西方不同宗教文化冲突磨合的产物，也是西方教堂壁画艺术与当地民族彩绘交汇融合的结晶。滇西北多民族地区天主教堂彩绘壁画，为我们探索教堂艺术所蕴含的文化意义提供了极具价值的范本，更为日后深入研究中国西北部乃至中亚地区的天主教艺术传播提供了重要的启示与翔实的案例。

参考文献：

[1] 刘鼎寅，韩学军．云南天主教史．昆明：云南大学出版社，2005.
[2] 顾为民．基督宗教艺术在华发展史．上海：上海书店出版社，2005.
[3] 陈耀林．中国天主教艺术，河北信德室，2003.
[4] 秦和平．基督宗教在西南民族地区的传播史．四川：四川民族出版社，2003.
[5] 杨政业．白族本土文化．昆明：云南人民出版社，1999.

[6] 刘国鹏．刚恒毅与中国天主教的本地化．北京：社会科学文献出版社，2011.
[7] 高志英．多视角下丙中洛多元宗教的并存与交融．西北民族研究，2013（3）．
[8] 歌德．歌德格言和感想录．程代熙，译．北京：中国社会科学出版社，1982.

作者单位：华南农业大学
联系方式：42536298@qq. com

五、惠我无疆：天主教社会学理论与实践研究

近代来华传教士视域下的广西

——以和为贵《广西：黑旗军的土地》为例

□庞少哲　□颜小华

1840年鸦片战争以后，中国被迫签订《南京条约》，国门洞开，随后西人纷纷来华，其中有传播基督教的教士们，有进行贸易的商人们，有想要目睹《马可·波罗行纪》中“满地黄金”“天朝上国”的旅行者们，都成为较早接触中国、了解和认识中国、向西方传递有关中国信息的重要“桥梁人”。其中有人进入地处西南边陲的广西，目睹当时广西种种景象的同时，也为广西的民生百态所吸引，更与广西人共同经历地域社会的发展与变迁，并将所见所闻记录下来，传予后世。至今仍有部分作品留存在普通民众当中，影响着西方社会对近代广西的认识。

1913年赴广西传教的巴黎外方传教会神父和为贵（Joseph Cuenot）正是其中的一员。他于1888年3月11日生于鲁塞（Russey，法国杜省），1911年10月5日被接收进巴黎外方传教会修院，1913年9月28日晋铎，同年赴广西传教区。来华时他首先在广州学习汉语，后奉命前往桂林地区，一直停留到1924年。接着他于1924—1927年间负责修仁县教务，然后又担任巴黎外方传教会主办的南宁小修院院长一职。1937年，在日机的一次轰炸中，他遭受严重创伤被送回法国，身体恢复后在法国成为教会代表中国南方传教区的理事会理事。1963年，他于蒙伯通退休，1970年1月10日去世。①

在广西的二十余年间，和为贵走遍了广西全境，对清末及民国广西社

① 荣振华、方立中、热拉尔·穆赛、布里吉特·阿帕乌等著，耿昇译：《16—20世纪入华天主教传教士列传》，850页，桂林，广西师范大学出版社，2010。

会非常了解和熟悉，尤其关注黑旗军对广西及清政府、对中越关系和中法越关系的影响，并涉及法国方面对黑旗军及广西的认识和评价。他将在广西的所见所闻编著成《黑旗军治下的广西传教史》（*Au Pays des Pavillons-Noirs La Mission du Kouangsi*）① 一书，于1925年在香港出版。该书除了对黑旗军的记载外，还分了十五个部分来介绍广西，包括广西近代历史概况、广西天主教发展历史、广西的政治形势、广西南部地区和东北部地区等。该书既对广西传教史进行回顾与总结，也对广西近代社会发展的历史进行叙述。

目前，学术界关于广西天主教的论著已有一些，② 有从教区沿革方面入手，也有描写传教士与广西民众的交往，但更多的是论述天主教在广西的传播及其在传播中引发的民教冲突，较少以个案为切入点进行论述。因此，本文试图从和为贵及其著作出发，以一个外来者的视角、以“他者”的眼光分析和解读近代广西的社会与历史，并分析“他者”印象中的广西与国人印象中的广西形象有何差异及造成的原因，力图解读它们如何影响西方人对近代广西的看法、影响教会传教策略的制定、改变民众头脑里的中国映像，甚至影响到所在国政府对华政策的形成等。

---

① 民国中后期，美国宣道会在华牧师威斯曼（George F. Wiseman）来到广西传教并接触到和为贵的这本著作，于1942年将其翻译成英文版的《广西：黑旗军的土地》（*Kwangsi: Land of the Black Banners*），并增加了和为贵书中没有介绍到的广西教区最后两任法籍主教刘志忠（Maurice Ducoeur）和沈士杰（Paulin Albouy）在任时期的广西教务情况，把广西天主教历史记载延伸到1942年。“黑旗军的土地”，特指中国这一时期的兵匪时代。

② 参见庾裕良、陈仁华、吴国强编：《广西史志丛刊2·天主教基督教在广西资料汇编》，南宁，广西民族出版社，1985）；刘志庆：《广西天主教教区历史沿革考》，载《中国天主教》，2015（1）；颜小华：《近代来华传教士与广西各界的交往》，见卓新平、许志伟主编：《基督宗教研究》（第十五辑），北京，宗教文化出版社，2012；曾志辉：《天主教在广西民族山区的传播历史与现状》，载《世界宗教文化》，2010（5）；等等。

一、和为贵眼中的近代广西社会形势

在孙中山领导辛亥革命，建立中华民国之后，本以为和平年代即将到来，结果不久，各省纷纷爆发内战。广西在旧桂系军阀陆荣廷的统治下相对和平一些。然而，迟来的战争到底还是来了。在与粤军对抗失败后，陆荣廷先带领残余部队逃往中越边界，后被迫逃进越南。之后他从越南转道香港前往北京，以准备反攻。然而，他的残余军队逃到越南后，很快被法国击溃，于是不得不返回广西躲进山里，并自命为“新黑旗军”——“广西的自治军”。①

这群广西士兵，据和为贵介绍，大约四五万人，组成各个匪股，开始对整个广西造成破坏。他们效仿黑旗军，以“广西军”的名义进行各式各样的抢劫、屠杀、焚烧和毁灭。这些被溃散的士兵，往往成为劫匪的主要来源，倚仗枪支弹药干着违法犯罪之事。他们绑架人质，当赎金未能如期而至时，便将人质杀害、分尸、腌盐、暴晒，然后烹煮食用。② 然而，昏聩孱弱的官府却不敢打击匪患，而是采取招抚的方式利用他们，以致这帮匪祸甚是猖獗。匪患对于传教士来说，无疑是一场危机，甚至有的劫匪杀害传教士之后，非但未受到惩罚，反而还被编入军队，其中两名匪头还成为广西当局的高官。③

总之，在和为贵看来，兵匪混乱的年代，“黑旗军”治下的广西是极端黑暗的统治，他们无恶不作，而官府非但不严惩示法，反而任匪为官。当时的贵州安龙教区的付主教（Lep. Esquiroe）也写道：“这些匪兵，坦然承认自己是强盗，是东京战争时黑旗军的继承者。”④ 兵匪互做，官匪勾结，是和为贵眼中这一时期的广西最明显的社会特征。

---

① Joseph Cuenot, *Kwangsi: Land of the Black Banners*, trans. George F., Wiseman. B. Herder, Book CO, Tail-Ballon Press, Inc., Binghamton and New York, 1942, pp. 49-51.

② Ibid., p. 59.

③ Ibid., p. 70.

④ 《广西史志丛刊 2 · 天主教基督教在广西资料汇编》，71 页。

事实上，刘永福早年曾投奔过几支天地会起义军，同治四年（1865年），他率起义军100余人被清军追击，无奈撤退到靖西县安德镇，驻扎在街西北帝庙，“安德有一北帝庙最应，公在神前制七星黑旗一面（黑旗军之始也）”。① 而关于他制黑旗，一说“某日，公往山采薪，午后睡石板上，忽见长髯老人曰：‘黑虎将军耶？尚在山林隐伏，何不出山乎？’言讫，忽然醒来，乃是一梦。公年二十岁，时亦不为意（后制造黑旗，即本此意也）”②。黑旗军虽为粤匪出身，后流落至越南一隅苟且偷生，但因世事变化而逐渐崭露头角。19世纪80年代，在法国妄图侵吞越南、侵略中国之时，应越南政府之邀，刘永福率其部队黑旗军开赴抗法前线，同越南军民并肩作战，几度大败法军。这支由农民组成的队伍，一路地位攀升，先助越抗法，后入台抵日。以致今人提及黑旗军及其将领刘永福，都视其为英雄豪杰。

为何国人视为民族英雄的黑旗军到了法国人眼里，却变成了无恶不做的乱匪？

笔者认为，这是因为在中法战争中，黑旗军曾重创了法军，尤其赢得诸如镇南关大捷等决定性战役。当时在中越边境地带传教的神父多来自法国，在华传教既是传教士心中耶稣的热情激励，也是代表法国教会和国家的利益，从出于本国情感出发和对本国教会的认同，促使他们把黑旗军的行为及事迹描述得有失公允和主观性偏见。黑旗军的出现，对法国天主教传教事业是一种仇教和阻碍，甚至对传教士的生命都是一种威胁。因此，法国神父十分仇视黑旗军，不管是山中的土匪，还是横行乡里的散兵游勇，都被他们有意无意地称之为“黑旗军”，以视蔑视。

面对广西境内的匪乱局势，当时的中国政府举棋不定，屡剿屡抚，但均告失败，直至游匪出身的陆荣廷转变为官之后，局面才有所改变。他先是招抚各地匪党，少数不就抚的土匪则歼灭之。例如，“陆荣廷带兵在养

① 蔡晓鸥：《百色历史通稿》，366页，北京，中国文史出版社，2015；王柏中：《中国边疆研究文库・初编：西南边疆（第九卷）・刘永福历史草》，55页，哈尔滨，黑龙江教育出版社，2014。

② 《中国边疆研究文库・初编：西南边疆（第九卷）・刘永福历史草》，37页。

利州（今大新）鼓山攻匪巢，毙匪二百余人，缴获快枪数十支”①。民国成立后，广西匪乱复苏，陆荣廷为首的广西当局也并非坐视不管。仅1912—1914年，就“剿办大小股匪共1060余起之多，获办匪徒共达7800余名”②。再如，1915年3月22日，据宁武将军陆荣廷、广西巡按使张鸣岐电呈，“数月以来，迭在南宁、苍梧、桂林、柳江、田南各道所属宾阳等二十三县地方剿办乱党匪股二十余起，擒毙党匪数百名，搜获枪械赃物无算”③。只是同样未能在广西完全剿灭。而在新桂系执政期间，更是花大精力进行剿匪。而任匪为官之事，有当时的报刊所登载的孙中山想要招兵抚匪的情况：“对于招兵抚匪等事无日不积极进行。一方又虑陈氏（陈炯明）发生意见，特托援桂为辞，派员分赴香顺一带招兵，并收购北江巨匪数千人编为师旅。”④ 但并未找到言论称任匪头为高官之事。

尽管法国神父有故意抹黑黑旗军之嫌，但其中文字记载还是有一定的真实性内容。例如，当时的劫匪中也确实存在一定的散兵游勇，他们落草为寇，使广西社会更为动乱。“兹阅广州《中西越侨报》云：‘乱党中有所谓黑旗兵者，训练有素，并非乌合之徒。且有快枪，异常灵敏。’”⑤并且，兵匪相互认同的情况也是存在的。“夫粤西之患不在匪而在民，不在民而在兵，尤莫患于民匪相联相属而为兵。盖民匪之患浅，民匪为兵之患深；民匪之祸近，民之祸近，民匪为兵之祸远。”⑥ 而关于“自治军”，也如和为贵所说，新旧桂系争战结束后，溃散各地的旧桂系各部纷纷揭竿而起，打着“自治军”的旗帜，占地割据，称王称霸，到处打家劫舍，烧杀抢掠，广西人民饱受兵匪作乱之苦。⑦

---

① 《申报》，1903-12-11。

② 唐凌：《陆荣廷政权在边疆民族经济融合进程中运用的政府和民间两种力量》，载《广西民族研究》，2007（4）。

③ 广西壮族自治区图书馆编：《陆荣廷年谱》，148页，南宁，广西人民出版社，2011。

④ 《大公报》（天津版），1921-01-01。

⑤ 《申报》，1902-05-08。

⑥ 《大公报》（天津版），1902-11-03。

⑦ 钟文典：《广西通史》（第三卷），32页，南宁，广西人民出版社，1999。

在和为贵记载的广西社会状况中，有一事是值得提出并存疑的。1921年12月，一名神父在离开桂平，沿着红水河企图前往其新任教区的途中时，被一群兵匪包围，其中一人大喊："是个外国人，杀了他！杀了他！"但被一匪头阻拦。得知对方非荷兰人而是法国人后，匪头保证安全护送神父到达目的地，并成为朋友。① 这一路上的匪股十分友好，连之前想要杀了神父的老匪也改变了态度，转为保护。② 为何会出现这样的一个案例？在整个近代广西社会历史中，很难找到有关匪患与传教士和谐相处的记载。而和为贵提到的"非荷兰人而是法国人"又是怎么回事？此记载是作者的听闻、无事实依据还是作者想借此改变传教与匪患的环境？目前尚未发现更多的资料，有待进一步研究。

总之，在和为贵的记载中，这一时期，广西地方经济的破败、军政统治的失控与土匪活动的猖獗是交织在一起的，而这也基本反映了广西社会历史生态。

二、和为贵笔下的在桂天主教艰难发展历程

在经历了多年的封闭之后，面对长相不同的外来人的进入，广西民众的排斥胜过好奇。"传教受创、抢劫、谋杀不断上演。……在六年之内，六名年轻神父宣告死亡，没有一个能活到四十岁的。"③ 和为贵的这段文字表明，天主教在桂的传教之旅并不一帆风顺，而是困难接二连三地考验着每一名来到广西传教的传教士。其中，语言障碍、匪患威胁、民教冲突是影响天主教在桂发展的重要因素。

（一）语言的沟通障碍

在中国的南方地区，山的一边与另一边所使用的语言不尽相同。广西也是如此。广西还是个多民族的省份，除了回族使用汉语之外，其他都拥有自己的方言。和为贵在著作前言中有谈道："在整个广西都发现了被原

① Joseph Cuenot，*Kwangsi*：*Land of the Black Banners*，p. 63.

② Ibid.，p. 65.

③ Ibid.，p. 6-7.

住民称之为‘外来人’的客家人（Hakka），尤其是在广西南部和东南部地区。他们来自广东东部、福建、江西，都入乡随俗了，但他们都保留有自己的语言，也说居住地的语言。……广西的原住民被划分为不同的部落，每一部落都有自己的语言。他们只活动在山区，尤其是广西西南部、西北部、东北部地区，以及沿着贵州边境的持续两地间。”

被派往语言多种多样的省份进行传教，对传教士们来说是个极大的挑战，并且广西还存在不少有语言却无文字的少数民族地区。当传教士一展开福音工作、开展文字布道，散发汉语文字读物时，往往仅限于汉族人和少数能阅读汉文的少数民族之中。要在不同的语言民族内部传播福音，就必须懂得当地的语言。因此，传教士们在到达广西前的第一个任务便是要学习将来所到之地所使用的语言，往往在几个月之后对语言有了一定的简单掌握便可启程传教。① 然而，首先意想不到的困难便出现了——仅仅是简单地转移了一个传教之地后便陷入语言不通的困境。

来桂传教士在传教过程中因为语言不通而陷于困境的例子不在少数。例如，邓玉函神父②在1896年启程前往广西代替去世的滕神父（Alix Jacquemin，1869—1896），途经乐里时，随行人员因知道存在众多土匪而拒绝继续前行。但此时的邓玉函独自待在小屋里，并不理解其他人员的做法，由于语言不通，不能准确地判断现有形势，因此不得不写信向主教求助，但最终因来不及等到救援而被劫杀。③ 之前在审判马赖的过程中，由于不能流利地使用语言进行对话，马赖常常陷于沉默当中。④

近代来桂的天主教神父，或在广西其他地区学习语言后再赶赴所分配到的具体传教区域，或在其他省份学习语言后再进广西。⑤ 虽然近代天主

① Ibid.，p. 162.

② 在和为贵的书中对邓玉函神父采用的名字是Mazel，但有资料称之为Majel的，如田林县地方志编纂委员会编的《田林县志》（南宁，广西人民出版社，1996）。

③ *Kwangsi*：*Land of the Black Banners*，p. 40.

④ Ibid.，p. 21.

⑤ 笔者根据荣振华、方立中、热拉尔·穆赛、布里吉特·阿帕乌等著，耿昇译的《16—20世纪入华天主教传教士列传》记载的不完全统计，在141名来桂法国巴黎外方传教会神父中，涉及语言学习的就有将近二分之一。

教注意到西南地区特别是广西民族语言多样的情况，十分强调和注重传教过程中对于民族语言的学习，但在短时间内学到的语言知识十分有限，只能到传教地向当地人进行传教的过程中进行沟通学习。

（二）匪患的严重威胁

广西匪患①闻名于世始于民国初年，“本省以多山、多盗、多贫著闻。此三者足以置人民稀少也。夫多山者，因绝少沃田与平原，则农事艰难；多贫者，遍地凄凉，工业又难振起；而到处盗匪出没，因之人民逃往出境另求生计，其留于省内而横遭杀害者，常以千百计”②。正是描述了民国时期广西匪患的严重性。

然而，在中华民国成立之前，或由于腐朽衰落的封建制度带来农民与地主阶级的矛盾尖锐化，或由于战争动乱加剧人民的流离失所，无业游民、“盗”“寇”“匪”早已不同程度地出现。为谋求自我生存，他们只能目无王法地抢劫财富。如若一地不满政府作为，发起兵变，则有一呼百应之势，群起而拥之，所谓“游、土各匪闻风回应，几于遍地皆匪”③。

广西劫匪主要出没于河流沿岸，“来往轮船多被劫掠，交通阻塞”④。

---

① 广西匪患的主要力量是游匪、会匪和土匪。据蔡少卿主编的《民国时期的土匪》（中国人民大学出版社，1993）第272页的记载，游匪即甲申之役安南之遗勇，自甲午后窜归内地，即肆行抢劫，更与土烟为帮，以其款巨而货贵焉；会匪即三点会，常煽惑乡愚，讹诈良善出资，入会可以保性命，无赖者多乐意跟从；土匪即乡之无赖，偷窃盗劫，昼伏夜出。其中起主要作用的是游匪，因为游匪的主要成分是散兵、游勇、叛军，皆出身行伍，身经百战，最熟悉战术，并配之精良武器装备，组成匪股之后，行踪飘忽不定，来去无踪。陆荣廷正是著名的游匪魁首。由于营伍中与地方上普遍存在着会党，游匪和土匪身兼会匪的情况也较为普遍。和为贵在书中对“匪”采用“bandit”“brigand”“pirate”三种说法，本文统一使用“劫匪”一词进行表述，不再具体区分。

② 中华续行委办会调查特委会编，蔡咏春等译：《中国基督教调查资料（1901—1920）》（上册），406页，北京，中国社会科学出版社，2007。

③ 中国第一历史档案馆：《北京师范大学历史系辛亥革命前十年间民变档案史料》（下册），517页，北京，中华书局，1985。

④ 《民国日报》，1917-08-12。

众所周知，广西河流众多，境内有300多条大小河流，重要的有红水河、柳江、左江、右江、得江、桂江、府江等，共同组成西江水系。而西江不仅是民众出行的主要通道，也是西米东运、滇铜东运、东盐西运等商贾往来的主要交通线路，同时也成为特殊时期河匪盘踞的主要区域和抢夺财物的重要地方。① "在广西，除了劫匪的袭击之外，没有任何一场运动是反抗传教士或基督徒的。"② 遍布于大河流域的劫匪，对洗劫不同肤色的洋人绝不手软，并乐此不疲。

除了上文提到的邓玉函神父，在1897年4月1日从南宁前往泗城府乐里教堂的途中被劫匪谋杀之外，最具代表性的事件则是在邓玉函死后的一年，苏安宁神父（Mathieu Bertholet，1865—1898）的遇害，以及一名本土神父（Louis Tsin）的遭劫。前者是1898年4月21日在巡视所管辖地区的会口途中，在古排塘的程村遭到杀害；后者则是1921年10月5日在被派往新的传教区途中遭到抢劫。正如长期在广西拓展教务活动的英国女传教士法默所感叹的："一个突出的特点，它大大地影响了广西的发展，那就是屡禁不止的山贼强盗。……事实上，就在我嫁往柳州的那年，当地就被多群强盗和士兵（游勇）洗劫了。"③

值得注意的是，当这名本土神父被洗劫一空并负伤之后，他的随行人员趁机从劫匪窝里逃出，向官府报案。"毫无迟疑，官府立刻派出四十名官兵前去营救。"但是，在抓住主犯之后，"面对着一帮准备随时反抗他们的劫匪，官兵们不敢采取任何行动，只能释放主犯"④。这里说明了两点：一是当时广西的官府是与传教士站在一边的，即威胁传教士生命财产安全的人为因素只是劫匪；二是官府不敢与劫匪进行对抗。同样在邓玉函写信向主教求助时，主教派出陆文思神父（Labully）即刻赶往西林与官员协商，请求派军队到乐里支援并护送邓玉函，"这个官员是传教士们一

---

① 颜小华：《近代教会视阈下的广西匪患》，载《广西师范大学学报》，2011（3）。

② *Kwangsi*: *Land of the Black Banners*, p. 9.

③ Wilmoth A. Farmer, *Ada beeson Farmer——A Missionary Heroine of Kuang Si*, Atlanta: Georgia Foote & Davies Company, 1912, p. 66.

④ *Kwangsi*: *Land of the Black Banners*, p. 40.

个挚爱的朋友，自从发生了之前的西林教案后，他便来此任职，并希望尽其所能为这危险的事业带来好的结果。……官员十分担心神父的情况。他思想片刻，便命令他主要的军队长官带领二十名士兵准备在早上前往乐里进行护送，由士兵和教徒们一同执行该任务”①。只可惜最终没来得及。“都知道他们会抢劫外国人，他们还曾公开威胁：‘若人们站在外国人一方，他们则要烧毁整个村庄。’在城镇驻守了几个月的士兵都了解这一情况，当劫匪势力进入神父家中时，这些士兵都不敢动。”②

为何当时广西官府会出现这种矛盾的情况？既要保护传教士，又不敢得罪劫匪？

据笔者了解，1921 年是广西近代史上较为混乱的一年，当年孙中山发起“援桂讨陆”战争，推翻旧桂系政权。同年 6 月，“粤军已占据梧州，并积极准备进攻桂省，外人在西河之利益则由英美军舰各一艘保护云”③。这是在孙中山发动讨陆战争前针对在广西的外国人所做的相应措施，外国人由外国人保护。至于广西官府保护外国人，则是之前订立条约的规定，以及慑于外国势力罢了。而不敢得罪劫匪，这在上层阶级中是说不通的。上文提到，不论是在旧桂系时期，还是新桂系统治，剿匪任务从未停止，甚至联合他省兵力入桂作战，只是在整个近代，广西匪患都未能平定。若是在下层小兵民众中，惧于乱匪势力而对劫匪的违法勾当视之不见倒是说得过去。

（三）民教冲突不迭

最早进入广西的洋教士是罗明坚，约在 1586 或 1587 年（明万历十四年或十五年），到达广西的省城桂林，并试图居住于此以开展传教活动，但很快被官府驱逐，被迫借道湖南逃回澳门。此后，直到近代，没有任何一个外国传教士能够进入广西。

鸦片战争以后，法国亟思对我国西南地区扩大侵略。1848 年，圣传信会（Sacred Congregation of Propaganda）委托巴黎外方传教会负责当时由澳门教区主管的两广地区。1852 年（咸丰二年），时任香港总代理人的李播

---

① Ibid.，p. 35.

② Ibid.，p. 35.

③ 《大公报》（天津版），1921-06-28。

(Labbe Libois) 神父立即采取措施，派前不久刚从广州监狱获释的神父勒诺 (Renou) 前往广西寻找天主教徒的踪迹。几个月后，勒诺返回汇报："广西境内还零星散落着几个天主教徒，他们分布在几个大城市经商，行踪不定。而广西境内的本地人，找不到任何一个教徒。"① 于是，李播指示马赖 (Auguste Chapdelaine，1814—1856)② 潜入贵州后，再进入广西。

1855 年，因白三"诽谤"，马赖于西林被捕，县官当众审问后便将其释放。但好景不长，西林县官改为张鸣凤任职之后，白三再次"陷害"马赖，致使马赖被捕受刑直至处决，且死无全尸。史称"西林教案"，又称"马神父事件"。之后，法国政府要求问责，严惩凶手，并提出赔偿，还联合英国军队到白河口妄图胁迫中国。而中国虽据理力争，依照条约规定，传教工作只限于五个通商口岸，马赖属于非法传教，当地县官是在执行规定等，但惧于列强的武力，清政府只能同意法国的要求。

这是近代广西众多民教冲突中最为典型的一场教案。

关于这场教案的发生，即马赖被捕的原因，中法两方表述完全不同。通过阅读和为贵书中描写到的马赖及其随行人员，包括曹桂英受审的整个对话过程及所受酷刑，溢于言表的，是作者站在传教方的角度认为，马赖一行人的被捕纯属无辜，这完全是中国人的误会与阴谋。③ 而中国方面认

---

① *Kwangsi*: *Land of the Black Banners*, pp. 1-2.

② 据荣振华等著，耿昇译的《16—20 世纪入华天主教传教士列传》中记载：马赖于 1814 年 1 月 6 日生于拉罗歇尔 (La Rochelle，法国芒什省)，1843 年 6 月 10 日在库塘斯 (Coutances) 晋铎，被任命为布塞 (Boucey) 的本堂神父并在那里停留 7 年。他后来于 1851 年自荐进入外方传教会修院，于 1852 年 4 月 29 日赴广东和广西传教区。该神父于 1854 年春到达贵州，在贵阳学习了一段时间的汉语，最后进入正在如火如荼地爆发教案的广西。马赖于 1856 年初被告发，于是他便藏匿在西林县一文人家中。同年 2 月 25 日，他与数名基督徒一并在那里被捕，然后被押解到官吏面前，该官吏指责他煽动民乱，并命令他弃绝其宗教。他被判处笼刑，于 2 月 27 日夜间死亡。2000 年 10 月 1 日，他在罗马被"封圣"。而和为贵在书中则认为马赖是在广西传教的先锋，是被阴谋陷害而被捕，是第一个殉教者，并高度称赞其为"Blessed Chapdelaine"。

③ *Kwangsi*: *Land of the Black Banners*, p. 19.

为，马赖属于非法越境传教，且白三的控告并非诬陷，而是马赖为逼迫白三全家入教，通过曹桂英诱骗白三的女儿和侄女入教，两人在“洗礼”时都受马赖的侮辱，侄女含恨自杀，于是白三才到县衙告状。①

为何同一件事会有如此截然不同的说法？

这是法国将它作为发动新的蓄谋已久的对华战争的借口，与英国再次挑起战争。因此，法方不得不颠倒黑白、混淆视听，企图获得法国民众的支持以及为战争披上合理的外衣。在马赖死后，地方绅民联合附近村民，制作了“为民除害”的金字大匾额悬挂县衙中堂，以表彰张鸣凤的功绩。② 这也证明了西林县官之举是正义的行为。

近代广西爆发的教案，除了西林教案之外，还有上文提到的永安教案（苏安宁神父被劫杀）、乐里教案（邓玉函神父被杀）等。据统计，从1860年到1899年的四十年间，广西发生教案就达39起，平均每年一次。其中，又以最后的15年，也就是中法战争之后的那段时间最为激烈，次数也自然最多。③

此外，和为贵在书中还陈述了传教事业中的几大突出困难——寻找建立堂点的合适之处、与新教教徒的竞争等。广西的龙州、梧州、桂林，甚至南宁等城市，都是美法两大教派的争夺之地。清末以后，龙州成为中越边境的重要交通枢纽和互市地点，“且自龙州以东，河滩渐广，舟行下水，直达浔、梧，其视全桂腹地、东省上游，据有建瓴之势，实为两粤利害所关”④。而梧州是近代进出中国西南与华南的主要通道和关口，是广西的水上门户，许多货物经水路在此交汇流通，具有尤为重要的商业价值。正如一位法国学者所说：“传教先驱（19世纪法国传教士往往是法国扩张势力的先头部队）开辟的不仅是一条精神和政治道路，而且也是一

---

① 陆辉：《西林县志》，1137页，南宁，广西人民出版社，2006。

② 覃延欢、廖国一：《广西史稿》，227页，桂林，广西师范大学出版社，1998。

③ 转引自颜小华：《近代西方教会在桂民教冲突与教案之分析》，见卓新平、许志伟主编：《基督宗教研究》（第十辑），北京，宗教文化出版社，2007。

④ 朱寿朋：《光绪朝东华录》，2076页，台北，文海出版社，2006。

条经济与贸易扩张的道路。”① 对于桂林，有所谓“条条大路通桂林”②之说！在桂林，往东北有湖南，往西有福音未触及的贵州。且从桂林出发的道路往北、东、南、西都拥有着大规模的城镇、乡村，这些地方对传教士们来说，着实是一块传教的“处女地”，尚待开发。③

以上种种导致广西天主教教务发展缓慢的困难与障碍，也正是当时广西社会的真实写照。

三、余　论

法国天主教在广西的传播，首先是在地方僻远、官府统治鞭长莫及的少数民族地区立定脚跟的。据统计，到20世纪20年代，法国天主教在广西拥有的教徒及其增长情况如下表所示：

表1

时间（年）	1878	1891	1901	1911	1921④
教徒人数（人）	508	1110	1806	4524	5119

资料来源于钟文典：《广西通史》（第二卷），南宁，广西人民出版社，1999；广西壮族自治区地方志编纂委员会编：《广西通志·宗教志》，南宁，广西人民出版社，1995；庾裕良、陈仁华、吴国强：《广西史志丛刊2·天主教基督教在广西资料汇编》，南宁，广西民族出版社，1985。

虽然广西天主教徒在逐年增长，但就全国而言，在转而信奉天主教的人数中，广西是中国最少的省份之一，只比西藏多，处在信徒统计表的后列。

---

① 卫青心著，黄庆华译：《法国对华传教政策》（下卷），321页，北京，中国社会科学出版社，1991。

② Julia M. Lowe, *A Historical Sketch of Kwei Lin*, Taken from the New East. Gleanings from Kwei Lin, The Mandarin Field of South China.

③ 中国第一历史档案馆、福建师范大学历史系：《清末教案》（第四册），257页，北京，中华书局，2000。

④ 早在1920年时，法国巴黎外方传教会因无力顾及整个广西教区的教务，不得不将部分地区划给美国玛利诺外方传教会，并把桂西北的西隆、西林和凌云等县划入贵州省安龙教区。而此处的1921年统计，全广西拥有已受洗教徒5119人，这一数据是包括了贵州安龙新教区的西林、西隆和凌云三县的。

据统计，1893年至1921年录取的神学生中只有14人被授予圣职。① “尽管经过五十年的努力，但很少有广西人被福音信条的美所吸引。”② 并且很多信徒依附教会的动机是为了得到外国人的钱财和保护，严格来说并不能算是真正的教徒，当教会无法进行拯救时，他们往往选择弃教，例如在与马赖一同被捕的一行人中，大多数选择弃教自保。法国传教士们也因此认为广西人是“不知感恩的”，且广西最明显的两个特点是“极度贫困与一直目无法纪”③。

为何在法国传教士眼里，广西是如此“负面”的省份？

法国巴黎外方传教会在天主教里属于正统派，基于他们的传教立场，他们基本否定中国传统礼仪，认为中国人是无神论者，拜孔是偶像崇拜，祭祖是迷信行为，在他们论及中国的传统信仰里多为贬义。有位英国作家劳克曾谈道：“既然传教士到中国是为了使中国人信奉基督教，那么，他们必须要把中国人描绘成坠入偶像崇拜、迷信和罪恶之中的人。”④ 这样才能突出自身既是福音的传道者和捍卫者，又是欧洲政治势力的开拓者、中国人的教化者。因此，和为贵的记载不能说完全正确，有些甚至是错误的。因文化差异的缘故，站在不同立场的法国传教士，对中国社会的认识和理解会深受其母国文化和自身立场的影响。正如和为贵书中所展现的，巴黎外方传教会在介绍广西时，极少直接涉足中国主流文化儒道的经典翻译工作，而是非常注意考察和研究传教地的语言、族群和文化状况，且巴黎外方传教会主张自下而上的传教路线，因此，他们非常关注中国边疆地区、民族聚居地区的农村社会生活。传教士的接触对象主要是社会的底层群众，一般是目不识丁的农民、雇工，甚至是社会的边缘人物，如乞丐、流浪汉等，这些人基本上未受过教育，每日为贫穷与饥饿所困。

但是，事实上当时的广西是否真的除了美景之外，就是土匪出没、叛乱者与士兵横行，广西境内充满了混乱与落后？

20世纪20年代，以陆荣廷为首的旧桂系被推翻，以白崇禧、李宗仁

---

① 戴安娜·拉里著，陈仲丹译：《中国政坛上的桂系》，33页，南京，江苏教育出版社，2010。

② *Kwangsi*：*Land of the Black Banners*，作者前言。

③ 《中国政坛上的桂系》，26页。

④ 《法国对华传教政策》（上卷），18页。

为代表的新桂系面对广西这一千疮百孔的烂摊子，在政治、经济、文化等方面进行综合治理，“我们当时的口号便是‘建设广西，复兴中国’，希望将广西建设成一个三民主义的模范省，为全国作一榜样，以逐渐达到复兴中国的最后目标”①。经过新桂系的励精图治，广西开始进入黄金时代。著名美国社会工作者兼演讲家艾迪博士，在来华旅行各省后，就其观察所及，谈到“广西实为中国之模范省，故已致书蒋军委长，赞扬该省长官励精图治之成绩。博士现正撰文，述其在广西之见闻，登诸美杂志，其题为‘中国有一模范省乎’。闻博士致蒋与李宗仁之书，内有渠足迹所及之各省，‘以四川天然利源最富，而施治最劣；以广西为最贫，而施治之良，实甲诸省’”②。由此可知，广西在三十年代已成为全国模范省，且声名远扬至国外，“模范省”这一称号也并非一朝一夕而得来。

总之，客观认识和评价近代西方中国学著作是非常关键的。首先他们对中国社会的理解和解读多立足于本国立场，还与自身素质及文化有关，也与他们在中国的社会见识相联系。从历史和学术的角度上看，他们对中国社会的记载、描述和解读不仅激发了西方人对中国这个国家的好奇、兴趣和想要认识、了解的欲望，同时也增加了西方学术界研究中国社会的兴趣，而且为西方人认识中国提供了较为扎实的资料基础（尽管有些是错误的），同时也为我们了解中国近代历史和认识西方人的近世中国观提供了大量丰富的资料，有助于国内学术界更完整、更全面地建构西方中国学发展史。更为重要的是，其著作对于丰富中国历史研究，尤其是区域史研究具有非常重要的资料价值和参考作用。因而，作为史学工作者，我们不能因为这些作者的立场偏差而对其著述视而不见，而是仔细甄别，合理取材，客观分析。

作者单位：广西师范大学
联系方式：pshzhgirl@ 126. com

① 李宗仁：《建设广西》，见政协广西壮族自治区委员会文史资料委员会：《新桂系纪实》（上集），406 页，南宁，广西区政协文史办，1990。

② 《申报》，1935-02-21。

私立北平辅仁大学附属女子中学研究：1932—1952年

□高　薇

一、辅仁附属女子中学发展概述

1912年，天主教人士英敛之上书罗马教廷，主张在中国开办天主教高等教育学校。他与马相伯二人不遗余力，不断奔走鼓吹，终使得教廷在1923年委派美国本笃会（Benedictine Order）来华办学。后英敛之以《论语·颜渊》中“以文会友，以友辅仁”之说为学校取名为辅仁社，并担任校长。

于是，1926年，亚洲唯一一所由罗马教廷直接设立的天主教名校辅仁大学（The Fu Jen University of Peking）成立。1929年，北平成立中华公教教育联合会，统一全国天主教教会教育，使学生学习宗教、西方科学知识和中国传统经书。① 而辅仁大学作为我国天主教20世纪最高学府之一，无论是在培养优秀学生还是发展改进中学办学体制和方法上，都作出了卓越的贡献。由此，在大学已有基础及近代教育发展势头之下，1932年，私立辅仁大学附属女子中学（Fu Jen Girls Middle School）在北京建立。

辅仁附属女中是当时的天主教会中学之一。当时，在京创办的天主教教会中学有辅仁附中、法文学堂、南堂中学、竞存中学、盛新中学、华光女中等。② 而随辅仁男中之后建立的辅仁女子中学的发展因其背景和本身

---

① 杨靖筠：《北京天主教史》，97页，北京，宗教文化出版社，2009。

② 同上，144页。

属性自有其特色。其在1932年至1952年的发展与进步，正是多方面的关怀与通力合作的结果。

回眸女中的历史，其接管者和校址的变化值得明确。1925年3月，创办团体凭借教会巨额拨款和他方捐助购得清室皇族爱新觉罗·载涛的贝勒府为校址。后因经济原因，新兴的圣言会（The Society of the Divine Word）于1933年从本笃会手中接管了辅仁学校。而早在1931年8月，学校就在西城太平仓增设附中女子部，当时便交由本笃会修女管理（当年22日，教育部以一四〇九号令准予立案）。

1932年8月，辅仁学校正式开办了女子中学：在蒋养房豆腐巷棍王府增办附属中学女子高中部，时称北平辅仁大学附属女子中学，将原附中改设为附中男校，更名为"私立北平辅仁大学附属男子中学"，建立起包括大学部、高中部、初中部为一体的总结构。

三年后，附中女高中部自棍王府迁到新购的太平仓校舍（面积25亩，即今北京市第一五六中学校址：太平仓胡同16号），开始添招初中女生。同时，本笃会修女离校，转往河南开封，协助文化传教事业。整个辅仁附中女子部由圣神修女会（Paraclitine Sisters）接办。女子附中的缘起中曾提及接办事项："女中部于二十四年起，由圣神女修会接办，该会总会长任卢德思为校务主任，主持校务。圣言会为公教新兴团体，人才经济，均极充实，接办以来，一切均照原有办学之宗旨，力谋进行焉。"① 依此可见，自1935年起，整个女中由圣神女修会负责，总会长卢德思修女担任女中校务主任。而缘起中同时说明了，当时开办女子中学的事项意味着学校的发展到达了一定规模。是时确实规模已具：主校政者，如校长陈垣、校务长兼理学院院长奥图尔、教务长刘复、秘书长英千里、文学院院长沈兼士、教育学院院长张怀等，都是学术界知名之士。

此外，依据"民国史料丛刊"的记载，辅仁附属中学的组织大纲上，完整清晰地记录了辅仁附属中学的校址设置：辅仁附属中学分男女中两部，男中部设在李广桥西街十号，女中部位于西四太平仓西口。至此，也从侧面展现了附属女中"三三制"的建立过程。有关"三三制"的问题

---

① 张研、孙燕京：《民国史料丛刊—1111—文教·基础教育》，18页，郑州，大象出版社，2009。

笔者将在本文第二部分详谈。

近代教会学校的资金来源总的可分为教会补助、学校收取的学费、董事们捐助这三类。学校的正常运作都离不开充足的资金支持。诚然，附属女中作为天主教会中学，也不得不谈及的另外问题便是学校的人才和经济问题。而近代中国大多的教会学校的经费，虽然与天主教团体的努力不可分割，但慢慢地，经历着多样化和本土化的过程。就辅仁学校的师资力量、办学条件及学生规模而言，其反映的正是一种中西融合之后的发展。

对于初露头角的辅仁附属女中而言，新兴的圣言会努力操办学校事务，加之学校原有的雄厚基础，致女中所获得的基础确实人才经济充实。而正是这一点，大大保障了其之后的稳步发展。

1950 年“辅仁大学事件”① 发生之前，教会仍派代表公布《辅仁大学人事调整备忘录》。由此备忘录可知，虽然校务长芮歌尼辞去副校长一职，圣神女会卢院长辞去女院院长一职，但辅仁大学“仍为私立天主教大学，其经费由教会及圣言会资助……”②。

因此，凭借着充实的办学条件，附属女中学生的人数规模必然有所扩大。将女中后期的发展与同样是天主教会的学校相比，就可以大致得知其发展态势。以南堂中学为例，即使在教会中学本土化、世俗化改革之后，南堂中学的教学规模在北平众多的中学里一直都不是很大，因而其后期发展的学生人数规模也不是很大：

> 在 1938 年，北平私立中学有 40 个，学生人数约 7817 人，当时天主教的上义中学有学生 67 人，辅仁大学附中有学生 305 人，基督教的汇文中学有学生 432 人，而南堂中学的学生人数只

① 1950 年 10 月 12 日，中央人民政府宣布接办私立北京辅仁大学，辅仁由此成为新中国成立后政府正式接管的第一所教会大学。参见刘建平：《一九五〇年“辅仁大学事件”历史考察》，载《中共党史研究》，2014（2）。

② Rigney，Harold W.，*Four Years in a Red Hell*：*The Story of Father Rigney*，Chicago：H. Regnery，1956.

有32人。而到了1946年南堂中学有学生179人，上义中学有学生109人，辅仁附中有学生1356人，汇文中学则有学生1019人。①

表1　辅仁附属中学历届毕业生人数统计表（1931—1935年6月）

年级	时间	人数
初中部	第一届（1931年6月）	41
	第二届（1932年6月）	40
	第三届（1933年6月）	42
	第四届（1934年6月）	26
	第五届（1935年6月）	17
高中部	第一届（1930年6月）	42
	第二届（1931年6月）	72
	第三届（1932年6月）	85
	第四届（1933年6月）	44
	第五届（1934年6月）	20
	第六届（1935年6月）	31

笔者由民国二十四年（1935年）辅仁附中在校学生姓名录统计②得知，当时辅仁附属男中部学生为207人，女中部学生仅有42人。尽管如此，联系辅仁附属中学历届毕业生人数统计表（至1935年6月）（见上表）可知：女中学子开办起初，其在读人数基本达到了附中历届毕业生人数的平均水平。此外，依据北京市档案馆的资料，至1946年，辅大女附中的学生人数达到440人，几乎是同一年盛新女子中学人数的两倍。③

① 转引自尹俊虎：《西方教育文化对近代北京教会中学的影响——以北平私立南堂中学为例》，见北京联合大学北京学研究所：《北京学研究文集》（上），北京，同心出版社，2008。

② 统计数据均参张研、孙燕京：《民国史料丛刊—1111—文教·基础教育》，259~268页。

③ 参见《陆军第92军政治部为了解北平大、中学校现状给北平市教育局函》，北京市档案馆存，档案编号J4-1-1811。

同时也完全超越了规模较小的南堂中学的人数。当然，以辅仁整体的规模变化来看，辅仁附属女中的大致发展呈现辅仁一体化办学的良好效果，也呈现出在近代教育家的不断推动下，女子中学规模稳步扩大的特点。

随着历史演变，教会与学校的关系和它扮演的角色仍不断变化，值辅仁附属女中稳步发展之时，二者间矛盾不断加剧。辅仁大学及其男女附中学校在教会人士看来必然是私立天主教学校，然而教会人士在不断企图抓取教育话语权时，爱国人士和学校的领导者也在不断受到解放思想的冲击。依据辅仁大学的简史可知：北平解放之后，辅仁于2月成立了教、职员工会。于3月成立了临时校政会议，并借此废除了天主教外国神父担任校务长的惯例，会议提出辅仁今后的教育方针应符合新民主主义。新学期（3月7日）开课后，取消了公教学、公教史、教宗通牒、伦理学等科，增设了新民主主义论、辩证唯物论、社会发展史等课为各系必修课程。1949年下半年开始，全校师生进行革命的政治思想教育，学校也进行了院系调整。①

1949年9月20日下午，辅大男女附中一千五百余同学集会，控诉捷、德籍神父曾德望、纪福泰等扣留同学的非法行动，除辅大男女附中及大学部同学外，京师大附中、贝满、盛新等二十余校及北京、天津两市学联均派代表参加。次年，教育部长马叙伦发表“与辅仁大学教会驻校代表芮歌尼书面谈话”，告诫教会不得干预、侵犯中国人民的教育主权。

1950年10月12日，中国政府正式接管辅仁大学。1951年，辅仁大学与北京师范大学合并，辅大附中（男中）改由北京市教育局领导，命名为北京市第十三中学。而私立北平辅仁附属女中在1950年10月改为国立辅仁女中，并在1952年由市文教局接管，其接管信息可从北京市档案馆的接管资料中窥见：1952年北京市政府所接办的私立中学共

---

① 北京师范大学校史编写组编：《北京师范大学校史：1902—1982》，附录，257页，北京，北京师范大学出版社，1982。

38 所，其中基督新教学校 9 所，天主教会学校只 5 所。① 最终，女中更名为市立第六女子中学、私立辅仁附属女子中学约 20 年的历史便概述如上。

二、辅仁附属女子中学的教育理念与课程设置

20 世纪 30 年代，辅仁大学在陈垣的领导下不断发展，其附属中学也获得了更多的投入与关注。教育者们深深明白：除了大学等高等教育，中学的教育问题也是刻不容缓的。中学本身是大学和研究院的基础，中学需要积极严肃的管理，而中学生又是中学校的主要分子，中学生的学习与教育问题不容耽搁和懈怠。辅仁校刊上曾有篇文章指出，教育的历程分为三个阶段：中学、大学、高深研究。并认为中学阶段的学习与生活是最为重要的，其原因为："从他们的身体上说，正在发展，学识上说，正待灌输；将来升学或就业上说，方在准备；这的确是教育过程中的紧要关头。"②

辅仁附属女中的发展历程实际上正可以代表一部分教会女子中学在 20 世纪 30 年代之后的变化。基督新教办学以及天主教办学都在寻找教育理念与中国现实社会需要的结合，并不断协调宗教理念和世俗化趋势的关系。随着近代教育的不断发展，天主教办学也曾经遇到本土化与世俗化的问题。而辅仁附属中学在中国政府注册立案，实行教育部颁布的"三三制"学制，遵照政府所规定的课程标准设置教学大纲、学则等，都是本土化的重要表现。

"三三制"是当时教育部统一的要求和规定，即要求所设高中部为三年，初中部为三年，并有一系列办学规定下达。当时北平的中学都采用此制，而教会学校必须适应这些变化。女中部也不例外："本校采用三三制：设立男女中学两部，其修业年限各六年。高中暂设普通科。"③

---

① 参见《北京市教育局关于接办私立中小学校工作总结》，见北京市档案馆编：《北京市档案史料》，200~208 页，北京，新华出版社，2004。

② 周维俊：《中学生应当注意些什么?》，载《辅仁生活》，1940（3）。

③ 《民国史料丛刊—1111—文教·基础教育》，第四章"学制"第四条。

当时辅仁已具有综合性大学的规模，建立起包括大学部、高中部、初中部为一体的总结构不过是顺应潮流之势。从上述资料看来，依据教育部规定，辅仁附属中学设立各种各样的科目，而1925年早有规定：1925年，教育部《外人捐资设立学校请求认可办法》规定，学校不得以传教为宗旨，宗教科目不得列入必修课。①

因而其设立课目大致包含事务课、教务课、训育课、军事训练课、童子军训练课、体育课、会计庶务课、图书课、公民、国文、英语、算学等，形式多样，各科目教学大纲完善，教师管理严格。

从其科目设置上看，科目有文有理，也包括体育、军事等课程，内容丰富而涉猎广泛，必然使得学生的德、智、体等得以全面发展。同时，附属中学依据教学情况及学生程度，在课程设置上会在基本遵从教育部令的标准上进行变化与适应，最终达到教育所求之目标。并按照统一规定，所有学生修业期满试验及格后才呈送社会局会考，会考及格后才能毕业。

关于成绩与试验的内容，附中也有自己严密而完善的制度规定。他们将学生成绩分学业、体育、操行三项，而同时，学生成绩之考察分三种："（一）平时试验，（二）学期试验，（三）毕业试验或最后学期考试。"这些规定都无不体现着"三三制"的特色。

除了"三三制"之外，附中的特色还体现在师资水平上。相比于许多师资容易紧张的国立学校，大部分教会学校的师资力量似乎多了许多保障。而学校的师资力量直接关乎学校的教学水平，辅仁附属中学也深知这一点。为了贯彻教学理念和秉持辅仁精神，其在教育上的投入无疑是巨大的。

翻阅《民国史料丛刊—1111—文教·基础教育》，我们可以看到一份1935年辅仁附中的职教员工资格统计表：

---

① 罗伟虹：《中国基督教（新教）史》，417页，上海，上海人民出版社，2014。

表 2　　二十四年度职教员工资格统计表①

职别	资格（专任或兼任 / 性别）	男			女			合计		
		专任	兼任	共计	专任	兼任	共计	专任	兼任	共计
职员	国外留学得有博士学位者		1	1					1	1
	国外大学及专门学校毕业者	1	1	2	1		1	2	1	3
	国内师范大学毕业者				1		1	1		1
	国内大学毕业者	2	2	4				2	2	4
	国内专门学校毕业者	2		2				2		2
	国内中等学校及师范学校毕业者	2		2	1		1	3		3
	其他	1	1	2				1	1	2
	合计	8	5	13	3		3	11	5	16
教员	国外留学得有硕士学位者	1		1	2		2	3		3
	国外大学及专门学校毕业者	2		2	3	1	4	5	1	6
	国内师范大学毕业者	6		6	3		3	9		9
	国内大学毕业者	25	4	29		3	3	25	7	32
	国内高等师范毕业者		1	1					1	1
	国内专门学校毕业者	2		2				2		2
	其他	2		2	1		1	3		3
	合计	38	5	43	9	4	13	47	9	56
合计		46	10	56	12	4	16	58	14	72

依据此表，我们仍可以从中窥见：于辅仁附属女中粗具规模时，辅仁

① 《民国史料丛刊—1111—文教·基础教育》，238 页。“二十四年”为民国二十四年，即 1935 年，正是圣神女修会接办辅仁女中部之时。

办学团体对于教职工的资格标准要求就是非常之高的。《民国史料丛刊—1111—文教·基础教育》显示，紧随这张统计表之后的是离校教职员一览表及在校教职员名单。① 即使是从这两份材料中，也可以大致得知，辅仁附属的高中部和初中部教职员，普遍具有国内或国外的较高学历。仅计算这两份一共 183 人的教职员名单中，具有英、法、美、日等国外名校硕士或学士学位的就有 42 人，约占总人数的 23%。这些人大多数是教员，其所教授的科目涉及英文、生理、卫生、体育，其中最多的科目为英文。② 另外，依名单统计，教职员中从辅仁大学毕业的学生有 30 人。③ 而本身从辅仁大学毕业的学生势必将丰富的知识灌输于辅仁教学体系中受基础教育的一代代中学学子身上。高等学校毕业的学历在一定程度上代表着学识水平，而且他们都有着丰富的教学经验，这都使他们拥有西方新的办学方法和教学理念，这些理念被带到中学，影响新一代。

单独分析民国二十四年的在职教员名单，也可以获得不少信息。在一共 64 名的在职职教员中，职员为 17 人，高中教员为 34 人，初中教员为 13 人。另，其中外籍职教员为 15 人，女职教员为 15 人，而外籍女职教员为 7 人。相对而言，辅仁中学本土女教师占本土教师的比例远远少于外籍女教师占外籍教师的比例。

再以南堂中学在 1937 年所呈报的部分教员履历表④来试着探讨天主教会学校的师资问题。同样为天主教会学校的南唐中学是一所普通的天主教会学校。有研究者认为："1937 年南堂中学的教员们都是男性，而且基本上都很年轻，平均年龄只有 34 岁，年富力强。其中，有近一半都是辅仁大学毕业，这也可见辅仁大学在北京天主教教会学校中的重要地位，其他的也基本上都是大学毕业。"⑤

① 《民国史料丛刊—1111—文教·基础教育》，239~257 页。

② 需要说明的是，这些获得国外学历的不单指外籍教师，也包括部分留学归来的中国学者。

③ 《民国史料丛刊—1111—文教·基础教育》，239~257 页。

④ 见附录 3。

⑤ 转引自尹俊虎：《西方教育文化对近代北京教会中学的影响——以北平私立南堂中学为例》。另，南堂中学部分教员履历表见附录 3。

从上述言论来看，1937 年南堂中学的规模远远不及 1935 年的辅仁女中，甚至对于其他天主教会的师资处于“羡慕”的状态。因而，与之对比之下，较高的女教师比例和本身师资力量雄厚显然是非常有利于辅仁女中的发展的，这也体现了辅仁女中得天独厚的优势。

而从大学的院系设置看，我们还能发掘一些女子特色：1939 年吴秉雅修女于恭王府辅仁大学成立儿童与家庭学系。一年后，她又在恭王府辅仁大学所成立餐旅管理学系。这样精致的园木胜地，是北平唯一的大学美术系和家政系（其中家政系只招收女生）共享的教学及系务行政所在的系馆，堪称一绝。女院种种对于后来的女中学子有一定一影响。毕竟辅仁大学增办附中的目的主要是在一体化办学的基础上，给自身培养、输送基础教育人才。

值得一提的是，1943 年，辅仁大学教育学院教育系设立附属小学及幼稚园。至此，辅仁有研究所、大学、男女中学、小学、幼稚园，因而成为一完整的教育系统。

总而言之，对于女中学子而言，能长久待在图书室和实验室，无疑是开拓知识面和视野，以及培养动手实践能力最好的渠道。同时天主教教会学校的多位学者学识渊博、品质优异，其许多西方进步思想也使得这些女孩子耳目一新。远道而来的教育者们在西方教育文化的背景下，结合学校属性、学生特点和当下实际，不断进行课程设置和教学管理上的改革。这也正体现出了教会学校对中国社会、中国文化的一种适应和融合。

三、辅仁附属女子中学与“女学”

1897 年，梁启超在《倡设女学堂启》一文中，讲明开办女学的重要性：“上可相夫，下可教子，近可宜家，远可善种。”① 事实上，中国女子接受学校教育始于基督教的传教士。北京的第一所女子学校，正是 1864 年由美国传教士裨治文（Elijah Coleman Bridgman）夫人创办的“贝满女塾”（后更名为贝满中学，现北京市第一六六中学）。

而私立北平辅仁大学附属女子中学作为 20 世纪早期的为数不多的私

① 李华兴：《梁启超选集》，51 页，1984。

立天主教女子学校，是在已有同源大学和男子附中的背景及经验上设立的。其担负的责任是不仅仅要使得女子“有才有德”，成为一个“贤妻良母”，更是寄予厚望从中等教育阶段培养优异女学子，为高等教育阶段输送女性人才。因此，学校从多个角度更高层次地重视、培养和管理女中学子：

其一，虽困难但积极地设立了辅仁女中分院。1938 年 9 月，时值社会上投考辅仁的男女青年增多，辅仁大学开始在文教两院各系和理学院数理学系数学组招收一年级女生，这是辅仁大学有女生的开始。同年增办了女附中分校，校址东安门北河沿 49 号（1940 年迁至东四北船板胡同五显庙新址），而这个附中分校运行起初困难，后由孙瑜接办。谈及由孙瑜先生接办不到一年的女中分校，有学生认为：这所分校的前身是一个破落的中学。“最起初是在一个破房子中，除桌椅外不再有其他东西。”而在孙瑜接管的三个月后，在有效的管理之下，这个分校也粗具规模。朱应之同学对于孙先生办学校的才能表示钦佩，曾说道：“要知道这个学校在暑假前，只有六十多学生，每月只有九百元的经费。”辅仁学校在缺人又缺钱的情况下，却积极办成了这个女中分校。①

其二，辅仁各级学校校址为女学生大大丰富了活动和学习场地。1930 年，涛贝勒府南院新校舍落成，建有实验室、图书馆、教室、办公室及宿舍等。于是就以新校舍为大学部，原址改设附属男子中学，另在西城太平仓购地筑舍，准备开办女子中学。据悉，1935 年，辅仁大学受罗马教廷委托，开办中国天主教司铎进修机构，购买位于校区东侧的恭王府旧址，计地百余亩，成立“司铎书院”。

而在临近的恭王府内，学校设立了女院，并由圣神女修会管理着整个女院。从此，在恭王府内，王府后排的瞻霁楼和宝约楼便成为了女生宿舍。女院图书馆则设在恭王府正厅多福轩。据说，因为恭王府环境优美，在这里学习的女生无不以此为荣，她们甚至被羡慕她们的人称为“格格”。

恭王府花园的角角落落也是公教同学避静的好去处，这样安静优美的环境正有利于集体过纪律化的生活。避静人数往往有一百余人，在长达三

① 朱应之：《漫谈女中分校》，载《辅仁生活》，1940（6）。

天的避静生活中，他们一同念经、读圣书、听道理默想，同步吃饭、睡觉，于安静的校舍、花园中达到神修的目的之一——求得精神平安。

此外，恭王府也是学校举办慈善夜音乐会的场地。而对于学校慈善夜的介绍和宣传早已在校刊上展开：一是举办慈善夜的原因：本着基督博爱精神为贫苦民众出一点力；二是详细的筹备经过。筹备经过中值得注意的是学校有着明确、细致而清晰的分工，更直接将筹委会的重要组织和负责人的名字写进校刊：比如，由校刊可知，1940 年的筹委会主席是男院的李尚森和女院的朱瑾章。从筹备过程中看，筹备经过历经波折，忙碌一时，但最终成功，其中女院委员的功劳亦不可没。① 这由学校发起举办的“慈善夜”，游艺抽奖会，以售票所得，悉数捐交粥厂。慈善夜的棉衣都是同学捐赠旧衣，女同学为之拆改翻作。②

提及音乐会，1940 年，附中女学生，正当高一的王淑娥在校刊上发表了《与朋友论德智体三育并重书》，描述她在恭王府中听到的几次钢琴独奏都使她：非常高兴、陶醉自如。③ 亦有同学认为音乐会上“西乐国乐，并皆佳妙”。

身处如此幽丽的环境与活泼的氛围之中，辅仁女附中的学生对于学校的评价很高。有学生专门在校刊上发表了关于女附中的介绍，开头就写到：“在故都的西北角落里，正当两路电车的交叉点，有一座远远驰名的学校，那就是辅仁女子中学。”④ 此处描述的正是 1940 年的辅仁女附中，她已经迁入太平仓的西口：“西边是平坦的操场，操场南端是体育休息室等……。这一所建筑齐整，设备完善的校舍，就是我们四百余女同学的乐园。”⑤

---

① 伟林：《关于慈善夜》，载《辅仁生活》，1940（4）。

② 《北京师范大学校史，1902—1982》，245 页。

③ 王淑娥：《与朋友论德智体三育并重书》，载《辅仁生活》，1940（4）。

④ 程蕙芳：《本校女附中介绍》，载《辅仁生活》，1940（3）。

⑤ 同上。

表 3　　（甲）入学各生每学期应交纳之费用列表①

年级	学费	杂费 卫生费 运动费	手工费 习费	自然科学 实习费	扩充图 书费	制服费	膳费	总计
初中	17	4	2		1	5		29 元
高中	25	4		3	1	6		30 元
备考						不足补交 有余退还	初高中男生自行办理，女中学生膳食费每月八元	

其三，教学及管理上的严格与重视。从女院及女中的教学环境来看，无论是初中部还是高中部、大学部，王府高贵的气质和辅仁严肃一体化的气息一定程度上影响着辅仁女中学子，体现着她们的身份“与众不同”。同时，辅仁女中与男中学子的区别似乎也能从费用表中窥探一二：其中“膳费”一栏里：“初高中男生自行办理，女中学生膳食费每月八元。”女中学生类似如此整齐而一体化的严格管理不仅仅体现在这些费用条例上，也体现在生活管理上。作家彭歌对于辅大女院及宿舍就有这样的回忆：“辅仁的校规比贾府还要严，我们从来没有从那边走动过。北边的一半就是我们的区域……学生们的宿舍就像兵营一样。”②

除了生活方面，在校舍教室等齐全的基础上，学校的教学管理问题也是一个学校至关重要的问题。由公教圣神会主办的辅仁女附中在教学、学风管理上与其他学校存在些许不同。以 1940 年的辅仁女附中为例，当时全校同学共分为九班：高中有三班，初中则有六班，总计四百余人。各班除有级任教师授课外，还各有外国修女或中国教员负责指导。女附中由公教圣神会主办，因而修女们担任了学校的一部分功课，比如算数课和英文课。在校刊上介绍辅仁女附中的程蕙芳同学认为：修女们具有完善的人格和学识，并且尽心尽责，因而学生得以勤、俭、诚、朴、而有礼貌。女学生们尽管大多来自富裕家庭，却也毫无追求奢华和时髦的现象；而在修女

① 《民国史料丛刊—1111—文教·基础教育》，33~34 页。

② 习贤德：《北平辅仁大学旧档管窥（1925—1952）》，辅仁大学校史室，http：//www. fuho. fju. edu. tw/sketch/writing/13. html。

们的悉心训导下，即使到了隆冬季节，辅仁女附中的学生们的上课时间依旧为八时，而其他学校的早已经延迟到八时半。在这种情况下，女学生们仍坚持早起，没有迟到的现象。此外，即使是在课余时间，学生们也不会把光阴轻易度过：好静的同学们阅报、静思、谈古论今，好动的同学们练习托珠、投篮、掷铁饼、跳高、跳远等。

因而，此时期的辅仁附属女中可说是设备完善、规则森严，因而成绩斐然。程蕙芳同学甚至因此在校刊上发出了代表性的心声与美好祝愿："她（指辅仁女附中）虽然没有悠久的历史，但确是不停地发展和蒸蒸日上啊！我希望我们的学校，声誉日隆，将来不但成为北平的模范学校，并且要作为全国女中之楷模。敬祝我校鹏程万里！"①

其四，借助校刊给予女学子思考发扬文采的极大空间。总的来说，当时最能体现和反应辅仁女学子学习生活及学术情况的当属校刊《辅仁生活》。《辅仁生活》是 1939 年辅仁生活出版社出版的图书，刊面上的"辅仁生活"四字由校长陈垣所题。民国二十八年十一月二十五日出版的第一期《辅仁生活》中，发刊词"我们的话"里将创办目的描述为：在全校促成狂热的学术氛围、与同学探讨各种生活问题、促进师生及同学间友爱关系；将刊物内容确分为英文栏、新闻栏、学术栏、青年生活栏和文艺栏五类；并将收稿对象扩及全校师生，包括附属男中、女中及女中分院学子。其中，从青年生活栏目的设置介绍可究其办刊的诚恳态度：此栏目所谈问题涉及求学、家庭、恋爱、婚姻、职业等，因而编者认为此栏目最需要师长们指导。"我们的话"最后向读者重复了创刊目的，强调了创刊并不遗余力去办好它的认真态度。

最值得关注的是，有了前几期《辅仁生活》作为基础，其后加入的"中学生"一栏使得中学生的文采得以大放。此栏目的征稿要求是"不拘散文诗曲，科学常识以及趣味故事等"和"文长需在千字左右为适宜"，② 并以让男女中的同学们都体会到"自己的园地"的快乐为目的。因而附属男女中及女中分院的学子们都在这一栏指点江山、激扬文字。

笔者利用全国报刊检索，翻阅 1939 年至 1941 年的《辅仁生活》中学

① 程蕙芳：《本校女附中介绍》，载《辅仁生活》，1940（3）。
② 刘玉琳：《开学了》，载《辅仁生活》，1940（9）。

生栏目的文章，不难发现，每一期“中学生”栏目上都有大量辅仁女附中学生所发表的诗词歌赋和心得体会等。譬如 1940 年第 6 期“中学生”栏刊登了一篇高三毕业生的文章《给快要走完中学阶段的同学》①，文中谈及毕业问题，女中学子也有自己独到的看法。这篇文章多为感叹句及反问句，带有口语化色彩，显得体己而言辞恳切。全文中心为告诫大家不要为将来焦虑而盲目，要静下心来听取自己内心的意见。最关键的是强调了高三毕业后，同学们或继续深造，或步入社会，都应该有自己的打算。

资产阶级维新派曾在中国妇女被禁锢几千年的情况下，为彻底挽救中国，促进女性觉醒，积极呼吁以文化教育手段来促进女子社会化。这些毕业生的文章论点清晰，言辞恳切，足以体现辅仁女中学子早已明确自己的社会责任，甚至相比于男中的学生更具有时代敏感性。

此外，以 1940 年《辅仁生活》“中学生”栏第 11 期《吊古战场文读后感》为例，其文全文用文言文写作，简单干练，体现了女中学子较好的文言功底。其他类型的文章，如女校分院学生的一篇记叙文《一个小贩的感觉》和带有小标题的一篇漫谈《漫话电车三部曲》白话文和文言文夹杂，都紧紧结合自己的生活实际，措辞生动有趣，颇具特点。

而在“中学生”栏目的诗词、散文这部分，男女中的学生均分版面，风格相似，水平难分高下，整体处在尝试、模仿和学习阶段。1940 年第 10 期《辅仁生活》“中学生”栏上，男中初三的刘毓煊发表了一篇名为《诗词》的文章，其中展现了三首兴致之作，题目分别为《秋雨·浪淘沙》、《渔父词》和《秋晓》，并谦虚地表示自己的作品“不过苍台小草，聊缀园地之秋光而已”②。由题目可见实为模仿古词而作；从内容上看也颇具五代、宋词之风，主要写作方式为借景抒情。如《秋雨·浪淘沙》中的“烟雨两氤氲，小院黄昏”，让人不难联想到北宋诗人赵令畤的《蝶恋花·庭院黄昏春雨霁》；而词的后半段写的“半岁无成空碌碌，事事误人”与李煜的《浪淘沙》中“想得玉楼瑶殿影，空照秦淮”都颇具寂寞忧伤的情怀。与这些诗词同期同版面发表的还有女中分院王兆菊的《初冬之晨》，文章开头就写道：“峭厉的北风，从塞外带来了肃杀，从现在

① 贞：《给快要走完中学阶段的同学》，载《辅仁生活》，1940（6）。

② 刘毓煊：《渔父辞》，载《辅仁生活》，1940（10）。

起，这古老的城市，就整个缩在寒冷里。”简单切题，而整篇文章读来精致细腻，简短而不失意境，因而就同一版面上来看，初一女生的写作水准也毫不逊色于初三男生的。总的来说诗词风格及内容从标题便可以区分，如《中秋夜泛舟北海》《梧桐影》《点绛唇》《忆江南》《芳草行》《寒宵》① 等。而如果抹去作者说明，只读题目和内容，实际是难以区分作者性别的。这正说明了“中学生”不分年级性别，以鼓励学生发稿为目的，给予了女中学子证明自身优异的平台，进一步锻炼了女中学子的思考能力和学习能力。

《辅仁生活》“中学生”栏上述四个角度，笔者认为，均不同程度地体现了辅仁学校对于女子附中办理、管理的重视及努力。“女学”问题任重而道远，尤其是在积极推行女性基础教育的潮流之时，辅仁学校力图从多方面去辅助附属女子中学的发展，期盼其成为北平市的模范女子中学，并切实借助生源、师资，中西结合，努力朝为社会和高等教育培养一批有识女子，进一步推动近代中等教育的发展方向而去。回顾这 20 年，女中学校的切实发展正体现了教育者极强的女性教育认知精神和不可忽视的贡献精神。

四、结　语

辅仁女中依靠充实的经济、人才的支持以及历届辅仁大学和辅仁附属男子中学的办学经验，在 20 世纪 30 年代获得了较大的发展与进步。从总体上来看，辅仁女中成长周期较短，并主要在各方面的不断关照和努力下成长。

作为天主教会学校，其外文、家政等西学课程的加入，伴之许多活泼的教学方法，一改中国长期教授传统文化时的死板模式，大大加强了学生的动手能力和实践能力。这种中西结合的方法大大锻炼了女学生的思维能力，进一步开拓她们的视野。此外，在辅仁大学及中学一体化的背景及良好的学术氛围下，女子中学的发展也呈现绝不落后于男子附属中学的态势；又因辅仁附属女子中学学子自身的优异性，加之天主教人士、修女和

① 样本选取于《辅仁生活》“中学生”“诗词”栏，1939—1941 年。

国内学者多方面的悉心管理，最终促成这个天主教女子学校的稳步成长，并为中国创立和不断摸索新的基础教育体系起了一定的示范和实验作用。

同时，它的发展亦是中西文化交流的体现：本笃会与圣神女会带来的西方思想的冲击，使得这所女子学校成为北京天主教会学校中模范化的存在。这所不断为辅仁思想所推动的女子中学校，不仅仅是辅仁大学基础教育的输出者，也是北京、乃至全国近代教育的贡献者。因而这所学校的存在与发展体现了中国近代教育对于女性教育的持续化关注，这也正启示后来者：女性的基础教育问题仍需要十分重视并紧跟潮流变化的精神，方得硕果。

参考文献：

（一）历史文献

1. 档案、手稿、期刊（按档案名排序）

（1）西文文献

Christian Education in China: *The Report of the China Educational Commission of* 1921—1922. Commercial Press, Shanghai, 1922.（中国基督教教育调查会编：《中国基督教教育事业》，上海，商务印书馆，1922.）

James W. Bashford. *China*, *an Interpreation*. New York and Cincinnati: The Abincdon Press, 1916.

（2）中文文献

北京市立高级工业学校、市立三中北京师大附中、辅仁大学附中及私立北京觉生女子中学、中华中学育华中学、上义中学等学校学生毕业证书（1936. 1. 1—1947. 12. 31），北京市档案馆，档案号：J004-002-02115.

北京市私立辅仁大学附中代表宋德刚呈送誓约书请准复校以及市教育局的批示（1938. 7. 1—1938. 8. 31），北京市档案馆，档案号：J004-002-00586.

北京市私立两吉女中、协化女中、嵩云中学、辅仁大学附中、香山慈功院等学校报送校董会章程和校董一览表给北京特别市教育局呈及教育局指令（1939. 1. 1—1939. 2. 31），北京市档案馆，档案号：J004-002-00641.

北京市私立辅仁大学附中、中法大学附属女中教职员、去职职教员履历表及各级学生历年成绩一览表以及两个学校停办给北京特别市教育局的呈文（1939. 1. 1—1939. 12. 31），北京市档案馆，档案号：J004-002-00649.

北京市私立辅仁大学附属中学 1940 年教职员、去职教职员一览表及各级学生历年成绩一览表（1940. 1. 1—1941. 12. 31），北京市档案馆，档案号：J004-002-00765.

北京市私立辅仁大学附中民国卅三卅四年职教员一览表和民国卅三年度新生及在休退学生一览表（1944. 1. 1—1945. 12. 30），北京市档案馆，档案号：J004-002-01263.

北京市私立辅仁大学附中民国卅三年初级班毕业生成绩一览表（1944. 4. 1—1945. 12. 31），北京市档案馆，档案号：J004-002-01225.

北京私立辅仁大学附中民国卅四年至卅五年度毕业生履历及成绩一览表（1945. 8. 1—1947. 6. 30），北京市档案馆，档案号：J004-002-01411.

北京私立竞存初级中学校校董会呈报接收私立辅仁大学附属中学女校分院的呈文及教育局指令（1945. 8. 1—1945. 9. 30），北京市档案馆，档案号：J004-002-01353.

北平市私立辅仁大学附属中学各级学生一览表及毕业生履历以及历年成绩表（1948. 3. 1—1948. 5. 31），北京市档案馆，档案号：J004-002-01854.

北平市私立辅仁大学附属中学各级学生一览表及各级学生学年成绩表（1948. 9. 1—1948. 9. 30），北京市档案馆，档案号：J004-002-01862.

北京市私立辅仁大学附属中学男校新聘教职员呈文（1949. 11. 1—1949. 11. 30），北京市档案馆，档案号：J004-002-02000.

接管辅仁大学附属中、小学、幼儿园（1951. 7. 1—1951. 12. 31），北京市档案馆，档案号：153-001-00570.

私立辅仁大学附属中学登记立案材料（1949. 1. 1—1949. 12. 31），北京市档案馆，档案号：153-001-00832.

北京辅仁大学周刊社．辅仁周刊．北京：辅仁大学出版社，1928.

北京辅仁大学周刊社．辅仁周刊．1991（保存于国图微缩文献中心）．

北京一五六中学校庆筹备组．北京一五六中学校友名册．1993.

辅仁大学文苑社．辅仁文苑．北平：辅仁大学文苑社出版，1928.

辅仁生活出版社．辅仁生活．北平：辅仁大学出版社，1939.

李铁虎．日伪统治时期北平中等学校一瞥．北京党史研究，1996（4）．

2. 传记、文学集、历史材料汇编（按作者姓氏字母排序）

See，Rigney，Harold W. *Four Years in A Red Hell*：*The Story of Father Rigney*. Chicago：H. Regnery，1956.

北京市档案馆．北京档案史料．北京：新华出版社，2004.

北京师范大学校史编写组．北京师范大学校史，1902—1982. 辅仁大学简史，北京：北京师范大学出版社，1982.

韩朴，田红．北京近代中学教育史料．北京：北京教育出版社，1995.

刘洋主编．北京西城历史文化概要．北京：北京燕山出版社，2010.

中国第二历史档案馆．中华民国史档案资料汇编．第 5 辑，第 1 编，教育（1）（2）．南京：凤凰出版社，1994.

中国第二历史档案馆．中华民国史档案资料汇编．第5辑，第2编，教育（1）（2）．南京：凤凰出版社，1997.

中国第二历史档案馆．中华民国史档案资料汇编．第5辑，第3编，教育（1）（2）．南京：凤凰出版社，2000.

中国科学院上海历史研究所筹备委员会，复旦大学历史研究所．（民国）大事史料长编（1—10）册．北京：北京图书馆出版社，2008.

朱有瓛，高时良．中国近代学制史料（第4辑）．上海：华东师范大学出版社，1993.

张研，孙燕京．民国史料丛刊—1111—文教·基础教育．郑州：大象出版社，2009.

（二）研究论著（按作者姓氏字母排序）

1. 西文论著

Chen，John Shujie. *The Rise and Fall of Fu Ren University*. Beijing：Catholic Higher Education in China，New York & London：Routledge Falmer，2004.

Bays，Daniel H. *A New History of Christianity in China*，Wiley-Blackwell，2011.

2. 中文论著

辅仁大学附属中学编．私立北平辅仁大学附属中学概况．2010（保存于国图微缩文献中心）．

高时良．中国教会学校史．长沙：湖南教育出版社，1994.

顾长声．传教士与近代中国．上海：上海人民出版社，2004.

顾为民．基督教与近代中国社会．上海：上海人民出版社，1996.

何晓夏，史静寰．教会学校与中国教育近代化．广州：广东教育出版社，1996.

李楚材．帝国主义侵华教育史资料——教会教育．北京：教育科学出版社，1987.

栗洪武．西学东渐与中国近代教育思潮．北京：高等教育出版社，2002.

李华兴．民国教育史．上海：上海教育出版社，1997.

黎正甫．天主教教育史．台中：光启出版社，1960.

Oetgen，Jerome，张琰译．北京辅仁大学创办史、美国本笃会在中国（1923—1933）．台北：辅仁大学出版社，2001.

舒新城．中国近代教育史资料（上、中、下册）．北京：人民教育出版社，1961.

孙邦华．身等国宝，志存辅仁——辅仁大学校长陈垣．济南：山东教育出版社，2004.

田正平．中外教育交流史．广州：广东教育出版社，2004.

吴霓，胡艳．中国古代私学与近代私立学校研究．济南：山东教育出版社，1997.

王成勉．将根扎好——基督宗教在华教育的检讨．台北：黎明文化，2007.

王伦信．清末民国时期中学教育．上海：华东师范大学出版社，2002.

王毓华．北京基督教史简编．北京，北京基督教三自爱国运动委员会，北京市基督教教务委员会办公室，1995.

王治心．中国基督教史纲．上海：上海古籍出版社，2004.

王忠欣．基督教与中国近现代教育．武汉：湖北教育出版社，2000.

杨靖筠．北京天主教史．北京：宗教文化出版社，2009.

姚民权，罗伟虹．中国基督教简史．北京：宗教文化出版社，2000.

尹文涓．基督教与中国近代中等教育．上海：上海人民出版社，2007.

左芙蓉．社会福音·社会服务与社会改造．北京：宗教文化出版社，2005.

朱庆葆等．中华民国专题史·教育的变革与发展．南京：南京大学出版社，2015.

（三）期刊、论文（按作者姓氏字母排序）

陈才俊．陈垣与北京辅仁大学之大学理念．高等教育史.2013（8）.

丁柏传，郑瑞君．近代中国教会学校述论．中共中央党校学报，2000（5）.

刘建平．一九五〇年“辅仁大学事件”历史考察．中共党史研究，2014（2）.

刘哲.19世纪下半叶中国民间对教会学校的反应．社会科学战线，2002（2）.

吕达．近代中国教会学校述略．上海师范大学学报，1987（3）.

史静寰．近代西方传教士在华教育活动的专业化．历史研究，1989（6）.

陶飞亚，杨卫华．改革开放以来的基督教史研究．史学月刊，2010（10）.

王冬凌．试论中国近现代教会学校的发展轨迹及特征．大连教育学院学报，1997（1）.

汪荣祖．利玛窦传统与辅仁学风．（本文为2005年12月7日在台湾辅仁大学纪念80周年校庆学术会议上的演讲）.

吴洪成．传教士与中国教育的近代化．高等师范教育研究，1997（2）.

杨靖筠．北京天主教与教育．中国天主教，2006（3）.

杨靖筠．改革开放以来的北京天主教教育//北京学研究文集2008（下）．北京：同心出版社，2008.

杨齐福．教会学校的兴起与近代中国的教育改革．扬州大学学报（高教研究版），2000（1）.

伊芙琳·罗斯基（Evelyn S. W. Rawski）.19世纪基督教在华传教事业中的基础教育．尹琳译．学术研究，2003（9）.

张平海．中国教育早期现代化研究．华东师范大学博士学位论文，2001.

张永广．改革开放以来中国基督教会对外交流活动述评．世界宗教研究，2015（2）.

赵成日．教会学校对中国近代教育的影响．吉林大学硕士学位论文，2008.

赵入坤．近代中国教会学校评价问题的再认识．东方论坛，2006（5）.

附录 1：北平私立辅仁大学及附属女中大事记（1912—1968 年）

1912 年（民国元年）	创办震旦大学的中国著名天主教人士马相伯与天主教知识分子英敛之上书教宗庇护十世（Pope Pius X）倡议在北京创办教会大学。
1919 年（民国八年）	罗马教宗派人来华考察，发现“公教（天主教）高等教育机关，尚属缺乏”。
1920 年（民国九年）	美国天主教司铎（神父）奥图尔博士（Rev. George Barry O'Toole）来华继续考察，和英敛之商议后，拜谒传教部长并会晤本笃会总长裴德理士（RT. Rev. Fidelisvon Stotzingen）。最终英敛之的创校计划受到教宗比约十一（Pius XI）的支持，此任务被交给美国本笃会。
1923 年（民国十二年）	全美本笃会召开会议，将创办大学事宜全权交给美国圣文森总院。
1925 年（民国十四年）	凭教廷拨款 10 万元意币（里拉）和美国密尔瓦基天主教妇女会及个人捐助共 20 万美元，即 16 万元购得清室皇族爱新觉罗·载涛的贝勒府为校址（地址在北京西城区定阜街 1 号，占地 60 余亩，房屋 400 余间）。以奥图尔博士为校长设立北京公教大学（The Catholic University of Peking），并且先招收学生一班，作为升入大学本科的预科，以《论语·颜渊》中“以文会友，以友辅仁”之说取名为辅仁社，以英敛之为校长。
1926 年（民国十五年）	1 月 10 日，英敛之病逝，临终前将学校托付给教育部次长陈垣，数月后，经过办校者辛苦努力，聘请教师，购买图书、仪器等准备工作都以渐渐成型，仅一年就使学校基本具备高等学府的规模，设立正副校长，奥图尔为正校长，陈垣为副校长，更名为辅仁大学（The Fu Jen University of Peking）。
1929 年（民国十八年）	6 月，辅仁大学遵照南京国民政府教育部令，将 1925 年 7 月设立的大学“预科”停办，正式改办“三三制”完全中学，定名私立辅仁大学附属中学校，校址系位于定阜大街的前清涛贝勒府旧址。 11 月，辅仁举行新校舍兴建典礼，全部工程耗资 60 余万元。
1930 年（民国十九年）	9 月，新校舍落成（在涛贝勒府邸南部马圈及花园前空地建成一座钢筋混凝土结构的中西合璧式教学楼）。辅仁大学大学部迁入此南院新楼，高中部校址在涛贝勒府，李广桥西街 10 号（今柳荫街 27 号），初中部暂设在定阜街 3 号，校名定为私立北平辅仁大学附属中学校（简称辅大附中），改组董事会，张继任董事长，马相伯等为董事，辅仁大学校长陈垣兼任辅仁附中校长。 美国明尼苏达州（Minnesota）本笃会修女来华为辅仁筹设女院。
1931 年（民国二十年）	8 月，在西城太平仓增设附中女子部，由本笃会修女管理。22 日，教育部以一四〇九号令准予立案。 9 月 2 日，教育部令：私立北平辅仁大学应即准予立案。附中也奉教育部及北平市教育局令准予立案。

续表

1932年 （民国二十一年）	8月，正式开办女子中学：学校在蒋养房豆腐巷棍王府增办附属中学女子高中部，时称北平辅仁大学附属女子中学，将原附中改设为附中男校，更名为“私立北平辅仁大学附属男子中学”，建立起包括大学部、高中部、初中部为一体的总结构。
1935年 （民国二十四年）	7月，附中女子高中部自棍王府迁到太平仓新购校舍，添招初中女生，至此附属女中“三三制”建立起来。 同时，本笃会修女离校，转往河南开封，协助文化传教事业。整个辅仁附中女子部由圣神修女会（Paraclitine Sisters）接办。
1950年	教育部长马叙伦（彝初、夷初）代表中国政府宣布将辅仁教育系统收归国有，私立辅仁大学附属中学校更名国立辅仁大学附属中学。
1951年	政府正式接管辅仁大学，10月，辅仁大学与北京师范大学合并，自此辅大附中改由北京市教育局领导，命名为北京市第十三中学。赵东征受命为北京十三中第一任校长。
1952年	北平辅仁大学附属女子中学改称北京市第六女子中学。
1968年	北京市第六女子中学男女生兼收，并启用现校名：北京市第一五六中学。

附录 2：北京一五六中学校友名册

1932—1952 年①

（原辅仁大学附属女子中学）

（著名书画篆刻家熊伯齐先生题写书名，北京一五六中学校庆筹备组，一九九三年四月九日）

1935 年（女中部所有人）								
初一								
李玉珠	赵妙衍	张萃文	张萃华	傅赛男	张辰茹	丁道华	王菊如	杜怡中
高一								
董静枕	张葆箴	卲式凤	高洁凡	张淑涓	刘慧宜	吴万龄	马文	张雅琴
高二								
罗宏孝	谢光浚	范道安	陈尚琛	白玉兰	高思敏	韩冰	姚玉栋	
高三								
范德明	王思敏	苏玉英	郭丽兰	梁瑛华	王增德	韩锦秋	张璇	常敏宜
周选先	何静媛	高鸿如	但功洁	傅秋仪	江珠保			
1942 年								
初三								
王华文	王荣莹	李静昭	王敏荪	赵庆梅	贺璋	关哲民	左淑芳	陈志宝
朱慧凝	葛慧姝	李敏娴	李韵琴	韩曲	刘长生	刘淑贞	乔惠明	戴海珊
赵树英	姜其燕	李凤琴	许青莲	阮若琨	王汇银	王暖	钱君燕	朱华章
吴慧蓉	徐炳仪	陶广慧	伊孝甯	程惠芳	要守贞	王宜淑	谢文琴	丁志莹
吴景兰	佟若珊	何清薏	徐秉珍	王庆华	杨凤华	朱蕴华	张耀堃	彭彩霞
王士筠	许蔓华	刘文芳	武锡后	裴桂清	董克桂	种玉燕	朱傅朴	李蕴玉
于志超	王淑娥	王淑婷	许骅	李玉	梁兰君	吴平贞	田丽丽	
高三								
王镜如	梁湛	姜玉芝	马国靖	王秀石	王蕴平	胡世谦	苏慧媛	周燕良
贾锡安	梁其谭	葛守询	吕修兰	傅振坤	杨之蕙	许俊英	刘秀玉	吴英
席佩贞	王秀娟	王希哲	李宝芬	王笑	何守纯	曲维懿	邝励文	李书琴

① 原北京一五六中学校庆筹备组所编的校友名册内容为 1932—1992 年，本文依据研究内容暂提供 1932—1952 年的部分。

续表

张守朴	夏武顺	郭菊分	庄纫芬	李秀琴	英孟婉	安淑云	赵培英	刘景林
李秋生	孙善祺	毛毓英						
1943 年								
高中								
刘树贞	张润英	李静熙	徐友琴	邱延龄	饶孝移	李惠民	孟庆蓁	李玉心
徐云英	谢文庚	郭青云	赵慕贞	宋桢瑞	董毓华	李国瑛	曲纯懿	张伟立
王绍芳	琦祖荫	赵寿萱	光秉华	郭　璟	赵凌宵	孙以双	郄孝贞	孙福田
王淑琴	张淑华	鲁秉钰	刘俊贤	李其姝	王书颖	王生娥	谢令楣	王韵清
许慕贤	李有权	刘承敏	齐玉坤	王荣芳	吴慧生	刘志良	王瑞龄	许淑芬
阮志济	谷端琴	李锡秀						
1944 年								
高中								
安捷	卡苗	安黎	关馨宜	钱君燕	王啸梅	陆希均	芦坤瑞	焦瑞林
姚锦	周健	符静宜	陈文容	杨宗善	林齐（曾永宝）	谢瑞芳（杜平）	周庆汾（王彤）	王明千（周舒）
侯毓芳（文真）								
1945 年								
高中								
韩曲	王华莹	李蕴勤	严梅生	万慧芬	钱君燕	赵庆梅	李静照	王士筠
吴景兰	葛慧姝（杨子如）	王敏荪（王彤）						
1946 年								
初中								
郭庭芳	李婉菌	黄曼平	闫淑颖	黄静清	王剑平	关瑛璇	郭正婉	白振仪
王宝云	张莲珍	侯银桥	赵永方	赵明德	王文彩	舒雅然	何欣荣	李瑞兰
张庭耀	朱秀芳	高慕真	胡秀玲	陈雪实	饶孝杰	高勤	王从淑	刘国娟
王淑芳	葛淑勤	杨秀英	樊履新	孙云利	庄宝瑞	苗景安	杨秀真	孟如秀
王淑惠	张淑贤	梁秀珠	李毓琪	冷佩璿	侯彩云	赵丽娟	赵朴	戚名秀
李钦	赵孟莲	张景珍	王淑瑛	谭慧珍	侯竹影	张遵琦	田淑华	李贵兰
陈思琦	谈逊	王锡悌	耿承琛	楼文莲	白慧如	周素娟	张淑坤	孟佩敏

续表

吴雁藻	刘承娴	桑怀英	刘洁贞	王懋娴	杨承容	张鸣	孙明玖	齐家惠
曹德凤	阮志安	苗可秀	梁纪园	王淑芝	唐淑珍	张学芳	张桂琴	刘小明
朱莲芳	王宝荣	何瑞琪	赵世莲	付存博	佟惠贞	孙立婷	臧凤来	关淑蓉
魏连珠	马英中	谢瑞媛	孙立园	刘月英	张秀清			
高中								
王明珠	余静贞	王文佳	史毓芬	赵玉正	曹德懿	邵春晖	吴芳辰	文洁若
魏华一	闫振茏	魏守勤	张文琦	姚瀛	闫振葵	高桂珍	王君珏	孙多芙
刘云芳	王淑婷	王芝宜	郭宁诚	袁庠坤	李孝琳	李洁琴	魏长慧	陆静仪
闫振荃	张社瑠	张若杯	王慧娟	高淑贞	饶孝彬	吴翠兰	梁碧翠	田丽华
张维杰	高振英	丁道敏	田淑铭	蔡安丽	吴平	汤国珍	袁淑云	曾永实
王匡勇	郑秀晶	陈梅坤	刘范民	欧阳兆芬				
1949 年								
初中								
孟令廉								
高中								
赵孟莲	王文彩	王淑英	王霁	王宝云	白振仪	赵莉如	魏静娟	邹德钟
胡秀玲	余琳	陈雪时	庄宝瑞	关英旋	卢连英	付存博	田淑萍	刘月英
刘洁贞	光积珊	苗景安	吴雁藻	吴慧敏	高勤	高宗莹	张桂琴	张学芳
张景珍	张淑坤	孙云利	孙丕敏	舒雅然	戚名秀	侯彩云	梁秀珠	李风华
曹德风	谭慧珍							
1950 年								
高中								
赵蓉礼	陈韶	龚敏德	张润廉	葛秉礼	娄树华	王岫彬	刘卓漪	李宜生
金祖琴	高奇	林伯荃	梁东园	陈玉芳	陈玉秀	顾之燕	何世兰	葛家钰
陈文珊	张从果	张慕萦	曹德英	梁月华	许文绨	徐本婴	希文	刘画清
张淑宁	刘凤英	顾之京	王洁萍					
1951 年								
初三 1 班								
吴宗潍	贾孟华	李毓莹	赵慧礼	郭柔柔	刘慧芬	赵淑敏	姚淑英	贺抗

续表

赵文云	沈淑玉	宋丽君	郭凤兰	张玫	过五珊	虞孝舜	张慎修	乔守庄
万之静	张明园	汪彤桂	赫纯芬	张淑敏	陈淑芳	于春莲	刘步琳	魏玉蓉
刘婉然	石维礼	柴令文	金和	高依萍	安琇凤	傅占斌	王桂芬	何立仪
荆其荣	陈月菁	线云芳	王梦心	杨菁华	王偃军	刘绍芬	董希箴	田铮
林敏求	陈乐佶	邢冠英						
初三2班								
沈耀贞	李蓉蓉	华兰英	李梅云	孙彦华	赵瑞平	张仲敏	于荣华	孙桂臣
赵凤云	吴增荣	李冠英	王维贤	刘静芬	韩荣蘖	张业荣	萧佐廷	李熙弟
李桂琴	韩佐文	张俊娥	于素娜	张雅英	杜俊芬	张彩如	张立娟	时秀仙
孙凤英	赵淑英	蓝琇	崔士琴	赵诚择	董勉如	鲍临津	郝凤珠	卢淑娴
赵淑芬	王雅琴	刘青娥						
高中								
张琦	徐本婴	王玉贞	孙淑琴	张立娜	王素芳	韩淑玲	秦翠枝	张兰贤
张映芳	李丽云	虞德舜	张玉秋	夏文贞	荆其桂	康淇	赵振孚	谢玉文
黄珍	贾弃訾	张绍侠	陈乐群	蔡素心	孙亚方	张效廉	顾之平	刘文郁
杜丽贤	贾秀芬							
1952年								
初中甲组								
田玉秀	刘彩璋	王露	史毓凤	刘晓安	陈崇智	杨玉荣	王云诗	刘梦琴
李宗尧	韩荣芸	姚静如	曹慧琴	赵玲君	赵树莉	刘雪萍	张小平	钱佑文
赵凤莲	王子纹	钱明亮	吴韫华	武怡琴	刘昌禧	叶森权	时秀英	周浚正
魏庆云	安俊玲	王慧馨	祁纹	陈佩英	孟昭兰	李书秀	秦淑缓	康世竹
刘世杰	侯惠源	王胜琴	袁广芬	王淑琴	高桂芝	史俊壁	程荫芊	于秀杰
邓祖芬	徐燕	周家兰	董汝绣	李熙玉	牟静媛	徐鸳乔	相亚明	孟庆兰
张小兰	赵桂英	范质勤	王淑仙	何纹	王振英	丁道琳	侯瑞玲	廖雅英
李颖悟	邢群英	吴淑英	张克庄	刘婉然	董希箴	叶斌梅	杨梅叶	
初中乙组								
吴静仪	王玉敏	沈书存	冯春燮	刘绍敏	邓绍莹	邱淑琴	高慧颖	唐淑兰
唐汝雁	关静全	周元燕	张元贞	朱慧明	宋士芬	张毓凡	刘月连	王孝美

续表

莽淑兰	胡蕴馨	冯百绣	郭惠娟	傅品贤	杨佩霞	范忠仁	韩颖如	蒋学云
赵美礼	闫春华	韩笃生	李惠铃	安蕴芗	张云珠	韩美云	岳芳	李望安
宗淑琴	陈自珉	王济领	孙美妮	张梦琴	苗清富	赵书楼	刘家莲	刘乃玲
王丽君	王惠贞	孟庆瑛	胡维堃	宋佩珍	赵楠	王可夫	傅丽	张乃祺
徐静媛	白洁莛	杨麟	赵岚宇	龚德和	魏冰如	田玉洁	于英敏	
高三								
徐静娴	吕宝贞	戈儒媛	陈乐珊	穆郁颖	张钟秀	姚明珍	张玉清	耿少春
陈婉英	谈锦雯	张秀琴	王桂芬	马秀媛	陈淑荣	郭桂兰	王秀卿	宁瑞珠
高宝珍	李文霞	刘静怡	庄荣	董友兰	李淑琴	张兰堃	张桂茹	王淑文
魏森	张丽安	李荫蓁	李秀莲	胡敏如	张惠安	吴宗滢	王秀贞	史毓珍
卢嘉兰	杨联馥	张长本	苏宗烈	巴世英	张瑞兰	虞若舜	贾缃君	王若叶
冯树敏	卢启文	董富英						

附录 3：南堂中学在 1937 年所呈报的部分教员履历表

教员履历表 **1**

姓名	李尚志	蔡善需	张之祯	曹秉乾	王景棋	祝福祥
性别	男	男	男	男	男	男
年龄	39	29	27	28	45	28
籍贯	河北宁津	安徽合肥	河北定县	河北霸县	河北蓟县	河北文安
学历	北平私立上义师范毕业	北平私立辅仁大学毕业	北平私立辅仁大学毕业	北平私立辅仁大学毕业	北平私立辅仁大学毕业	北平私立辅仁大学毕业

附录4：与辅仁附属女子中学同期的北京市天主教女子中学基本情况一览表

学校	学生性别	创建时间	修会地址	变更时间	名称	学校性质	课程	学生信/总
辅仁女子附属中学 Fu Jen Girls Middle School	女	1932	St Esprit 太平仓	1936	太平仓女子中学 Girls Middle School	中学初高	英中	42
				1949	Fu Jen Girls Middle School 辅仁女子附属中学			73/611
佑贞女子学校 Ecole Sainte d'Arc 现北海中学	女	1929	Filles de la Charité 五龙亭	1931	佑贞学校 Ecole Normale de Filles	中学		9外 74中
				1936	佑贞学校 Ecole Sainte d'Arc	小学 中学		174
				1949	佑贞女子学校	小学 中学	法英	281/591
北堂仁慈堂 Ecole du Jentsetang	女	1862	Filles de la Charité 北堂	1923	仁慈堂 Orphelinat du Jentzentang	?	?	70法/540中
				1949	Ecole du Jentsetang 北堂仁慈堂	?	?	614/614
圣心女学校 Pensionnat du Sacré-Coeur	女	1913 1915	F. M. M. 三条胡同	1915	法文女学堂 Ecole du Sacré-Coeur (Filles de la Charité)	?		中欧学生
				1923	法文女学堂/FMM Pensionnat du Sacré-Coeu	?	法英中	115欧 81中
				1949	法文女学堂/FMM Pensionnat du Sacré-Coeu	中学高小	法英中	50/202

续表

学校	性别	创建时间	修会地址	变更时间	名称	学校性质	课程	学生信/总
光华女子学校 Ecole Moyenne Kwanghwa 现三十九中	女	1872? 1922 1929 1934	St. Joseph (indigènes)	1915	若瑟院 Maison-Mère/Ecole	走/寄		
				1923	若瑟女学师范学校 (1922 设师范)	师范小学	?	170 寄/1515 走
				1931	北平市私立光华女子中学 (1929 改中学)	师范中小		151 寄/1295 走
				1949	光华女子学校 Ecole Moyenne Kwanghwa	中 6 小 6		350/909

作者单位：首都师范大学
联系方式：1245171027@ qq. com

仁爱会与天津天主教医院的建立

□郭　辉

近代以来，随着西方列强打开中国大门，大批天主教传教士凭借不平等条约的庇护来到天津开展传教活动。为方便传教起见，他们以兴办各种慈善事业为开端，如医疗卫生事业、教育事业、育婴慈幼事业等。在这些事业中，由于当时中国现代医疗卫生事业不发达，科学的医疗技术匮乏，而天主教传教士又掌握现代医疗技术，从而为他们在施医散药的同时开展传教创造了条件。天主教仁爱会从建立育婴堂和施诊所开始，主动接触当地民众，开展传教活动，并促进了天津近代医疗卫生事业的发展。

一、天主教的传入与仁爱会施诊所的建立

近代天主教在天津的传播是从邱安遇开始的。邱安遇（1811—1861），又名邱云亭，原籍广东南海，生于1811年，1833年在澳门受洗入教，1842年在马尼拉祝圣神父，1843年到上海，先后在江西、浙江传教。1854年7月被调到北京教区，1855年被北京教区主教孟振生派到天津常驻传教。孟振生（1807—1868），法国遣使会神父，1835年来华，在内蒙古传教。1840年当选内蒙古教区第一任主教。1846年又任北京教区主教，1856年后任直隶北境代牧区主教。为了便于活动，邱安遇在天津城东关附近（相当于今金汤桥东端建国道口）开设了一个名为“振生堂”的小药铺，以行医卖药为掩护进行秘密传教活动。① 1858年在英法联军抵达天津前，天津知府石赞清察邱安遇可疑，将其拘捕，并押解保定总督府关押。1859年，天主教法国神父董若翰为其向新任直隶总督恒福开脱。

---

① 李建新：《天津宗教史》，111页，天津，天津人民出版社，2013。

恒福认为：邱安遇虽“（咸丰）五年八月间，复至天津县城外开设振生堂药铺，行医不收钱资”，“仅止学习天主教，行医治病，委无传徒惑众并与外夷探听消息各情事”，但“直隶为畿辅重地，现当为办理夷务之时，筹防紧要”。① 邱云亭识洋文，又与夷人通信，稍有疏忽，怕泄露机密，因此建议将邱云亭遣回原籍。清政府同意建议，并将董若翰解交江苏抚臣转上海领事馆遣回本国。

1860 年 8 月，英法联军发动第三次大沽口之战，攻陷大沽炮台，并占领天津。董若翰和邱安遇乘坐军舰随联军再次来到天津。董若翰忙于中法《北京条约》签订和索还教产问题，事后便回北京。邱安遇依仗联军的势力开始扎根天津，从事传教活动。但好景不长，邱安遇不久即患背疽于 1861 年 8 月去世。驻天津的法国侵略军随即要求直隶北境代牧区主教向天津派遣一名法国传教士。直隶北境代牧区主教孟振生随即派卫儒梅来津。卫儒梅（1815—1862），法籍神父，1849 年来华，曾任北京天主教北堂（旧址在中海蚕池口）神父，1861 年来津传教，1862 年病逝于天津。与此同时，1861 年直隶北境代牧区主教孟振生返回欧洲，向法国遣使会总长及法国国王拿破仑三世提出往北京和天津派遣仁爱会修女的要求。天主教仁爱会总会设在法国马赛，主要任务是创建医院救济贫苦病人及收养孤儿。1862 年 7 月 2 日，孟振生率领 4 名神父、2 名助理修士和 14 名仁爱会修女来到中国，并留下 5 名修女在天津，希望“从仁慈堂入手，使天津（教会）活跃起来”②。由于此时望海楼教堂③还没有建成，卫儒梅将其安置在原来邱安遇位于东关附近的振生堂药铺里，这成为仁爱会修女在天津的第一座会院，杜特洛伊为第一任女院长。孟振生让仁爱会来津的意图是叫她们“建立收容男女孤儿的仁慈堂，开设施诊所，然后再开办医

---

① 中国第一历史档案馆、福建师范大学：《清末教案》（第一册），174~176 页，北京，中华书局，1996。

② 宋乐山：《仁爱会修女的事业——〈圣婴会首批殉道者〉节译》，见《天津宗教资料选辑》（第一辑），11 页，天津宗教志编辑办公室，1986。

③ 卫儒梅到天津后，随即通过法国驻天津领事德来沃与三口通商大臣崇厚交涉，于 1862 年获得了望海楼、崇禧观地基十五亩多土地的永租权执照，用作建造望海楼教堂之用。

院”。[①] 法国圣婴会又赞助 45000 法郎，为开设医院也有些捐款。随着仁爱会修女在天津稳定下来，仁慈堂活动开始展开。

由于英法联军新近占领天津留下的印象太坏，天津当地民众对仁慈堂避而远之。当时正值第二次鸦片战争后天津城内霍乱四起，每天要夺走约 400 人的生命。为了为仁慈堂施诊所引来病人，孟振生主教和仁爱会的修女走出门外，主动接触路上病重垂危的病人并为其医治。以此为开端，病患逐渐被送来医治，许多人也到施诊所为自己的家人讨药。由于此时药物还没有运到，修女们进行巧妙的安排，并祈求天主使那些简单的药方发挥效力。通过修女们的治疗，许多霍乱病人得到了痊愈。许多人都到施诊所为自己的家人讨药，排队的人非常多。她们给人们分发补力药酒，用樟脑酒给病人擦敷，并将芥子药膏分发病人。这成为“施医所开张以至发展所采用的办法”[②]。1862 年 7 月 8 日，也就是仁爱会修女到达天津的第六天，省会长修女在给总会长的信中写道：“我们心里充满了喜悦，禁不住要向您叙述一下我的心情。是的，这简直是令人难以相信：我们的门前常常挤满了人群，他们从四面八方来找我们去看望垂危的病人；他们认为，只要我们一走进门，病人就算好了。这是天主上智的安排，给了人们了解我们的机会。”[③] 修女们照顾霍乱病人的活动最终使她们得到了天津人民的信任。

随着天津当地民众对仁爱会修女的接触和了解，人们不再害怕请修女到家中给病人看病，当时每天都有一位修女被请进天津城内。修女们还非常同情天津的脚行病人，并收留他们。由于脚行病人多是年轻的小伙子，仁慈堂房屋又少，男女杂居多有不便，所以修女们又在附近的一个小庙租来部分房屋，里边能容纳 12 人，将病人安排住在这里。按玛尔盖大修女的说法，“医院也就这样建立起来了”[④]。

---

① 《仁爱会修女的事业——〈圣婴会首批殉道者〉节译》，14 页。

② 同上，15 页。

③ 同上。

④ 同上，17~18 页。

二、仁爱会施诊所的发展与被迫中止

从1862年至1863年，仁爱会修女的各项事业算是在天津诞生了。原来邱安遇的药铺已经无法满足更大的发展需要，孟振生主教答应给她们找一个比较宽敞、地势更好的地方。1863年5月，狄仁吉神父①被派到天津主持教务工作。1864年，狄仁吉在天津城东门外小洋货街从一个官员的手中买了一座宽敞的宅院给仁慈会的修女作为仁慈堂的用房，房价8.2万法郎，先交4.8万法郎现款，其余部分两年之内交清。该宅院“男孤儿院和男病房占一面，修女和女孤儿住在另一面。一进大门，迎面是小堂、施诊所和厨房”②。由于施诊所（1866年9月修女给总会长的报告中称“小医院”）长期依附于仁慈堂，一直由管药房的修女代管，而现有用房以后还要给男孤儿院扩充范围使用，于是，1866年9月，修女在给总会长的报告中写道：“我们耐心地等待您给予我们的曾经许下的援助。我们应当买地方盖医院。”③

1866年底，谢福音④被孟振生派到天津。到天津后，谢福音主动拜会了三口通商大臣崇厚和天津道、府、县各级官员。由于当时天津只有教徒202名（据1861年1月28日谢福音给北京教区的报告），为了发展教会，谢福音采取了多方面的措施。他不但于1869年建立望海楼教堂（命名为“圣母得胜堂”），还进一步扩大仁慈堂的活动。他将修女从原来的5人增加到10人，在1867—1868年又在东门外东浮桥西侧小洋货街32号仁慈堂内增设了医院和病房，修建了教堂、孤儿院等建筑物，共计占地7.8亩，房舍191间。据仁慈堂1868至1869年度的工作情况，到施诊所就医

---

① 狄仁吉（1823—1880），法国遣使会神父，1855年来华，先到宁波，1856年到北京传教，1863年来津，1880年在北京去世。

② 《仁爱会修女的事业——〈圣婴会首批殉道者〉节译》，20页。

③ 同上，23页。

④ 谢福音（1821—1870），法籍神父。1886年3月来华。先到上海，后在内蒙古传教。因罗马教廷把内蒙古教区划归比利时圣母圣心会，谢福音被派到西湾子（现河北省崇礼县）传教。

病人有4.8万人（次），住院病人有174人（次），为垂危患者受洗50人，为垂危儿童受洗2007人。①

图1　天津教案中被毁的第一代仁慈堂

但最终仁爱会修女们开办的“慈善事业”并没有收到抚平天津人民对于侵略者的反感和文化上的抵触情绪。自1860年英法联军侵占以后，“十年来国家间的怨恨，反基督教情绪的滋长，一部分基于宗教偏见，一部分基于猜疑，一部分基于轻信，所有这一切聚合成一个共同的焦点，不断加剧的躁动最终酿成三个小时的杀人、放火和抢劫”②。1870年6月，爆发了震惊中外的“天津教案”。教案“初因掩埋幼孩谣传有挖眼剖心之事，继又因那获迷拐匪徒供出教堂之人，以致百姓怀疑积忿，有激而成”③。并且英国人雷穆森指出：“这次攻击是完全直接针对法国人的。”④在教案中仁爱会10位修女与谢福音、吴维辛2名神父和法国领事丰大业共13名法国人被群殴毙命，望海楼教堂、法国领事馆和仁慈堂也被烧为

① 赵永生：《天主教传行天津概况》，见《天津宗教资料选辑》（第一辑），4页，天津宗教志编辑办公室，1986。

② 雷穆森著，徐逸凡、赵地译：《天津租界史》（插图本），46页，天津，天津人民出版社，2009。

③ 《三口通商大臣崇厚奏报天津教案经过请饬直隶总督曾国藩来津查办折》，见《清末教案》（第一册），778页。

④ 《天津租界史》（插图本），46页。

灰烬。这10位仁爱会修女是院长玛尔盖（比利时）、玛利亚·保琳娜（法国）、玛利亚·各洛琳（意大利）、玛利亚·若瑟花（比利时）、玛利亚·安纳（法国）、嘉洛利纳（法国）、玛利亚·赛洛芬纳（法国）、玛利亚·纳诸爱（法国）、玛利亚·安琪（法国）、爱里斯（英国）。仁爱会在天津遭受了重大损失，施诊所也就此被迫中止。

图2　仁爱会修女玛尔盖纪念碑（天津博物馆藏）

三、从圣约瑟医院到天主教医院的建立

“天津教案”后，法国领事和传教士为安全起见，都退缩到了位于紫竹林的法租界内活动。北京教区主教田嘉璧①利用天津教案的赔款在紫竹林建立圣路易教堂（紫竹林教堂），并于同治十一年（1872年）七月建成。同治十二年（1873年），田嘉璧又在紫竹林教堂旁修建圣约瑟医院。1874年医院落成，田嘉璧委任新来的仁爱会修女掌管医院的院务和在东门外修复后的仁慈堂。但此时修女们不愿意再去仁慈堂生活，只是每年6

① 田嘉璧（1820—1884），法国遣使会神父，1843年抵达澳门，1846年到河南传教，1853年任江西教区主教，1854年调往浙江，1863年清军进攻宁波，他是帮助清军镇压天平军最出力的外国人之一。1870年调往北京任直隶北境代牧区主教。

月21日教案发生日去仁慈堂做弥撒。①

1912年4月27日，罗马教廷颁发成立天津教区的诏书，并委任杜保禄②为天津教区主教。1913年，杜保禄购买西开墙子河外洼地，填平后于8月初开始动工修建“西开教堂”。1916年西开教堂全部完工，法国领事以“保护教会”为由侵占中国土地，制造“老西开事件”，引起天津人民反抗。在修建西开教堂过程中，1914年，在西开教堂旁另建大规模医院，并定名为天主教医院，当时民间称之为“天津养病院”。③

天主教医院初建时占地面积1万平方米，建筑面积8000平方米，为两层砖木结构，房屋200余间，在当时属于比较先进的医疗机构。一楼设内科、外科、妇科、耳鼻喉科、X光科、巴斯德实验室、手术及施药室等，设备大部分来自国外。病房还设置有平民病房、平民女病房。孤儿院、仁爱会修女会总院等也设在一楼。二楼设特等及头二等病房54间，还有修女及医师的卧室。医院聘请名医14名，任病人自由选择。

图3　1914年建成的天主教医院

医院的经费很大一部分来自上海的总会，天主教会也给予一定的补

① 《天津宗教史》，126页。

② 杜保禄（1864—1945），法国传教士，1888年来华传教，1898年任保定总堂神父。1912年任天津教区首任主教。1921年调任江西赣州，1931年任南昌教区主教，1945年卒于南昌。

③ 于学蕴：《天津老教堂》，135页，天津，天津人民出版社，2005。

助，东方汇理银行或亚细亚油行是修女们募捐的主要对象。由于法国工部局的官员们经常到医院内看病，法国工部局或领事馆也经常出资赞助，国内外也会有一些救济物资和药品的补助。

医院管理十分规范，设有董事会，负责筹集经费，但不过问行政管理。董事会由教会代表、仁爱会、院长和热心慈善事业的社会人士组成。院长主持行政事务，设医务部、护理部、事务部。各部部长均由仁爱会修女担任。医院最后一届董事会成员有天津教区主教文贵宾、法商电力公司经理布吉瑞、法国驻津领事梅馥瑞、院长杜森。

医院每日上下午开设门诊，每星期内有两次眼科门诊，每天下午是施诊施药的时间。病人入院登记姓名、性别、年龄、职业及住所，病室分甲、乙、丙三类共计 94 间。甲类病房 54 间，设特等病房 30 间，头等病房 20 间，二等病房 4 间，特等收费 80 元，头等 60 元，二等 50 元；乙类普通及免费男病房 26 间；丙类普通及免费女病房 14 间。医院还专门为疥病患者备有病房 2 间。对急性传染病一般不收或为之介绍其他医院，凡遇到轻微传染病患者，其出院后所有器具卧具及病室严格进行消毒并以白灰刷墙。医院对病人手术时，均先取得病人及其家属的同意，并立字据签字，才可以进行。

病人住院治疗必须经过院长许可，并需预缴纳 10 天住院费，期满再交 10 天，不满 10 日出院则按日退还费用。住院期间有家人需要看护的另加 10 元。普通病房的治疗药费和饭费均免除。

1940 年，医院内兴办了育幼院，专门收容三四岁以下的孤儿，长大一些即转送仁慈堂。1947 年，又兴建仁爱护士学校，为天津培养了第一代的华人护士。1952 年，天津市人民政府投资 62 亿元人民币对医院进行扩建，并将改建后的医院定名为“天津市中心妇产医院”。

总之，仁爱会修女到达天津后，在筹办仁慈堂的过程中，积极推进施诊所和医院的建设，借助施医舍药救助病人，以传播上帝福音。虽屡次遭受挫折，但是她们的执着，促成了天主教医院在天津的最终建立，促进了近代医疗卫生事业在天津的发展。

作者单位：天津博物馆

联系方式：robin3084@126.com

征稿启示

《天主教研究论辑》由北京天主教与文化研究所主办，并得到英中文化交流协会（Culture Exchange with China）和民族出版社支持。

本论辑暂定每年一辑，为天主教（基督宗教）与文化研究的学术性辑刊。论辑所设栏目名称均取自《诗经》或《尚书》，以示中西文化交流之鹄的。栏目内容包括天主教神学研究、天主教本地化研究、《圣经》研究、天主教伦理道德探讨、天主教社会学理论与实践、天主教法学理论、天主教礼仪探讨、天主教神学家研究、基督宗教历史研究及文献发掘、宗教对话等。欢迎海内外和教内外学者就相关题目来稿。

稿件要求及审校：

1. 稿件长短不限，但一般以 7000~15000 字为宜。
2. 来稿请用 word 格式或纯文本格式发送电子邮件给编辑部。
3. 译文请寄原文复印件或电子邮件，并负责稿件的版权责任。
4. 稿件注释请采用脚注形式，引文请注明出处。
5. 稿件请附 300~500 字的英文内容提要及英文题目，并附作者简介。
6. 论辑以学术评委制对来稿进行评议和选用。来稿将由编辑部送交两位相关学术评委审校。
7. 所有寄送本论辑稿件一经本论辑发表均由本论辑拥有版权，无本论辑书面许可不得转载。未经本论辑采用稿件将由编辑部通知作者，作者可自行处理。
8. 本论辑一律不退还稿件，请作者自留底稿。
9. 编辑部有对稿件进行删改的权力，重大改动将事先征得作者同意。
10. 稿件一经采用即付稿酬并赠送本期论辑两册。

北京天主教与文化研究所
《天主教研究论辑》编辑部
地址：北京市西城区前门西大街 141 号
邮编：100031
电子邮件：catholicstudy@ shangzhi. org

图书在版编目(CIP)数据

天主教研究论辑．第十五辑/赵建敏主编．—北京：民族出版社,2021.10

ISBN 978-7-105-16530-8

Ⅰ.①天… Ⅱ.①赵… Ⅲ.①罗马公教—文集 Ⅳ.①B976.1-53

中国版本图书馆 CIP 数据核字(2021)第 219404 号

天主教研究论辑

出版发行：民族出版社
地　　址：北京市和平里北街 14 号
邮　　编：100013
网　　址：http://www.mzpub.com
印　　刷：北京艺辉印刷有限公司
经　　销：各地新华书店
版　　次：2021 年 11 月第 1 版　2021 年 11 月北京第 1 次印刷
开　　本：787 毫米×1092 毫米　1/16　字数：350 千字
印　　张：21
定　　价：160.00 元
ISBN　978-7-105-16530-8/B · 873(汉 296)

该书如有印装质量问题,请与本社发行部联系退换

编辑室电话:010-64228001;发行部电话:010-64224782